JOSÉPHIN PÉLADAN

LA DÉCADENCE LATINE

ÉTHOPÉE

I

LE

Vice suprême

PRÉFACE DE J. BARBEY D'AUREVILLY

FRONTISPICE A L'EAU-FORTE DE

FÉLICIEN ROPS'

NOUVELLE ÉDITION

« Ohé ! les races latines ! ohé ! »

PARIS
LIBRAIRIE DE LA PRESSE
A. LAURENT, ÉDITEUR, 8, RUE TAITBOUT
1886
Tous droits réservés

PRÉFACE

I

Parmi les romans dont nous sommes si impitoyablement criblés, à cette heure, en voici du moins un que je n'attendais pas et qui n'a pas le ton des autres! En voici un qui nous enlève avec puissance à la vulgarité des romans actuels qui abaissent la notion même du Roman et qui, si cela continue, finiront par l'avilir... Le Roman, en effet, tel que l'aime et le veut l'imagination contemporaine et tel que le lui font les Serviles du succès n'importe à quel prix, n'est guères plus maintenant que la recherche et la satisfaction d'une curiosité plus ou moins frivole ou plus ou moins corrompue.

Pour la forme et pour l'art, de deux choses, l'une :
Ou il s'effeuille misérablement en œuvres courtes,
sans haleine et sans portée, auxquelles l'idéal
manque autant que la moralité, ou il s'allonge, plus
misérablement encore, en des aventures imbéciles.
Ajoutez à cela dans les très rares où l'on distingue
quelque talent, tous les morcellements et toutes les
pulvérisations de l'analyse, car l'Analyse est le mal
intellectuel d'un siècle sans cohésion et sans unité,
et dont les œuvres littéraires portent, même sans le
savoir, la marque d'un matérialisme qui est toute
sa philosophie... On le comprend, du reste. L'Analyse, cette faculté de myope qui regarde de près et
ne voit les choses que par les côtés personnels et
imperceptibles, se trouve beaucoup plus exactement
et naturellement en rapport avec la masse des esprits faibles dont la prétention est d'être fins, que
la vigoureuse et large Synthèse qui voit les ensembles d'un regard et les étreint quelquefois avec
la poigne du génie. Il ne faut pas s'y tromper. Le
temps n'est pas à la Synthèse ! Présentement les
ramasseurs de microbes et les cardeurs de riens
l'emporteraient en littérature sur les plus mâles
créateurs, s'il y en avait ! Je sais bien qu'on ne peut
pas supprimer absolument la Synthèse dans l'esprit
humain sans tuer l'esprit humain lui-même, mais
dans la vaste décomposition qui s'avance sur nous,
on peut très bien prévoir le moment où l'Analyse

qui dissout tout, dans les livres comme dans les sociétés, dissoudra aussi le roman dont la Synthèse serait la beauté ; le roman, c'est-à-dire la seule grande chose littéraire qui nous reste, l'Épopée des sociétés qui croulent de civilisation et de vieillesse, et le dernier poème qui soit possible aux peuples exténués de poésie !

Eh bien ! c'est ce genre de roman dont si peu d'esprits sont capables dans l'amollissement et l'affadissement universels, c'est ce genre de Roman qui fit de Balzac le plus grand romancier de tous les temps et de tous les pays, qu'un jeune homme inconnu encore — du moins dans le roman — ose, après Balzac, aborder aujourd'hui ! Tête synthétique comme Balzac, M. Joséphin Péladan n'a pas été terrorisé par cet effrayant chef-d'œuvre, le sublime diptyque à pans coupés que Balzac appela « la Comédie humaine », et il a écrit le *Vice suprême*, qui n'est d'ailleurs qu'un coin de l'immense fresque qu'il va continuer de nous peindre.

Balzac, dans sa grande « Comédie humaine », sur laquelle il mourut, hélas ! sans l'achever, avait donné l'éblouissante synthèse de la société de son temps, éblouissante encore. Mais après Balzac, quelques années de la plus foudroyante décadence pour la rapidité, ont élargi sa colossale synthèse, et c'est cette colossale synthèse élargie que M. Joséphin Péladan a entrepris de nous donner à son tour... Il a pris sur ses jeunes bras plus lourd que Balzac, et, disons-le, plus terrible. Ce n'est pas de la synthèse d'une société entre toutes qu'il s'agit dans son livre, comme dans la *Comédie humaine*, — mais de la synthèse de toute une race, — de la plus belle race qui ait jamais existé sur la terre, — de la race latine qui se meurt.

Formidable sujet, car il est écrasant, mais magnifique, pour l'homme qui ne restera pas dessous!

II

M. Péladan y restera-t-il?... Qui le sait?... L'œuvre qu'il projette est si grande qu'elle pourrait déconcerter jusqu'à l'espérance de la sympathie... Son livre d'aujourd'hui, ce premier volume des *Études passionnelles de décadence*, qu'il nous promet, et qu'il appelle de ce nom, le *Vice suprême*, est déjà presque un gage donné à une gloire future par des facultés supérieures. Elles sont indéniables, ces facultés... J'en connaissais déjà quelques-unes. Ce débutant dans le Roman n'est pas un débutant dans les lettres. Avant de publier le *Vice suprême*, il avait publié une biographie de Marion Delorme, véritablement délicieuse; mais c'est surtout comme critique d'art qu'il s'était dernièrement révélé. Il avait passé deux ans en Italie et il s'y était fait une éducation esthétique très forte, dont il a donné la mesure dans l'*Artiste* de l'an dernier. Il y écrivit un Salon de la compétence la plus profonde. Les qualités de ce Salon, scandaleusement belles et qui firent scandale, comme le fait toujours ce qui est beau dans ce monde de platitudes et de vulgarités où nous avons le bonheur de vivre, annonçaient un écrivain et un penseur très indépendant et très élevé; mais on ne se doutait pas qu'elles cachaient un audacieux romancier, qui, probablement et dans l'ordre du Roman, va faire un scandale plus grand encore que dans l'ordre de la Critique.

Il y a, en effet, une triple raison pour que le scandale soit la destinée des livres de M. Joséphin Péladan. L'auteur du *Vice suprême* a en lui les trois choses les plus haïes du temps présent. Il a l'aristocratie, le catholicisme et l'originalité. En peignant la décadence de la race latine avec ce pinceau sombrement éclatant et cruellement impartial qui est le sien, M. Péladan a pris la société par en haut, parce que c'est par là, — par la cime, — qu'elle meurt; parce que toutes les décadences commencent par la tête des nations et que les peuples, fussent-ils composés de tous les Spartacus révoltés, ne sont jamais, même après leur triomphe, que des esclaves. Les démocrates qui vont lire le livre de M. Péladan ne lui pardonneront pas d'avoir choisi pour héroïne de son roman une princesse d'Este et d'avoir groupé toute la haute société de France et d'Italie autour de cette femme qui a tous les vices de sa race et qui, de plus, en a l'orgueil. Depuis que les goujats veulent devenir les maître du monde, ils veulent être aussi les maîtres des livres qu'on écrit et y tenir la première place. Ils veulent des flatteurs d'*Assommoir*... et ils ne comprendront jamais que l'intérêt d'un roman, fût-ce le *Vice suprême*, puisse s'attacher à des races faites pour commander, comme eux sont faits pour obéir.

D'un autre côté, le catholicisme de M. Péladan, du haut duquel il juge la société qu'il peint, et qui lui fait écrire à toute page de son livre, avec la rigueur de l'algèbre, — que la race latine ne peut être que catholique ou n'être plus, — ce catholicisme est depuis longtemps vaincu par l'impiété contemporaine qui le méprise et qui s'en moque! Enfin, plus que tout pour le naufrage de son roman, il a l'originalité du talent dans un monde qui en a l'horreur parce qu'elle blesse au plus profond de leur bassesse égalitaire tous les esprits qui ne l'ont pas.

Telles les raisons qui peuvent empêcher le succès *immédiat* du livre de M. Péladan, mais que lui importe! C'est un de ces artistes qui doivent beaucoup plus se préoccuper de la sincérité de leur œuvre que de leur destinée... Or la sincérité de l'observation est ici, comme la force de la peinture. Le roman de M. Joséphin Péladan qui a pour visée d'être l'histoire des mœurs du temps, idéalisées dans leurs vices, n'en est pas moins de l'histoire, et l'idéal n'en cache par la réalité. Le reproche qu'on pourrait faire au livre du *Vice suprême*, c'est son titre... Titre trop abstrait, mystérieux et luisant d'une fausse lueur. Il n'y a point de vice suprême. Il y a tous les vices qui, depuis le commencement du monde, pourrissent les nations, et avant même qu'elles aient disparu dans la mort, dansent la danse macabre de leur agonie... Ils sont tous « suprêmes » dans le sens de définitifs comme la dernière goutte d'une coupe pleine, qui va la faire déborder, mais il n'y en a pas un nouvellement découvert qui soit le souverain des autres et qui mérite ce nom de suprême, dans le sens d'une diabolique supériorité... Le cercle des Sept Péchés Capitaux tient l'âme de l'homme tout entière dans sa terrible emprise et Dieu même peut défier sa faible créature révoltée de fausser ce cercle infrangible par un péché de plus !

III

On ne rencontre donc pas dans ce roman du *Vice suprême*, qui semblait le promettre, un vice de plus que les vieux vices, les vices connus, les vices éternels qui suffirent pour anéantir sous le feu du ciel Sodome et Gomorrhe et qui suffiraient bien encore pour que Dieu mît en morceaux sa mappemonde demain. Pauvres vices pour des blasés comme nous qui, semblables à l'empereur romain, en voudrions payer un de plus !... Mais que voulez-vous? M. Joséphin Péladan a été bien obligé de se contenter de cette pauvreté, et sous son pinceau, on ne s'aperçoit jamais qu'elle en soit une... Je ne sache personne qui ait attaqué d'un pinceau plus ferme et plus résolu ces corruptions qui plaisent parfois à ceux qui les peignent ou qui épouvantent l'innocente pusillanimité de ceux qui craignent de les admirer... Peintre acharné de ressemblances, la *panique morale* ne prend jamais M. Péladan devant sa peinture, car il y a une panique morale moins odieuse, mais plus bête que l'hypocrisie. Il peint le vice bravement, comme s'il l'aimait et il ne le peint que pour le flétrir et pour le maudire. Il le peint sans rien lui ôter de ses fascinations, de ses ensorcellements, de ses envoûtements, de tout ce qui fait sa toute-puissance sur l'âme humaine, et il en fait comprendre le charme infernal avec la même passion d'artiste intense que si ce charme était céleste !

Mais le moraliste invincible et chrétien, est là toujours derrière le peintre et c'est lui qui éclaire le tableau... Puisque M. Joséphin Péladan avait voulu peindre une décadence, il devait être hardi avec les détails comme avec le sujet de son livre, et s'il eût reculé devant aucun d'eux, il eût affaibli la conception de son roman. Dans le flot de personnages qui y passent sous nos yeux, on ne trouve pas même les trois justes qu'il fallait pour sauver Sodome. On n'y compte qu'une seule innocence et une seule vertu, l'innocence d'une vierge violée, et la vertu d'un prêtre qui résiste à de démoniaques tentations. Tout le reste de ce monde, en chute, n'est que corrompus et corrupteurs, dépravés et pervers, mais sans les mesquineries de l'indécence. Ils sont par trop au-dessus d'elle ! Si un vice suprême, en tant que nouveau et spécial à la civilisation qui nous tue, était impossible, si l'auteur du livre a été obligé de se rabattre sur les vieux vices connus, de tous, du moins, il a choisi celui qui communique aux principales figures de son œuvre cette incontestable, mais affreuse grandeur qui reste à l'âme de l'homme, quand elle ose encore garder son orgueil, après avoir perdu sa fierté !

L'une de ces principales figures ou pour mieux parler la figure centrale de la fresque de M. Joséphin Péladan est comme je l'ai dit déjà une princesse d'Este, Malatesta par mariage, dont la beauté rappelle les plus beaux types de la Renaissance et le sang bleu roule le germe de tous les vices de cette époque funeste qui fut le Paganisme ressuscité. La princesse Léonora est, comme dit superbement Saint-Bonnet, toute l'addition de sa race et cette addition fait une colonne de hauteur à dépasser le cadre étroit du XIXe siècle et à le faire voler en éclats comme un plafond qu'on crève... Parmi les plus grandioses vicieux qui entourent la princesse, aucun ne l'égale. Douée de toutes les puissances corruptrices de la vie, la beauté, le génie, l'esprit, la richesse et la science, une éducation fée mais perverse a développé en elle le monstre futur, mais c'est elle qui l'a elle-même accompli. La brutalité d'un mari bestial lui avait donné, dès la première nuit de son mariage, le dégoût des voluptés charnelles, et d'une Messaline ou d'une Théodora qu'elle aurait pu être, elle se fit un autre genre de monstre... Elle fut le monstre métaphysique. L'orgueil et la volonté domptèrent ses sens et elle fut chaste. Chasteté homicide ! Don Juan femelle plus fort que Don Juan le mâle, qui avait bon appétit et qui dévorait ses conquêtes, elle repoussa les siennes avec mépris. Elle n'avait soif que des désirs qu'elle allumait et elle buvait ce feu, comme de l'eau, d'une lèvre altière... Bourreau de marbre, elle se dresse en ce roman du *Vice suprême* à côté de toutes les débauches et de toutes les luxures dans sa placidité cruelle jusqu'au moment où, comme le diamant qui coupe le diamant, elle rencontre un bourreau de marbre plus dur que son marbre et à l'heure juste marquée par le destin.

Car il y a un destin dans ce livre, mais ce destin est un homme... et c'est cet homme, plus que la Critique, qui va porter, je le crains bien, à l'œuvre majestueuse de M. Péladan son plus rude coup.

IV

Cet homme, extraordinaire et oraculaire, qui voit l'avenir et le prédit sans se tromper jamais et qui prédit le sien, dans le roman, à la princesse d'Este, est plus qu'un de ces magiciens, comme on en trouve dans toute époque de décadence, depuis Apollonius de Thyane jusqu'à Cagliostro. Lui, c'est bien plus qu'un magicien... Il n'y a que ceux qui veulent déshonorer le magisme, cette science sacrée de la vieille Assyrie, qui appellent les mages des magiciens. Mérodack est plus qu'un magicien, c'est un mage. M. Joséphin Péladan a, pour les besoins dramatiques de son œuvre, composé le personnage, dans le *Vice suprême*, avec beaucoup d'art, de sérieux et même de bonne foi ; seulement, on est bien tenu de le lui dire, pour un catholique qu'il est, partout ailleurs, dans son livre, et qui fait du catholicisme la seule certitude de salut qui reste aux nations latines décrépites, c'est là une redoutable inconséquence, et même, c'est beaucoup plus.... Magisme ou magie, quel que soit le nom qu'on préfère, sont des erreurs absolument contraires à l'enseignement de l'Église qui les a condamnées, à toutes les époques de son histoire, pour les raisons les plus profondes et l'Église est toujours prête à effacer sous son pied divin, depuis la grande tour de Babel, toutes les petites qu'on veut recommencer contre elle. Or la magie est une de ces taupinières... Et, d'ailleurs, cette invention presque impie d'un homme, surnaturel par la Science, qui n'a plus les proportions humaines et dont l'action sur les événements est irrésistible, n'est pas meilleure ni plus vraie en littérature qu'en théologie, car une telle création supprime cet intérêt que tout roman a pour but d'exciter.

Les hommes, en effet, ne s'intéressent qu'à ceux

qui leur ressemblent, et c'est la raison qui les fait s'émouvoir et se passionner aux œuvres dans lesquelles ils ont affaire à des hommes comme eux. Les enfants seuls font exception parce qu'ils ont la naïveté et la foi de l'enfance. Ils croient à tout ce qu'on leur raconte, ogres ou fées, mais ce sont là des *contes* et non pas des *romans !* L'imagination des hommes est plus difficile. Elle peut accepter ce qui l'étonne et ce qui lui est supérieur, mais elle ne veut pas de ce qui l'écrase, et on l'écrase, quand on veut la faire s'intéresser à des créatures hors nature, et qui ne sont plus en proportion avec elle. Alors, du coup, les sources de l'émotion et du pathétique sont taries... Balzac lui-même, l'omnipotent Balzac, qui croyait pouvoir tout oser, s'est heurté à cet écueil contre lequel M. Péladan pourrait se briser. Plusieurs fois, Balzac est sorti de la nature humaine. Dans *Séraphitus-Séraphita* où il a peint l'androgyne céleste de Swédenborg, dans sa *Peau de chagrin* dont la donnée est orientalement fabuleuse, et dans *Ursule Mirouet* où le magnétisme moderne joue un rôle qu'on n'y voudrait pas voir et que M. Péladan, dans son *Vice suprême*, a exagéré. Eh bien ! malgré l'imposant exemple de Balzac, c'est toujours une tentative téméraire et dangereuse, car elle permet tout, que d'introduire un merveilleux extra-humain dans la réalité des choses telles qu'elles existent ou telles que nous les connaissons. Avec un pareil procédé, l'art est trop facile. Et si les trois romans que j'ai cités saisissent l'imagination, pourtant, avec la force des chefs-d'œuvre, c'est que l'intérêt humain, diminué par l'impossibilité du sujet, se retrouve dans la beauté transcendante des détails. Mais le procédé de composition n'en reste pas moins inférieur, quoique magnifiquement couvert par la supériorité du génie.

V

M. Joséphin Péladan aura-t-il ce génie qui fait tout oublier, même les fautes et les imperfections d'une œuvre? On en jugera plus tard, car son livre d'aujourd'hui n'est que le commencement de la tâche qu'il s'est imposée. Seulement le conseil à lui donner, c'est de rester le plus qu'il pourra dans la réalité humaine. Il peut y être très puissant et son livre du *Vice suprême* nous en donne la preuve. A côté de ce personnage de Mérodack qui occupe trop de place dans son roman et en détermine trop l'action dramatique, il y a des figures d'une énergie de réalité qui montrent bien que le talent auquel on les doit n'a besoin, pour nous passionner, ni de l'hyperbole, ni de l'impossible. La grande figure du P. Alta, ce prêtre aimé de la princesse d'Este et qui résiste à ses ensorcellements avec l'auguste invulnérabilité de son sacerdoce; celle du Prince royal de Courtenay, vivant avec la pensée de sa race déchue, qui est son remords dans le vice et qui lui inspire des actions sublimes, dans la guerre de 1870, sont bien autrement impressionnantes que la figure de l'homme des sciences occultes, dressée à côté d'elles et qui n'en efface pas la poésie. Les plus beaux chapitres du roman, par exemple le *Krack* et *l'Argentier du roi* en 1881, *l'Orgie* chez le prince de Courtenay, le P. Alta à *Notre-Dame*, et *l'Emeute au théâtre* ne nous remuent tant dans le livre de M. Péladan que parce qu'ils sont de ces faits que nous touchons encore du coude dans la décadence de ces derniers temps... Aussi, que le peintre de cette décadence, exprimée dans ce livre étonnant de vérité en beaucoup de ses parties, se souvienne qu'il n'a pas besoin pour la beauté et la gloire de son œuvre future d'une autre magie que de la magie de son talent !

JULES BARBEY D'AUREVILLY.

Constitutionnel du Mardi 16 Septembre 1884.

LE
VICE SUPRÊME

I

FRONTISPICE

Elle est seule.

Plein d'ombre alanguie et de silence berceur, clos à la lumière, clos au bruit, le boudoir circulaire a le recueillement rêveur, la somnolence douce, d'une chapelle italienne, aux heures de sieste ; *buen retiro*, semblable à l'étage d'une tour ronde, sans baie à ses murs elliptiques, où, cloutée d'argent aux plis, la pourpre héraldique étale, en un satin violet plein de rouge, son deuil royal et sa magnificence triste.

Aux portières de velours, s'étouffent les voix du dehors et le plafond s'évide en un dôme, d'où le jour tombe, arrêté et affaibli par un vélarium bleu. Dans cette crypte mondaine dont la demi obscurité rend, par places, le violet presque noir, de grands lys s'élancent autour d'une dormeuse, — où, écrasant délicatement les coussins, la princesse, couchée sur le dos et sans pensée, songe, avec l'abandon de corps et d'esprit, des heures esseulées.

Sur ses formes Parmesanes, le peignoir de soie violette a des froissements pareils à des moues de lèvres, à des caresses timides et effleureuses. Un bras que la retombée de la manche dénude, encouronne sa tête aux cheveux roux et lourds, l'autre pend avec des flexibilités de lianes, des souplesses de lierre et le dos des doigts pointus touche la peluche rase du tapis.

Par un bayement de l'étoffe la gorge apparaît, filigranée de l'azur des veines qui transparaissent. Les seins très séparés et placés haut sont aigus, les mules tombées, les pieds nus ont cet écartement de l'orteil que la bandelette du cothurne fait aux statues : et le sortir du bain amollit de matité douillette tout cet éphébisme à la Primatice. On dirait l'Anadyomène de ces primitifs qui, d'un pinceau encore mystique, s'essayent au paganisme renaissant, un Botticelli où la sainte déshabillée en nymphe, garde de la gaucherie dans la perversité d'une plastique de stupre; une vierge folle de Dürer, née sous le ciel italien, et élégantisée par un mélange de cette maigreur florentine où il n'y a pas d'os, et de cette chair lombarde où il n'y a pas de graisse.

La paupière mi-close sur une vision entrevue, le regard perdu dans les horizons du rêve, la narine caressée par des senteurs subtiles, la bouche entr'ouverte comme pour un baiser, — elle songe.

D'une robe couleur du temps, ou d'un cœur qui la comprenne, d'infini ou de chiffons ? Dans quelle contrée du pays bleu, à la porte de quel paradis perdu, son désir bat-il de l'aile ? Sur la croupe de quelle chimère, prend-elle son envolée dans le rêve ?

Elle ne songe à rien, ni à personne, ni à elle-même.

Cette absence de toute pensée énamoure ses yeux, et entr'ouvre ses lèvres minces d'un sourire heureux.

Elle est toute à la volupté de cette heure d'instinctivité pure, où la pensée, ce balancier inquiet et toujours en mouvement de la vie, s'arrête ; où la perception du temps qui s'écoule, cesse, tandis que le corps seul vivant s'épanouit dans un indicible bien-être des membres. Ses nerfs au repos, elle ne perçoit que la sensation de sa chair fraîche, souple, dispose ; elle jouit de la félicité des bêtes, de ces vaches de Potter, accroupies dans l'herbe haute, repues et qui reflètent une paix paradisiaque dans leurs gros yeux clignés.

La princesse savoure délicieusement l'extase de la brute ; elle est heureuse comme un animal. Ses yeux en l'air regardent sans voir, le blason des d'Este, brodé sur le vélarium, et l'aigle d'argent couronnée, becquée et membrée d'or la regarde aussi, et semble crisper et roidir son allure héraldique, au-dessus du lazzaronisme de boudoir qu'elle plafonne.

Les lys, les fleurs royales, les fleurs pures, élancent, sereins et augustes, leurs tiges droites des pieds de bronze, et leurs calices d'argent, pistillés d'or gouachent la tenture de pourpre, de tons chastes et nobles.

De ses mains glissé, un volume s'étale, les feuillets en éventail.

Les accalmies absolues de l'intelligence et de la mer, sont brèves dans les hautes têtes et sur les grandes plages : le flux de la pensée reconquiert vite le corps un moment quitté. Lointaines, les images et les vagues montent, agitées et successives, et reprennent à leur repos d'un moment, le sable déjà sec et brillant des grèves, et le cerveau déjà vide et sans souffrance.

La buée qui s'élevait de la baignoire gazant sa nudité, flotte encore dans sa tête, où se fait un lever paresseux et lent des idées.

Dans ce réveil de l'immortel de l'être, où les brumes d'une aube s'évaporent, domine seule distincte, une phrase lue, qui revient, se répète obsédante, ainsi que ces hémistiches de vers oubliés qui poursuivent le lettré et ces airs entendus dans le lointain d'une vesprée que l'oreille, comme une boîte à musique, a gravés ;

semblable, aussi, au répons sonore de litanies balbutiées dans une somnolence de dévote, ou bien au refrain d'une ballade dont on ne sait pas les strophes : « Albine s'abandonna, Serge la posséda, le parc applaudissait formidablement. »

A ce chapitre où toutes les sèves en délire éclatent en un cri du Rut, la princesse n'avait pas vibré. Cette bestiale ardeur n'éveillait rien dans ses sens délicats et raffinés de décadente. Elle avait tourné d'une main froide ces pages enfiévrées, mais la curiosité, chez elle analytique, avait été intéressée par ce tableau d'une sensation inconnue, d'un sentiment plus inconnu encore.

La femme qui lit un roman, essaye, par un instinct fatal sur son âme, les passions du livre; comme elle essayerait infailliblement, sur ses épaules, la mante de forme rare qu'elle trouverait sur un meuble, aimant à se retrouver dans l'héroïne. Exceptionnelle, la princesse eût souffert de se voir écrite; et à lire Balzac, elle s'irritait pour les coins d'elle-même qu'elle y trouvait révélés.

Satisfaite, dans le soin de sa gloire, d'être indemne des ivresses animales de la sexualité; confirmée dans la rareté de son caractère, elle reçoit une louange des disparates qu'elle se découvre et sa supériorité s'augmente de tout ce qui la dissemble des autres.

Dans son passé, aucune frondaison de Paradou ; dans son souvenir, aucune figure de Serge, aucune.

Tout à l'heure, l'eau tombait en perles de sa nudité, et elle se complaisait aux lys de sa peau que nul baiser ne rosit jamais ; maintenant une volupté qui a manqué aux Pharaons et aux Césars, lui vient de la continence de ses reins, de l'impavidité de son cœur : l'impériale satisfaction d'avoir fait toute sa volonté sur soi-même.

Elle n'est, ni Sémiramis, ni Cléopâtre. Son nom

illustre n'a sur elle que le prestige des ancêtres; l'histoire ne saura pas si elle a eu lieu : ce n'est qu'une grande dame de nos jours et du faubourg Saint-Germain. Mais contemplant ses vertus solides comme des vices, ses vices calmes comme des vertus, elle se répète le *Divi Herculis Filia*, de Ferrare. Car elle est elle-même le monstre qu'elle a vaincu, et invincible aux Omphalus, son âme pleine de passion, son corps pétri de désirs, elle les a modelés, de son pouce long, à la spatule volontaire, d'après un idéal pervers d'Artémis moderne. Elle a vécu selon une idée : c'est sa gloire.

Le mouvement lyrique de sa superbe se calme; elle évoque lentement l'un après l'autre, les détails dont la vie est faite.

En entrant dans l'hypogée du souvenir, elle reçoit cette bouffée d'air froid et humide, qu'ont les lieux d'où la lumière et la vie se sont retirées; et la fadeur poussiéreuse et moisie des choses vieilles, lui impose son vague attendrissement.

Confusément s'éveillent : l'écho des mouvements dont le cœur a battu, une impression posthume des sensations d'autrefois, une vie retrouvée des personnages et des actes dans leur cadre, et avec, au cerveau, le retour des pensées d'habitude, aux yeux l'humidité des larmes, jadis pleurées.

Elle contemple au lointain, du haut de son orgueil, le panorama du temps défunt, et faisant présent son passé, ressuscite toute sa vie morte.

II

PLACE DE LA SEIGNEURIE

D'abord un Pannini : ce que ses yeux d'enfant, étonnés de voir, ont premièrement aperçu ; et le décor de fond de sa vie enfermée d'enfant patricienne.

Du premier joujou au premier rêve, de la poupée à l'amant, cette poupée idéale ; tout le temps que ses courtes robes de baby ont mis à s'allonger, sur ses jambes de jeune fille : toujours cet horizon. Qu'elle ouvrît sa fenêtre au frais matin ; qu'elle y vînt par l'instinctivité de l'enfance qui aime à voir du ciel et se sent oiseau ; que, les nuits, sa puberté demandât leur nom aux attirantes étoiles, et à l'ombre du dehors un voile de mystère pour ses rougeurs sans cause de fleur, frôlée par les phalènes de l'adolescence : devant ses yeux souriants à l'avenir ignoré ou embrumés des larmes anticipées que la prévision des douleurs prochaines fait perler aux jeunes paupières ; dans la multiplicité et la succession de ses naissantes pensées : toujours la place de la Seigneurie.

Le premier livre lu en secret, premier fruit défendu, cueilli à l'arbre triste et séducteur de la science, s'entaille si profondément dans l'esprit, que ni les baisers de la passion ne l'effacent, ni le sel figé des larmes n'en couvre l'empreinte. De même, les spectacles quotidiens pendant des années, se gravent dans le souvenir, rendus ineffaçables par cette contemplation machinale des heures passives, où la corde du sentiment à vide rend le même son à tous les pizzicati de la vie, sans que le doigt violent de la douleur appuie sur aucune de ces trastes de nos idées qui font grave ou rieur, notre souci. Et cette faible épaisseur de notre libre arbitre, cette mince couche de cire où nous pouvons esquisser nos vouloirs, s'incise au hasard de l'existence ; l'eau-forte de l'habitude, c'est-à-dire l'éternel retour du banal et du coutumier, y mord ses lignes profondes et informes, pareilles à des ornières, au lieu de notre rêve !

Les fantômes de l'adolescence, revêtant les formes locales, lui apparurent encadrés par les cintres de la Loggia ou errants derrière les créneaux en queue d'aronde du Palais Vieux, avec une allure du passé, et quelque chose de la date du monument.

Pour l'enfant qu'appelle la liberté de la grande nature, la fenêtre, dans l'éducation civilisée, est une baie sur la vie, une baie sur l'idéal. Les cris, l'aller et le venir perpétuels lui donnent le spectacle de l'activité de mouvement qui est son souhait ; et l'œil de la rêverie, qui s'effraye aux tapisseries vieilles où s'agitent les êtres revenants d'autrefois, se plonge heureusement dans la nuit sur laquelle se détachent, lumineuses, dans l'évocation de la pensée, les illusions blanches.

En face du Palais Torelli, la forteresse d'Arnolfo di Lapo dressait sa masse tragique dans l'immobilité de Florence. La lune qui roulait dans le ciel comme un rhombe d'argent sur un tapis bleu, découpait par sa clarté mouvementée, la silhouette élancée du beffroi : et du noir où le Médicis équestre disparaissait, l'Hercule de l'Ammanato projetait une ombre colossale sur les dalles polies, tandis que le clapotis de l'eau scandait l'envolée des heures de son bruit flasque et rythmé.

Souvent, dans les insomnies où la sensation s'éveille, nu-jambes elle se levait, et sous l'arc géminé de sa fenêtre, archère agrandie, elle restait pendant des heures, immobilisée dans un appuiement las sur la pierre dont le grain dur rosissait ses coudes nus. Le sommeil du Palais, le calme de la nuit, le silence de la place enfiévraient son pouls, agitaient son esprit, rendant sa rêverie prolixe et son imagination oseuse.

Des haleines passaient sur elle, caressantes ; et l'hymne de l'idéal balbutiait dans son cœur, qui battait à des pensées de roman.

III

L'ENFANCE D'UNE HÉRACLIDE

Par une de ces ironies de la Providence qui raille l'inanité de nos plus intenses sentiments et charge le temps de les user et de les démentir, le dernier Torelli fut le tuteur de la dernière des d'Este. La mutuelle haine de ces deux familles, militante et furieuse, pendant deux siècles, aboutit à ceci : le Gibelin amoureux de la Guelfe et tuteur de sa fille.

Marie-Béatrix d'Este fut une princesse hautaine et ennuyée. Veuve, au bout d'un an, elle eut pour plaisir la chasse et pour souci le dressage des chevaux et des faucons, dédaigneuse des hommes. Une fluxion de poitrine l'emporta, jeune encore, en son château de Ferrare.

Le duc Torelli avait aimé cette Artémis d'un amour inutile ; il n'en obtint que la tutelle de la petite Leonora âgée de huit ans à la mort de sa mère et qu'il emmena à Florence. Il voulut d'abord la mettre au Poggio Imperiale, le pensionnat héraldique ; mais l'enfant articula « un je ne veux pas » qui rappela au duc l'opiniâtre volonté de Marie-Béatrix que son adoration n'avait pu fléchir.

Les gouvernantes se succédèrent au palais, sans pouvoir ni instruire, ni distraire la petite princesse. A la menace d'une punition, ses imperceptibles sourcils roux s'agitaient, un retrait des narines lui amincissait le nez, et l'on était arrêté par cette extraordinaire expression d'orgueil offensé. Aussi ne reçut-elle jamais ni une gifle, ni une fessée. La rêche Anglaise qui, après avoir élevé beaucoup de nobles miss, perdait son cant à la raisonner, dans un mouvement exaspéré, lui serra fortement le bras. Silencieuse, Leonora courut à la salle d'armes, se hissa sur un bahut, atteignit un gantelet et l'ayant mis à sa mignonne main vint surprendre l'Anglaise assise et essaya de lui serrer le bras avec le gant de fer.

Torelli borna le rôle de la gouvernante à de la surveillance, laissant se développer, sans entraves, cette nature irréductible : et livrée à elle-même l'enfance de Léonora, dans la féodale demeure, sembla celle des petits paysans, sans contrainte, sans contrôle, surtout sans obéissance. Seulement, au lieu du ciel clair, des plafonds à fresques ; à la place des horizons verts, des tableaux de primitifs.

Forteresse bâtie pour l'éventualité des coups de main dans un temps de guerre civile permanente, le palais Torelli gardait le sceau de l'époque farouche qui l'avait vu élever et ses sombres murs projetèrent sur l'esprit de l'enfant quelque chose du froid de leurs ombres. Elle grandit dans ces salles immenses où le bruit de ses jeux éveillait des échos si étrangement sonores, qu'elle les interrompait souvent, interdite, inquiétée par les regards des portraits d'aïeux Sur les mauvais sourires et les faux regards, la main du temps avait mis sa patine, mais les perversités par la mort seule arrêtées, transparaissaient en des embus, rouille du crime, et dans la gouttière des épées le sang des assassinats revenait, en ternes damasquinures.

Dans ses ébats, elle ne se roula pas sur les meubles

mous et bas des décadences ; elle heurta sa nonchalance aux lignes droites, au bois dur, aux formes architectoniques de ce mobilier de la Renaissance qui pousse à l'action par son inaptitude aux alanguisements de la rêverie.

L'entour de ce grandiose la fit précocement grave.

Le croquemitaine dont sa bonne, une Transtevérine aux yeux de buffle, lui fit peur, fut cet Hercule de Baccio Bandinelli qui terrasse Cacus au seuil du palais du grand-duc. Au moucharaby du même palais elle trouva son premier livre d'images. De sa fenêtre, elle s'amusait de la colombe d'argent rayonnée d'or, des dragons de sinople, des taureaux de sable, des licornes et des lions d'or. Quand on lui eut dit les noms des quartiers qui correspondaient à ces gonfanons, aux brillants émaux, elle s'émerveilla de ces armoiries parlantes, rébus décoratifs.

A dix ans, le duc l'emmena avec lui dans les salons de Florence où l'étrangeté de sa beauté rousse lui valut cet accueil enthousiaste que l'on fait aux enfants précoces. Un soir, chez le vieux Strozzi, le peintre Majano parlait de son prochain tableau commandé par la municipalité : la ville tenant l'étendard du peuple : « *de gueules au lys au naturel,* » dit-il.

— « *No, signor,* » interrompit la petite princesse, « le blason de la ville c'est une croix rouge sur de l'argent. »

On se regarda étonné, Strozzi plus que tous. Il attira l'enfant sur ses genoux.

— « Comment sais-tu cela, princesse ? »

— « Je les sais tous, » fit-elle, et substituant son parler enfantin aux termes héraldiques, elle dit : « la colombe dans du ciel, les coquilles dorées, les fouets noirs, les bêtes vertes, les chevaux avec une corne au front ; enfin, en commençant par la gauche, les seize gonfanons des quatre quartiers de Florence. »

Strozzi l'avait écoutée, les yeux brillants de larmes retenues, il l'embrassa avec une vive émotion. Ce curieux hasard eut l'importance et la proportion d'un bonheur pour ce vieillard fanatique de sa ville et qui sentait proche le Campo-Santo.

— « Laissez-moi lui apprendre Florence, » dit-il à Torelli, et presque tous les jours le vieux duc venait chercher l'enfant, et vaguant par les rues et les places, y évoquait l'histoire dans le décor même où elle avait été vécue : sa parole avait la puissance de relief qui naît d'un enthousiasme exclusif.

Heureux de faire ce qu'il appelait une éducation florentine, sans souci qu'il parlât à une enfant, il égrenait le formidable rosaire de crimes qui est l'histoire toscane, appelant les personnages et leurs gestes par l'image précise, le mot brutal : et quels personnages et quels gestes !

Aux porte-torches et aux anneaux de bronze, seuls et rares ornements des façades à bossages, il suspendait un récit d'amour, de gloire ou de crime ; il faisait asseoir Leonora sur la pierre où Dante s'asseyait le soir ; il l'arrêtait devant les maisons où le génie a habité : et s'efforçait de lui faire voir l'homme et comprendre l'œuvre : Galilée et l'inquisition, Machiavel et les Médicis, Cellini et les artistes bandits. L'effet de ces tableaux de passions extrêmes déroulés devant des yeux trop mutins encore pour les saisir, fut cependant l'éclosion d'une indifférence devant le mal, rare chez une enfant.

Leonora revenait de ces promenades la tête bourdonnante ; sans comprendre, elle s'intéressait à cette lanterne magique parlée, à ce cours d'histoire à la Carlysle impressionnant par le feu et la mimique gesticulante du vieillard qui faisait passer, dans l'essoufflement de sa narration, les passions furieuses de la Renaissance. La féerie de l'enthousiasme florentin transposait ces aventures mauvaises en contes de fée ; et ce furent là, les seuls qu'elle connut.

Dans ce fourmillement d'images, ce qui frappa l'esprit de Leonora, ce fut l'implacabilité de l'orgueil chez tous ces condottieri couronnés de génie ou de vice, que

Strozzi héroïsait. Il avait gardé intactes les rancunes de six siècles et soulignait son respect pour cette haine maintenue qui mit, hors de la symétrie, le palais de la Seigneurie, pour ne pas bâtir sur le terrain gibelin des Uberti. Avec les idées de ce passé qu'il ressuscitait, il montra le mal de plus grande envergure que le bien, le vice plus séduisant que la vertu, le crime à l'état héroïque et détruisant ainsi le faible sens moral de la jeune princesse, aida au caractère d'atavisme que devaient revêtir plus tard sa vie et sa pensée.

Quand elle eut douze ans, Torelli songea à son éducation ; il écrivit à son cousin le cardinal Pallavicini de lui envoyer le meilleur des précepteurs. Peu après, un individu d'un beau visage et mis négligemment se présenta au palais, avec ce mot du cardinal : « Mon cher cousin, ci-joint, *il signor* Sarkis dont je prive, pour vous le donner, le *corpus* des inscriptions romaines. »

Sarkis semblait un traînard de ces Grecs, qui fuyant devant les Turcs, vinrent chercher un asile à la cour des Médicis. Savant comme ceux qui savent pour savoir il avait roulé l'Europe, secrétaire, interprète, fabricant d'ouvrages à signer pour les riches vaniteux, changeant de pays suivant son étude du moment, heureux d'amasser une science qui ne lui servirait à rien. A l'heure où un caprice pour Rome, l'avait fait entrer au *corpus* du Vatican, sa quarantième année sonnait, inquiétement. Pour la première fois il songeait à la vieillesse, lorsque la proposition du cardinal lui fut faite; aussi accepta-t-il tout de suite, entrevoyant une sinécure dans une ville qui lui plaisait et la garantie de l'avenir. Dès qu'il eut causé avec Leonora : « Vous êtes plus intelligente qu'il ne convient à une princesse de nos jours ; aussi vous donnerai-je une éducation royale. »

Au lieu d'ânonner selon la méthode Psittacine de l'Université, il lui fit suivre cette méthode Jacotot qui est une partie retrouvée de l'Art Notoire des hermétistes. Traduisant en grec, en latin et en français les trois premiers chants de la *Divine Comédie*, il les lui fit apprendre par cœur, simultanément. L'enfant d'abord se refusa à cette aridité ; mais à propos de chaque mot il entrait en de si merveilleuses digressions et s'ingéniait si bien à la rendre curieuse de ce qui suivait, que pour entendre ce commentaire qui parlait de tout, elle sut bientôt les trois versions.

Il lui lut alors les grammaires, lui faisant retrouver les règles dans les textes qu'elle savait. A chaque leçon Leonora s'étirait, l'esprit paresseux ; Sarkis n'insistait pas ; et partant d'un nom, il ne tarissait plus d'anecdotes, et son écolière revenait d'elle-même à la leçon, reconnaissante de si grands frais d'imagination et de mémoire. Il s'adressa surtout à son orgueil, affectant de la traiter d'Altesse, et toujours en grande et raisonnable personne.

Il avait raison de ses fainéantises et de ses bâillements, en lui répétant : « Vous voulez donc que le premier homme venu puisse se croire supérieur à vous? Car, qu'avons-nous de plus que la femme ? la science, rien de plus. » Cet argument était toujours victorieux.

Deux ans après l'arrivée de Sarkis au palais, Leonora traduisait Sophocle et Tacite. Le français seul la rebutait :

— « Vous habiterez probablement Paris un jour, comme toutes les Altesses sans royaume ; voulez-vous donc que les Parisiens, qui sont railleurs, se moquent de la mauvaise diction d'une d'Este ? » Et pour aider à l'effet de ce dire, il lui traduisait Balzac, ayant soin de s'arrêter fréquemment et de sauter des passages.

— « Pourquoi vous arrêtez-vous, Sarkis ? » — « Parce que cela n'est point convenable ! »

Leonora priait, s'impatientait. — « Lisez-le vous-même, Altesse, si vous y tenez. »

Elle sut bientôt le français comme une Française, pour lire les passages qui n'étaient pas convenables. Sarkis estimait que les langues d'Homère, de Tacite, de Dante et de Balzac suffisent à une latine; mais il lut à la princesse, Shakespeare et Goëthe, s'efforçant de lui donner la plus grande culture littéraire, lui mettant surtout dans les mains des poètes et les livres où le cœur est écrit en larmes vraies, en pensées hautes, jetant ainsi dans cette âme qu'il pressentait mauvaise, la semence auguste et souverainement féconde de l'idéal.

Dans cette éducation, les sciences mathématiques ne furent pas même nommées; des sciences naturelles seulement les diamants et les marbres, avec les noms des étoiles et des fleurs.

Sarkis donna presque autant d'importance à l'histoire qu'à la littérature; mais il l'enseigna sans date qu'une chronologie de quarts de siècle, la partie politique réduite à peu, les traités à rien, et les batailles à des descriptions d'armures et de paysages. Considérant l'humanité comme un être passionnel ayant les civilisations pour évolutions successives, il peignit de mots, de grands tableaux synthétiques et les entoura d'innombrables tableautins où revivaient l'intime, le privé, l'individuel de chaque époque, jusque dans ses modes d'habits et de vice : ainsi voit-on les ancônes des giottesques, où le martyre du saint est entouré d'une bordure de médaillons représentant par le détail les scènes de la vocation et les miracles de la vie. Il épousseta l'histoire de toute la poussière de l'usum Delphini, arracha les voiles aux statues, aux hommes leur masque, leur euphémisme aux mots ; avec une science certaine et la langue lyrique d'un Ledrain, il montra à la très jeune princesse l'humanité nue, dans les lèpres de son corps, dans la perversité de sa pensée, dans l'égoïsme de son cœur.

Leonora prit son prochain en haine et l'histoire en dégoût. « Restons-en là, » disait-elle parfois ; mais Sarkis, sans répondre, ouvrait un ouvrage à figures et montrant un bas-relief, une médaille, un dessin, il entrait en de grands détails sur la toilette des femmes d'alors, leurs artifices de coquetterie, et Leonora redevenait attentive.

Comme récréation, c'était encore Sarkis qui la promenait. Il n'eut qu'à repasser de nettes lignes sur les traits ressentis et confus que les tirades de Strozzi avaient laissés dans cette tête d'enfant; mais tandis que le patriarche florentin avait montré à Leonora, la Florence gibeline et guelfe, les drames de l'ambition et de la rue, il l'initia à la Florence des musées et des églises, à la Florence sereine de l'art. C'étaient des stations prolongées devant les portes du Baptistère ou les statues d'Or San Michele, des visites presque quotidiennes à la chapelle Médicis, aux Uffizi, à Pitti, au Bargello; Sarkis, infatigable explicateur du sujet, passait à la vie du peintre et à celle du temps. Le dimanche, il la conduisait à la messe, changeant souvent d'église, et la messe entendue, lui faisait tout voir du bénitier du porche à la prédelle des chapelles obscures.

— « Une princesse italienne doit savoir dessiner, » répétait Sarkis. Un jour qu'il écrivait dans la bibliothèque, la voix claire de Leonora cria ce nom qui l'amusait par son exotisme : « Sarkis ! » et quand il fut là, elle lui tendit un croquis maladroit où il était reconnaissable et méchamment caricaturisé. Sitôt, il se mit en quête d'un professeur de dessin et découvrit un copiste maniaque, qui son pain de la semaine gagné à reproduire la *Vision d'Ézéchiel*, se mettait devant un fac-similé du Vinci et le copiait avec extase. Bojo se présenta à la jeune princesse avec un album où étaient réunies toutes les caricatures du peintre de *Modestie et Vanité*. Leonora, avec des exclamations ravies, tournait lentement ces feuillets où le masque humain s'abrutit en museau, en mufle, en groin, en trogne. Vers la fin, elle ne s'exclama plus, faisant la moue. Bojo avait essayé semblablement de faire grimacer des visages; mais plus enthousiaste que vaniteux, il fut content de voir son élève sentir où s'arrêtait le génie.

— « J'oubliais la musique », se dit Sarkis, peu après ; et sitôt il écrivit à Warke, un de ces Allemands qui vivent heureux à jouer du Bach et du Haëndel. Il l'avait rencontré à Heidelberg, alors qu'épris de l'Alhambra du Nord, il passait les nuits à effaroucher les hiboux dans le merveilleux palais d'Othon le Grand. Warke donna sa démission de maître de chapelle de Zorith et vint achever le plus étrange trio professoral.

La première fois que Torelli entra dans la salle d'étude à l'heure de leçon, il ne sut que faire, de rire ou bien de se fâcher.

Sarkis, entouré de gros livres, racontait le Bas-Empire à Leonora ; Warke, au piano, jouait du Beethoven en sourdine ; et Bojo dessinait un jeu de patience où des gueules de dragons s'adaptaient à des corps de femme, et des têtes de bandits à des robes de juges.

A un mot de Sarkis, mauvais pour l'Italie, Bojo lâchait son crayon et gesticulait, criant fort. Warke, entendant une épithète malsonnante à l'Allemagne, répliquait, et donnant au motif les soubresauts et le rythme d'agacement de sa réplique, accompagnait en charivari la discussion. Dominant le vacarme, le rire perlé de la princesse montait en trilles extravagants.

Sans se déconcerter, Sarkis mit successivement un Eschyle, un Tacite, un Molière ouverts au hasard devant la princesse qui traduisit sans effort. Bojo présenta un dessin ; Warke la fit asseoir au piano où elle exécuta la prière de *Mosé*.

— « Je ne vous dérangerai plus, » dit Torelli, étonné et ravi ; et jusqu'à seize ans, Leonora vécut entre ces trois hommes qui l'aimaient de l'affection profonde de ceux qui n'ont plus de but dans leur vie manquée.

— « Sarkis, » disait un jour Leonora, revenant de confesse, « le *Padre* m'a dit que ce qui faisait la noblesse d'un nom, c'étaient les vertus des ancêtres. »

— « Il ne vous a pas fait là, un madrigal, Altesse. »

— « Et pourquoi, » je vous prie, répliquait la jeune patricienne blessée.

— « Pourquoi »? fit négligemment Sarkis, — « voici : Les fils d'Obizzon étranglèrent leur frère qui le méritait. Alberto fit brûler vive sa femme et tenailler Jean d'Este. Nicolas III décapita sa femme Parisina pour inceste avec son propre bâtard Hugues. Ce même Nicolas III eut vingt-six bâtards. Hercule coupa les poignets et creva les yeux à deux cents de ses ennemis. Le cardinal Hippolyte fit arracher les yeux à son frère en sa présence. Alphonse fut le bourreau du Tasse. Le second Hercule se calvinisa. César alla chercher sa femme, la Dianti, dans l'arrière-boutique d'un chapelier. Tous les vices, tous les crimes, voilà vos ancêtres qui ont été des bandits ou des imbéciles, souvent les deux ! »

Leonora se mordait les lèvres, humiliée. — « Moi, du moins, dit-elle, je ne suis point une Lucrèce... »

— « Ne croyez pas, » s'écria Sarkis, « aux calomnies de l'histoire. Le vice d'une Lucrèce Borgia échappe forcément à l'historien. Par intuition, on la sent criminelle, mais on l'affuble de fables au-dessous d'elle. Ce fut une très honnête dame, comme dit le chroniqueur français Brantôme. »

Et regardant fixement la princesse :

— « Dans dix ans d'ici, étudiez votre âme, et vous verrez alors, si c'est vertu ou vice, bien ou mal, que vos aïeules, ces princesses de Ferrare aimées de Bayard et chantées par le Tasse, car vous êtes bien de leur race et bon sang ne peut mentir ! »

Cette tirade l'impressionna, ébranlant pour un instant son indifférence native du mal que Strozzi avait accrue ; et par un de ces mouvements de religiosité qui ne sont pas rares dans la jeunesse des pervers, elle fit avec une ferveur vraie sa première communion à Sainte-Marie-des-Fleurs, en même temps que son amie Bianca del Agnolo. Ce jour fut pour elle, comme pour la plupart, celui qu'on appelle le plus beau de la vie, parce qu'on s'y est élevé au-dessus de la terre, et qu'en cet effort, on a aperçu dans la gloire Eucharistique le plus haut objectif de l'humaine pensée, celui que les kabbalistes nomment l'ineffable : Dieu !

Dans les salons de Florence, Leonora n'était pas obligée à l'air sourd d'une jeune fille de France, devant qui la conversation se fait chuchoteuse, et qu'on renvoie dès qu'elle dévie sur l'amour. Sans souci de sa présence, on parlait de la façon dont Salviati avait quitté la comtesse Sambelli et des efforts du comte Sambelli pour les rapatrier. Il n'était pas rare que quelqu'un exposât sa théorie passionnelle, souvent scabreuse ; mais tout cela était trop de la réalité pour l'enflammer. Ce qui la troublait, c'étaient ses lectures, et plus encore les pensées qu'elles lui suscitaient.

En étudiant le Tasse, elle jalousa son aïeule d'avoir été ainsi chantée. La *Vie Nouvelle* lui fit rêver la gloire d'une Béatrice : et Laure de Noves et Vittoria Colonna lui semblèrent bien heureuses de porter l'immortelle couronne que tressent seuls les doigts des poètes. Ces femmes de tant de vertus ou de scélératesse étaient ses héroïnes, et les modèles qu'elle se proposait. Leur attitude de madone, avec le génie prosterné encensant leurs pieds chastes, l'émerveillait. Inspirer un amour qui fût une religion et à un génie, elle eut ce rêve. Cependant en elle, le désir, serpent que la volonté coupe en morceaux qui toujours se rejoignent, sifflait parfois à ses oreilles les concupiscentes faiblesses et déroulait, pendant la nuit, ses anneaux étincelants.

Des visites journalières aux Offices avaient développé chez elle l'œil artiste et la compréhension plastique. Ces curiosités du corps de l'homme qui troublent la puberté de la femme, les statues familières à ses yeux, les avaient satisfaites.

Tandis que son amie Bianca, voluptueuse et dont les confidences paraphrasaient les regards énamourés des jeunes filles de Greuze, admirait charnellement la force, aimant le David et l'Hercule ; Leonora préférait l'éphébique Persée. Ces sympathies encore instinctives prédisaient le principe qui dominerait sa vie.

Les œuvres d'art où la femme triomphe de l'homme l'attiraient invinciblement. A Pitti, à la Loggia, la Judith d'Allori et celle de Bandinelli l'arrêtaient dans une contemplation souriante et réfléchie.

Malgré ces prémisses d'insensibilité le sang de la jeunesse fermentait dans ses veines et les battements de ses artères en donnaient à son cœur. C'était l'heure où, à la jeune fille presque femme, l'idéal apparaît dans une resplendissante gloire, où la chimère passe la fixant de ses irrésistibles yeux de diamant : et c'était la chimère qu'elle guettait pendant les nuits, et c'était sa nerveuse croupe qu'en pensée, elle caressait jusqu'au matin.

L'invincible loi d'amour la clouait là, au serein, au froid, à la fatigue. Ses regards fouillaient les ténèbres ; son oreille interrogeait les bruits ; elle se penchait sur la place, toussant, faisant des gestes qui semblaient des signaux et l'envoi de baisers. Elle eût appelé ; mais elle ne savait pas le nom de celui qui était son souci, son attente, son désir : le Bien-Aimé.

Un de ces jeunes seigneurs très pâles et fiers qui caressent d'une main de femme le lourd pommeau d'une épée, aux murs du palais Pitti. Son désir le lui faisait voir, mince dans son justaucorps noir ; sa courte barbe en deux pointes, plus soyeuse que les plumes de sa toque ; ses lèvres trop rouges comme humides de sang ; dans les yeux un éclair troublant ; les molettes de ses éperons scintillantes comme des étoiles ; la lune faisant luire son collier qu'elle eût voulu remplacer par ses bras.

Il devait venir certainement, par le *Long'Arno*, au pied du palais ; il lui chanterait d'admirables canzones ; elle lui jetterait la fleur de ses cheveux. Et quand l'aube donnait ses grands coups de craie, dans le ciel noir, et que des pas sonnaient sur les dalles des rues, alors, la tête en feu, les reins et la nuque brisés; de l'ankylose au coude et la petite mort sur la peau, elle se recouchait presque pleurante et rageuse, s'endormait lourdement, dans son dépit saignant, étendue à plat ventre et la face vers le mur.

IV

L'AMANT ET L'AMIE

Amidei, descendant de ceux qui assassinèrent Buodelmonte, était un timide et rougissant jeune homme, tout fille, à la tête Benjamine, au parler doux et hésitant que son oncle, le vieux Strozzi, poussait à courtiser Leonora, dans l'espoir d'un mariage bellement héraldique.

Docile et cédant au besoin d'aimer de son âme tendre, il s'éprit passionément. Leonora, déjà méchante, c'est-à-dire déjà femme, s'amusa de ce sentiment avec cruauté. Osait-il quelque déclaration balbutiée, la jeune princesse singeant son air chérubin, lui roucoulait en réponse, sur un ton bouffe, les plus langoureux sonnets de Pétrarque.

— «Parlez-moi d'amour ainsi et je vous écouterai.» — « Je ne sais qu'aimer, je ne sais pas le dire ! » répondait Amidei. — « Comment ! » s'exclamait Leonora, « vous m'aimez et vous n'en devenez pas poëte? Je ne veux de soupirs que sous forme de canzones et sonnets, comme

Le Tasse et L'Arioste en faisaient à mes aïeules Lucrezia et Leonora. »

Amidei prenait une prosodie et à grand'peine écrivait un méchant sonnet que Leonora trouvait tel et dépitée, elle s'exclamait pleine de rancune : « Je ne puis donc pas même inspirer un bon sonnet. » Elle s'ingéniait en des méchancetés dont le soin qu'elle prenait de le troubler de concupiscence n'était pas la moindre. Elle était parfois impudique pour jouir de la confusion d'Amidei, comme elle le fut plus tard envers ses adorateurs pour hérisser leur chair, de toutes les flèches du désir vain.

Un jour d'août, Bianca del Agnolo vint la chercher en calèche pour l'emmener une semaine à Pratolino. Leonora sauta joyeusement dans la voiture qui emporta, par la porte San Donato, les deux jeunes filles seules et heureuses de l'être, comme en escapade.

L'aride Apennin et le colosse de Jean de Bologne succédaient à la fertile plaine de l'Arno, quand Bianca dit à son amie :

— « On voulait te donner la chambre bleue d'apparat, j'ai dit que tu serais mieux dans la mienne; nous coucherons ensemble, avant de s'endormir on pourra causer très tard. Oh! ce sera gentil! »

La villa des del Agnolo s'élevait sur l'emplacement de ce Marly Toscan, où le Grand Duc François et Bianca Capello allaient cacher leurs amours.

Le soir, les deux amies parlaient du Pratolino des Médicis.

— « Tu t'appelles Bianca, toi aussi, » disait Leonora, « prends garde à ton Capello; qu'il n'aille pas coiffer l'aile des moulins. »

— « Il a dû se passer ici, des choses, » faisait Bianca, en se coulant dans un fauteuil.

— « Oui, comme il y en a, dans les passages des romans français que Sarkis ne voulait pas me lire. »

— « Raconte-moi de ça, » dit Bianca, en entraînant son amie au balcon.

Une lumineuse nuit enveloppait le jardin de son mystère séducteur. Des bruits d'insectes, de feuilles, de sources, s'élevaient et s'abaissaient comme une respiration de la nature endormie et rêvant.

De la terre, les souffles humides et chauds montaient au balcon, en effluves grisants ; de l'herbe pleine de lucioles, du ciel plein d'étoiles, des charmilles pleines d'ombre, du silence plein de voix, du sommeil plein de vie, une fascination sortait.

— « Raconte-moi, dis... » insistait Bianca.

— « Plus tard... pas maintenant... ne me parle pas ; laisse-moi... Je suis bien... » disait mollement Leonora.

Les phalènes frôlaient ses joues de leur contact de velours ; un sourire pâmé lui entr'ouvrait les lèvres ; sur elle, délicieusement, des torpeurs descendaient, et des sensations nouvelles et diffuses faisaient courir sur sa peau moite de petits frissons d'une volupté douloureuse.

— « Ne voudrais-tu pas, » disait Bianca en lui prenant la taille, « qu'à ma place ce fût un beau cavalier qui te tînt dans ses bras ? »

— « J'aimerais mieux le voir à mes genoux, » répondait Leonora qui, toujours accoudée, fixait ses yeux dilatés sur l'ombre, hypnotisée par le magnétisme de cette nuit d'été.

— « Vas-tu attendre là, l'aurore aux belles mains, aux pieds étincelants ?... » s'écriait en riant Bianca.

Elle fit un effort et s'arracha du balcon plutôt qu'elle ne le quitta, les oreilles rouges, la tête lourde, la bouche séchée.

Déshabillées, elles s'attardaient aux menus soins de toilette, lorsque Bianca s'écria tout à coup :

— « Viens nous voir ! »

Et, entraînant son amie devant la psyché, elle rejeta son peignoir et arracha celui de Leonora avant que celle-ci ait pu s'y opposer.

La nudité de leur corps leur apparut, imprévue, nouvelle, inconnue. Elles ne s'étaient jamais regardées ainsi, s'ignorant, et leur beauté fit monter des exclamations à leurs lèvres. Les bras enlacés, appuyées l'une à l'autre, en un groupe d'art, souriantes, rougissantes, avec la palpitation d'un plaisir sous le sein, elles se contemplaient curieuses, ravies, troublées.

Bianca paraissait la toute jeune fille de cette Vénus couchée, qui montre à la tribune, avec une lasciveté repue, l'animale séduction de son corps puissamment voluptueux. Elle en avait déjà les formes charnues, la chaude couleur, et sa gorge basse était d'une femme et ses hanches annonçaient la fécondité.

Un ange de missel, dévêtu en vierge folle par un imagier pervers; telle semblait Leonora. Eblouissante de matité, sa carnation était celle de la *Source*, sans un rehaut rose, même au genou, même au coude; et la pâleur de ses bras minces se continuait à ses mains; et celle de ses tombantes épaules à son long cou. Elle était maigre douillettement, sans que nulle part l'ossature parût. Sur sa poitrine plate, les seins petits mais précis s'attachaient brusquement sans transition de modelé distants et aigus. La ligne de la taille se renflait peu aux hanches, se perdant dans les jambes trop longues d'une Eve de Lucas de Leyde. L'élancement des lignes, la ténuité des attaches, la longueur étroite des extrémités, le règne des verticales immatérialisait sa chair déjà irréelle de ton : on eût dit une de ces saintes que le burin de Schongauer dénude pour le martyre; mais les yeux pers au regard ambigu, la bouche grande au sourire inquiétant, les cheveux aux flavescences de vieil or, toute la tête démentait le mysticisme du corps.

Bientôt elles se sentirent gênées d'être nues et Bianca éteignit le candélabre.

— « Tu ne m'en voudras pas ? » fit-elle dès qu'elles furent couchées.

— « T'en vouloir, et pourquoi ? » demanda Leonora.

— « Parce que j'ai consolé Amidei ; tu l'affoles, ce pauvre garçon. Vendredi, j'allai voir le vieux Strozzi, je trouvai Amidei seul, et triste à faire peine. Il se plaignait de toi, je le raisonnai, il ne m'écouta pas. Alors, par pitié, je l'embrassai, il m'embrassa ; je lui rendis son baiser, il me le rerendit... Tu ne m'en veux pas ? »

— « Oh ! du tout, » fit Leonora froissée dans son orgueil. « Seulement, si tu commences à consoler déjà.. il a fallu que tu offrisses tes consolations bien vivement, car il est timide... Et après ? »

— « Te voilà bien, toi, » s'écria Bianca, « tu as l'air de t'indigner, et tu prends plaisir à entendre dire... »

Elles se boudaient, silencieuses. Par le balcon resté ouvert, les sèves du parc entraient dans la chambre odorantes et fiévreuses. Un rayon de lune barrait d'argent le pied du lit.

— « Tu m'en veux, dis, » soupira Bianca en prenant son amie dans ses bras, et l'amadouant de caresses dont l'une s'égara. Cela n'eut pas la durée d'un des éclairs de chaleur qui sillonnaient le ciel en ce moment, mais Leonora se précipita du lit. A cette première morsure du serpent de la chair, elle s'effara comme devant une déchéance. Elle eut soudain la perception anticipée des tentations prochaines, des obsessions charnelles, de la lutte douloureuse de la volonté avec les instincts ; et la fière jeune fille pleura des larmes de colère, en sentant la Bête naître en elle.

Un geste de hasard et d'une seconde ; et c'en était fait e la pureté de ses sens.

La triste loi du corps lui apparut, jamais abrogée, difficile à éluder ; et de son orgueil saignant, une tristesse infinie s'étendit sur sa pensée.

Elle se souvint de ce mot de Sarkis :

« Ce qu'il y a de plus beau, après une âme sans faiblesse, c'est un corps sans désir. »

V

LE CONFESSEUR

Les jours suivants, Bianca voulut induire son amie au péché que cette nuit leur avait révélé. Léonora supporta patiemment ses obsessions, comme l'exercice utile, et le commencement d'un effort qu'il faudrait bientôt très grand; et déjà à résister, elle éprouvait un plaisir d'orgueil.

— « Ce que je laisse ici, » dit-elle en quittant Pratolino, « la vieillesse seule me le rendra. »

Dès lors, dans le silence et l'ombre des nuits, enfiévrée de songeries pubères, elle accouda son désir diffus à la fenêtre de la place.

A des questions qui ne portaient que sur les choses de l'amour; à ses lectures qui n'étaient que de romans passionnés et de voluptueuses poésies; à ses absences d'esprit sans cesse traversé par des visions qui l'ôtaient de la leçon ou du discours; à l'irritabilité de son humeur, chaque heure changeante; aux marques d'une sensibilité qui n'était pas de nature, Sarkis reconnut qu'en elle, avait lieu ce poétique drame de la puberté qui se dénoue, soit dans le triomphe douloureux d'une continence maintenue, soit dans la déchéance d'une bestialité acceptée : ce qui l'emporte à cet instant troublé, l'emportera dans l'avenir passionnel.

Le souvenir ineffablement pur de sa première communion lui revint au milieu de cette crise, où dans la dualité de l'être incapable d'équilibre, une prédominance d'esprit ou de chair s'accuse. Elle demanda à la prière l'apaisement de sa pensée ; mais ses élans icariens vers Dieu, à peine élevés, retombaient devant les profanes images du désir.

Alors elle sentit le besoin de celui qui, d'une main sainte, apaise et éteint les flammes impures et qui, sur la chair et l'esprit en péché, applique les mystiques bandelettes de la religion, seules rênes qui puissent arrêter la faiblesse humaine, sur la pente obscénement glissante de la sexualité.

Le chanoine qui disait la messe de huit heures à Notre-Dame des Fleurs apportait dans la célébration du mystère, une onction si douce, un recueillement si plein du grand acte qu'il accomplissait, une telle conscience de la présence réelle, qu'il semblait, dans ses larges gestes d'officiant, porter à Dieu les prières des fidèles et prendre au ciel la bénédiction qu'il épandait à la terre.

Avec une confiance sûre d'être justifiée, Leonora s'agenouilla au confessionnal du Père Francesco et lui ouvrit son cœur sans artifice d'expression ni restriction mentale, disant toutes ses pensées, même les honteuses ; tous ses désirs, même les bas.

— « Mon enfant, » lui dit le prêtre après l'avoir entendue, « le mal c'est le laid ; il faut que le cœur soit beau pour plaire à Dieu ; et je vois prématurément dans votre esprit ces idées décadentes du mépris de la bonté, du dédain de la vertu, et la conception d'un idéal dans le mal... Oh ! j'ai été de ceux-là pour qui l'art est le seul vrai Dieu, le génie, le seul prophète... Je ne voyais rien au delà d'un chef-d'œuvre, et du jour où j'acquis la certitude que je n'en ferais jamais, le monde me sembla vide, la vie inutile et insupportablement vaine. Une après-midi où la lassitude d'exister me faisait chercher la porte à prendre, pour sortir de l'existence, je me dirigeai machinalement vers *il Carmine*, où j'étais entré si souvent, en fidèle de Masaccio. J'allai à la chapelle Brancacci, et devant les merveilles de Lippi et de Masolino, je pleurai les larmes de feu de l'impuissance. C'était l'heure de la sieste, j'étais seul dans l'église, je m'assis sur une marche. Soit chaleur de l'été, soit affaissement moral, je m'endormis. Fut-ce un rêve, une vision? Mon esprit résolut-il, pendant le sommeil, la préoccupation de ma veille? Je me réveillai en sursaut, l'esprit tout illuminé :

— « Et le génie du bien, » pensai-je, « n'est-ce pas aussi du génie? Et les actes de vertu ne sont-ils pas des chefs d'œuvre? Chercher l'idéal dans la perfection de son cœur, n'est-ce pas l'art suprême, le plus beau, parce qu'il reste secret et sans louange, et le plus doux à l'œil de Dieu, parce que lui seul le voit. « Mon âme, » m'écriai-je, « sera la fresque que je peindrai de vertu pour les suffrages du ciel. »

« Je me fis prêtre, et j'ai été un artiste en perfection chrétienne, artiste inférieur mais enthousiaste et consciencieux. A ma mort, je présenterai à N. S. au lieu de tableaux splendides, mon âme dont j'ai tâché de faire un chef-d'œuvre de foi et de charité. Avoir l'âme belle, cette pensée-là a été toute ma force; qu'elle soit la vôtre. »

Ce langage fut purificateur pour la pénitente; elle revint souvent au confessionnal et s'en retourna toujours améliorée. Ce vieillard avait pour elle, la prédilection du bon pasteur pour la brebis égarée, et l'artiste qui était en lui mettait du génie à redresser selon le bien, cette pensée courbée vers le mal.

A la parole du prêtre, la quiétude revenait dans les sens et la pureté dans l'esprit de la princesse. Une splendide métamorphose commençait, et avec des soins de serre mystique, l'apôtre hâtait l'éclosion de cette fleur inespérée, le lys des puretés dans une âme mauvaise.

« La guérison de ce cœur sera mon chef-d'œuvre, » pensait cet esthète; mais Dieu ne lui permit pas même celui-là.

Une attaque d'apoplexie le coucha sur son lit, d'où il ne devait plus se relever. Il fit appeler Leonora.

— « Mon enfant,... » lui dit-il, « je n'ai plus beaucoup d'heures à vivre... Je vous aurais ramenée à Dieu... Il me rappelle à lui sans m'en laisser le temps... Que sa volonté s'accomplisse... Je prévois, et cela attriste ma mort,... que vous ferez beaucoup de mal... Vous croyez..., mais d'une foi sans œuvre, et vous n'avez pas de charité : or, la charité c'est tout. N. S. ne s'est attribué ni le génie, ni la domination; il n'a prétendu qu'à la seule charité; c'est par là qu'il a conquis les âmes; c'est par là qu'on conquiert le ciel. ...Ecoutez-moi : j'ai repensé tout ce qu'on avait pensé d'élevé avant moi; et je vous le dis : nous ne sommes en ce monde que pour mériter celui dans lequel je serai bientôt! Eh bien! il est une vertu que j'exige de vous, et votre orgueil vous la rendra facile... Votre tête péchera assez, hélas! que votre corps du moins soit sans péché. »

Et le saint prêtre, artiste jusque dans le sacerdoce et jusque dans l'agonie, magnifiquement aveuglé par son amour du beau, s'écria : « Tuez la chair, et Dieu pardonnera peut-être à l'esprit. Il vaut mieux l'orgueilleuse pensée de Faust qui veut ravir à Dieu le secret de la vie, que Don Juan qui tombe à la brute. L'idéal, c'est la continence, c'est la chasteté. »

Epuisé par cet effort, il bénit la princesse et la congédia d'un geste d'adieu, le viatique entrait.

VI

GAGA

Dans la bibliothèque où le trio professoral passait tout son temps, Sarkis disait à Warke :

— « Tuteur et pupille sont présentement logés à la même enseigne, à la tentation : tandis que Leonora se débat contre son tempérament, Torelli s'acoquine avec une française, une de celles qu'on nomme tendresses et croqueuses de cœur, à Paris. Vous verrez que la jeune fille restera pure et que l'homme mûr et d'expérience croulera dans le jupon sale, et laissera jusqu'à sa dignité, dans un pli de cette chemise tant de fois et par tant de gens troussée. »

— « Vous m'étonnez. » fit l'allemand, « et... »

— « Mon cher assembleur de nuages harmoniques, vous rêvez trop pour rien voir... Torelli a commencé par la passion, il finit par la lubricité. La sentimentalité qui, jeune, le faisait platoniquement soupirer pour Marie-Béatrix, s'est changée avec l'âge en sensualité, et ceux de ses fermiers qui ont une jolie fille peuvent l'envoyer, les mains vides, payer les redevances. Aux Cascines, j'ai vu sa maîtresse, une française absurde ; pas de visage, une frimousse si chiffonnée qu'elle n'a pas de traits ; de petits yeux rusés et niais qui papillotent dans le glacis du maquillage qui est sa peau ; un embonpoint mou, et de ses cheveux de caniche à son déluré de grisette, l'accent de la fille de portière qui du café-concert de banlieue a sauté dans les sens et les écus d'un imbécile, de beaucoup d'autres suivis. Venue à Monaco avec un rastaquouère, qui fut refait; elle convola avec un commis voyageur qu'elle prit pour un prince et qui la laissa pour gage à l'hôtel Victor-Emmanuel. Torelli, qu'elle prit pour un commis voyageur, la rencontra aux fauteuils du Politeama et la reconduisit jusqu'au lendemain.

« Quant à notre élève, depuis la mort du Père François, elle est dévoyée. Les germes de sainteté que ce sublime bonhomme avait semés et qu'il n'a pu étayer assez longtemps de sa parole, ont avorté, et ce qu'il en reste augmente la confusion de son âme. Je me souviendrai toujours, que, revenant du confessionnal, elle me fit le plus beau sermon et que je l'écoutai, le plus écolièrement du monde.

— « Sarkis, » me dit-elle, » je vous aime beaucoup, mais vous êtes coupable; vous n'avez point de sens moral et vous m'enseignez votre propre indifférence du bien et du mal. » Ah! nous sommes loin de cela! l'autre jour elle lisait Martial; à côté se trouvait l'opuscule de saint Liguori, sur la *Conformité à la volonté de Dieu*. Étrange princesse douée pour tout et n'excellant en rien, compréhensive et grâce à nous, savante; mais ne sortant pas du bien; faisant tout bien, et jamais mal, et jamais mieux! »

Après un silence. « Celui, » reprit-il, « qui débarrasserait Leónora d'elle-même et le duc de sa pupille pendant six mois, ferait œuvre pie. Or, j'ai l'idée d'emmener Son Altesse, en voyage esthético-historico-éducatoire, à travers l'Italie. Cela contenterait tout le monde. »

— « Pas moi, » fit Warke.

— « Ni moi, » dit Bojo qui venait d'entrer.

Et comme Sarkis étonné, les regardait, l'allemand dit d'un air triste :

— « Un maître de chapelle ne s'emporte pas en voyage. »

— « Pas plus qu'un maître de dessin, » ajouta Bojo.

— « Je réponds qu'on vous emportera, » fit Sarkis qui riait.

Le duc était au Palais, et Sarkis eut à peine phrasé son projet qu'il s'empressa d'acquiescer :

— « J'ai toute confiance en vous, Sarkis, » dit-il, « mais emmenez Bojo et Warke; cela fera une sorte de suite à Leonora. »

En déshabillé, un livre ouvert devant elle, rêveuse, elle regardait ses bras nus et tressaillit comme surprise dans sa pensée.

— « Eh bien ! » fit-elle sèchement à Sarkis, qui était entré brusquement.

— « Il importe peu, Altesse, que je vous voie nu-bras, il doit vous importer beaucoup de faire un voyage de six mois, à travers toute l'Italie. »

— « C'est une belle surprise, » dit-elle en se levant, joyeuse.

— « Venez donc rassurer Warke et Bojo qui ont peur d'être laissés ici. »

Jetant un mantelet sur ses épaules, elle suivit Sarkis dans la bibliothèque où les deux professeurs se levèrent à sa vue.

— « *Signori*, » prononça-t-elle, souriante, avec un grand air, « notre bon plaisir étant de voir l'Italie : Sarkis, secrétaire de nos commandements, devra, outre l'explication toujours prête et le commentaire sans fin, avoir quelque chose d'intéressant à nous mettre sous l'esprit s'il nous vient l'envie de causer; Warke, notre maître de chapelle, emportera son violon, et lorsque nous nous arrêterons devant un monument ou un site, jouera un morceau analogue à notre situation d'esprit qu'il devinera; Bojo, notre peintre ordinaire, dessinera les types et les paysages qui nous frapperont. *Dixi* et aux malles ! »

Et joyeux fut le départ, plus joyeux le voyage.

Aucun d'eux ne se souvenait d'avoir jamais été si

heureux. Tous étaient en verve, Sarkis de discourir, Warke d'improviser, Bojo de croquer, Leonora d'écouter, de l'esprit et des yeux. Un triple commentaire d'érudition, de dessin et de musique lui décuplait l'impression de ce qu'elle voyait, la rendant ineffaçable

Ils avaient quitté Florence depuis sept mois, quand de Pise, Sarkis télégraphia leur retour. Le duc était dans ses terres de Lombardie et ce fut Gaga qui décacheta la dépêche. Depuis le départ de la princesse, elle avait obtenu d'habiter au Palais.

— « Là, » lui avait-elle dit, « tu auras « Gaga à gogo, » mais là seulement. »

Le duc englué par l'habitude déjà prise de cette débauche canaille, de cette luxure de faubourg, arrivé à un âge où il ne pouvait plus être aimé et ne sachant que faire en son ennui, s'était laissé glisser dans les bras bêtes de cette fille, et selon le pronostic de Sarkis, il oubliait déjà le décorum du vice patricien.

Elle l'avait ensorcelé par tout ce qui aurait dû le préserver, la provoquance du geste, le langage de barrière, l'allure de brasserie, l'ineptie dans le cynisme. Dilettante jadis, il eût donné maintenant tout Palestrina pour une de ces scies de Bullier qui sont la floraison de Paris bête, ce Paris qui a applaudi la *Belle Hélène*. Avec une joie de tricoteuse se vautrant dans le lit de la reine, Gaga avait monté les quatre marches de l'immense lit à colonnes, et cela la grisait, le matin, d'apercevoir en ouvrant les yeux un blason au-dessus de sa tête.

En relisant la dépêche de Sarkis, elle pensa qu'elle n'avait plus qu'à laisser la place à cette hautaine princesse que Torelli lui-même redoutait.

La curiosité de voir une chambre de jeune Altesse lui vint. Les tiroirs furetés, les cabinets d'ébène burgauté parcourus, le lit tout en dentelles blanches l'attira et avec le plaisir et le pressentiment d'une profanation, elle entra dans ce lit où tant de fois, la chair rébellionée avait été vaincue.

Le quart de trois heures sonna, elle fit le mouvement de se lever, réfléchit et tira les rideaux sur elle en riant. Que risquait-elle en s'offrant le spectacle de la vertueuse princesse indignée ?

A trois heures, les voyageurs entrèrent au Palais ; le majordome dit à Leonora que son tuteur était absent, et vivement elle courut à sa chambre ; là, quittant sa robe, en jupe et en corset, elle se lava de la poussière du wagon.

En allant par la pièce, elle vit les rideaux de son lit fermés et les écarta; ses bras restèrent suspendus de surprise.

Sur l'oreiller aux armes d'Este, riait, d'un rire bête, une tête peinte, aux cheveux roux ébouriffés. L'éraillement de ce rire expliqua à Leonora qui était là. Arrachant les couvertures, elle précipita l'intruse hors du lit.

Gaga se releva injurieuse, la menaçant de son tuteur.

Une gifle lui ferma la bouche et la fit tomber assise sur un tabouret.

Toujours muette, Leonora sonna violemment et aux domestiques accourus :

— « Jetez cela à la rue, » ordonna-t-elle, en étendant le bras vers Gaga en chemise et pleurante.

Valets et femmes de chambre restèrent immobiles ; ils craignaient tous l'influence absolue de la fille sur le duc.

— « Hein ? Ce que l'on t'écoute ? » s'écria Gaga enhardie. « Je vais te la rendre ta gifle et comme à une gamine. »

Elle saisit Leonora par son court jupon; celle-ci se dégagea fiévreusement et saisissant sa cravache sur une tablette, elle en fouetta l'air autour d'elle.

— « Touche un peu... » dit Gaga.

Leonora blêmit sous l'épithète, et saisissant la fille

par l'encolure, d'une secousse elle lui déchira sa chemise dont un lambeau lui resta aux mains.

— Gaga, les doigts arqués en griffes, marcha sur elle, mais Leonora lui cingla ses gros seins, à toute volée. Hurlante, la fille chercha quelque chose à jeter à la tête de la princesse; elle n'en eut pas le temps. Sur ses épaules, sur ses bras, sur ses cuisses, les coups de cravache pleuvaient. Vociférante et lâche sous la douleur, elle crachait les imprécations du lupanar; et ces termes ignobles exaspéraient la colère de la princesse. D'un cinglement féroce, elle faisait rentrer dans cette flasque nudité, chaque ordure qui en sortait : et une volupté aiguë lui venait de sentir cette chair s'écraser sous ses coups et de la voir se zébrer de longues raies rouges d'abord et vite violettes.

Les domestiques, en italiens prudents, s'étaient retirés; mais Julioti le cocher, pour qui Gaga avait eu une complaisance, un soir que le duc était absent, crut devoir se mettre entre la cravache et la patiente. Leonora, révoltée qu'un valet intervint, lui fouetta le visage. Cette diversion avait suffi à Gaga pour s'enfuir. Leonora la poursuivit à travers les salons et l'atteignit au moment où elle touchait à l'escalier. Avec sa fauve chevelure éparse, son corset de satin bleu qui mettait une sorte de cuirasse à sa sveltesse d'archange, elle semblait un de ceux qui châtient Héliodore dans les fresques. Elle accula la fille à un angle du palier, et là, sur cette croupe de prostituée, elle frappa formidablement, grisée par les cris épouvantables qui répondaient à ses coups. Son bras las enfin, retomba; la fille se précipita, roulant l'escalier. Leonora s'élança, mais prête à s'affaisser, elle se cramponna à la rampe d'une main, de l'autre elle lança sa cravache qui atteignit la fille au jarret et la fit tomber à genoux; elle-même tomba dans les bras de Sarkis, évanouie, le pied foulé.

Elle ne reprit connaissance que pour entrer dans une crise nerveuse. Revenue à elle :

— « Faites atteler, » dit-elle à Sarkis. Celui-ci fut obligé de la porter dans la calèche où il prit place en face d'elle. Julioti avec le stigmate du coup de cravache qui lui balafrait le visage, attendait les ordres de Son Altesse : « Au *Poggio impériale,* » dit Leonora.

VII

AU PENSIONNAT

La vieille comtesse Oliva, directrice de ces Oiseaux de Florence, accueillit Leonora avec les serviles chatteries de l'obséquiosité italienne :
— « Vous serez ici traitée en princesse d'Este. »
— « J'y compte... » répondit Leonora avec tranquillité.
Lorsque après une semaine d'alitement, elle descendit en récréation, sa démarche fière, alanguie de sa foulure à peine guérie ; cette jalousie des femmes qui présage à celle qui l'excite l'admiration et le culte des hommes, la salua. Mais le regard direct de ses yeux pers et les méplats de son haut front portaient écrits si lisible l'esprit de révolte, que, rivales, les pensionnaires pardonnèrent à sa victorieuse beauté, en faveur de l'indiscipline qu'elle apportait dans le froufrou de sa robe. Dès l'instant où elle se mêla aux élèves, un vent de désobéissance souffla dans les classes tout à coup bourdonnantes, éteignit les veilleuses des dortoirs, fit battre plus bruyants les couvercles des pupitres, et, enfin, pencher sur l'oreille toutes les cornettes.

A raison de sa masculine éducation, les farces d'écolières, les caquetages cailletins ne l'intéressèrent pas un moment. Le doigt de Sarkis avait avancé sa pensée précoce ; et c'étaient les préoccupations de la femme, non de la jeune fille qui marquaient ses heures.

Tous les matins, les trois professeurs, les genoux chargés de livres, d'albums, de partitions descendaient, au galop du coupé de Torelli, par la porte de Rome, l'avenue de chênes et de cyprès qui mène au Poggio ; et ne revenaient à Florence qu'à la nuit. Cette éducation les passionnait, au point d'être atteints de la maladie mystique du scrupule. Bojo cherchait le secret de la ligne et de la couleur des maîtres ; Warke s'ingéniait à écrire un traité d'harmonie qui fut clair ; et Sarkis, tout songeur, s'efforçait de river fortement les mailles de la cotte de science qu'il forgeait à l'âme de la princesse : et c'étaient là de grandes cogitations.

Le duc avait eu à subir une terrible scène de Gaga qui voulait être vengée. En florentin, au lieu de s'apitoyer, il fit servir ce fouaillement à la sécurité et aux aises de son vice. « Si tu n'es pas complaisante, je rappelle la princesse, » menaçait-il, à chaque velléité d'incartade. Et la fille s'apaisait avec une peur d'enfant qu'on menace du croquemitaine ; gardant un affolement de cet archange qui l'avait châtiée.

— « Assurez Leonora, » avait dit le duc à Sarkis, « que, loin de lui en vouloir, je ne l'en aime que davantage, d'avoir eu un si noble soin de sa dignité... entre nous... » ajoutait-il, « je lui dois la souplesse de Gaga. La cravache de ma pupille m'a docilisé ma maîtresse... »

Leonora écouta ces paroles avec un mauvais sourire :
— « Voilà donc, Sarkis, à quoi sert une vertueuse indignation et que je me sois foulé le pied. »

Au Poggio, elle retrouva la tentation même de Pratolino, sous les formes adoratrices de cet amour serf qui séduit les orgueils et qui est la manifestation la plus absolue de la passion. Betty viennoise, selon la formule de Gozzi, mélancoliquement timide, et d'une mignonne gaucherie à la Schoorel, couvait Leonora de regards troublés, en une adoration qui la faisait lécher de baisers les mains de la princesse, avec une animalité douce dans la caresse. Peut-être Leonora eût-elle ouvert ses lèvres minces aux baisers lesbiens, si Betty eût risqué la caresse de Bianca : mais la suprême recommandation du P. François la maintint en face d'une tentation qui n'osait pas. En cette rencontre, elle eut la haute volupté qui s'éprouve au perpétuel coudoiement d'un péché intense, facile, secret et refusé.

Bojo lui fit composer une Salutation de retable et deux chories de Saintes portant les instruments de leur martyre; puis des échafaudages ayant été dressés dans la chapelle du Poggio :

— « A nous deux, cette Sixtine, Altesse, » dit-il.

Dès lors, les cours eurent lieu singulièrement. Tandis que la princesse faisait apparaître sur l'outre-mer, les blancheurs lyléennes des vierges, Sarkis arpentait les dalles, dissertant et lorsqu'il se taisait, Warke, assis à l'orgue, exécutait des fugues de Bach. Cinq mois passèrent de cette esthétique façon; à l'approche de la distribution des prix, Mme Oliva, ravie de voir sa chapelle peinte à fresque, pria Leonora et ses maîtres d'écrire une comédie pour cette solennité.

— « La cour de Ferrare, voilà le titre, » s'écria Sarkis, et fouillant les livres, il en tira toutes les minuties d'une exacte restauration historique. Warke, en exégiste, proposait la *Casa Estense*, ou la prise de Ferrare sur les Torelli.

— « Je veux, » dit Leonora, « remplir le rôle de Leonora d'Este, mon aïeule, cela se passera donc sous Alphonse II. »

Soufflée par Sarkis, elle imagina une Célimène de la Renaissance. L'action était peu de chose, un poète bohème à la Glatigny, arrêté pour des vers contre Alphonse, et gracié par Leonora.

Bojo dessina un billet d'invitation où était reproduit, du geste indiquant le programme, l'ironique et adorable précurseur du Louvre. Sur un cartouche :

« Le rôle de la princesse Leonora d'Este, sera joué par la princesse Leonora d'Este. »

Tout le livre d'or toscan se rendit au Poggio, et admira les fresques froides où Leonora avait cependant rendu, en une noblesse hautaine d'attitudes, cette suprême aristocratie : la virginité. Warke exécuta certains morceaux de sa composition, qu'il fit dire, être de la princesse. Aussi quand ce public exceptionnel prit place dans la salle de spectacle, était-il déjà deux fois admirativement prévenu.

Tandis qu'elle revêtait un exact costume de son aïeule, Torelli entra dans sa loge et l'embrassant : — « Vous rougissez de votre tuteur, lui est fier de sa pupille ! »

La paix se fit ainsi. Derrière le duc, quelqu'un venait qu'il présenta, sans que Leonora se dérangeât que par un mouvement de tête dans la glace :

— « Le prince Sigismond Malatesta... »

La toile se leva sur la terrasse du Palais ducal. L'Arioste et le Garofalo parlèrent d'un poète vagabond qu'Alphonse avait emprisonné pour une canzone railleuse. Puis Leonora parut et si d'Este, que ce public patricien applaudit avec frénésie cette revenante de la Renaissance. L'enthousiasme dura toute la pièce.

Quand Leonora donna au poète le parchemin de sa grâce, celui-ci se jetant à ses genoux, en une déclaration d'amour fou, s'écria « qu'il préférait se serviliser auprès d'elle que de ne plus la voir, et que pour un baiser il donnerait plus que son génie, son indépendance. »

Alors, la princesse le renvoyait à sa lyre :

— « Sois fidèle à l'idéal, ô poète ! N'aime que les idées;

laisse au commun des hommes l'amour; c'est là toute leur poésie. Ravis-nous dans tes propres extases; mais ne te traîne pas avec nous, dans les vaines tendresses! Vois! les sirènes chantent, les croupes des chimères frémissent, les sphinx battent des mains à ton approche! Ne cherche pas l'énigme de la femme, elle n'en a pas et elle te dévorerait. Qu'aucune main ne se pose jamais, orgueilleuse ou caressante, sur ton front; plus elle serait blanche, mieux elle étoufferait ton génie. Ne presse jamais sur ton cœur que des rêves. Ce baiser que tu veux acheter au prix de ta liberté, je te le refuse. Tu en as déjà un au front qui ferait le mien sacrilège. Les lèvres de la femme seraient profanes là où se sont posées celles de la muse. Tu es plus qu'un homme, tes amours ne doivent pas être de terre comme les nôtres. Va, sois bon et chaste; chante et marche. Ne parle jamais l'infirme langage des vulgarités, ne t'arrête jamais, surtout devant la femme. Sois sublime enfin, c'est ta mission! et remercie Dieu que ton génie t'ait sauvé de mon amour! »

L'étonnement, l'orgueil florentin éclatèrent en bravi. Seul, le prince Sigismond, les yeux hypnotisés sur Leonora, n'avait pas applaudi. Le rideau tombait sous des rappels frénétiques, Torelli, surpris de la froideur de Malatesta, s'écria :

— « Comment n'applaudissez-vous pas? »

— « Je n'applaudis pas, mais je vous demande la main de votre pupille, » prononça gravement Sigismond.

— « Mon cher prince, allez la lui demander à elle-même. Le roi Charles X n'avait que sa place au parterre; je n'ai que ma signature au contrat. »

VIII

LE PRINCE SIGISMOND MALATESTA

Plutôt amant que l'on rêve, que mari qu'on subit, que l'on trompe, en lui revivait quelque chose de ce temps où les Alberti, des banquiers, étaient beaux comme les dieux grecs ; où l'industriel était artiste ; l'artiste poète et le brigand bandit. Au lieu du Bovary nobliot des romans modernes, Sigismond Malatesta semblait le pâle seigneur peint par Raphaël et que l'on dit être César Borgia, autant toutefois que le hideux habillement contemporain permet de rappeler un patricien à toque et pourpoint de velours tailladé. Maigre sans être osseux, le nez long aux narines fermées, il portait sur son front droit l'inquiétante blancheur de la perversité. A le voir, on sentait qu'en aucune situation il ne pouvait pas plus être ridicule qu'un tigre.

Dès vingt ans, laissant aux hiboux et aux ronces son château de Rimini, il se fit construire, rue Barbet de Jouy, non un hôtel mais un palais, d'après un plan inédit de Leo Batista Alberti. Il meubla cet édifice des objets d'arts de ses ancêtres et se trouva réduit au septième d'un million par an, qu'il consacra à cette existence idiote qu'on appelle, sans doute, par antiphrase, la haute vie. Il fut membre de cercle et sportman, il ravala son grand nom à des prouesses de jockey, à des hauts faits de maquignons ; il fut de ces vibrions dont l'horizon est borné par une selle qu'on devrait leur mettre en bât. Il eut des danseuses qui le tutoyèrent, des

bourgeoises qui lui dirent, mon prince ; des grandes
dames qui voulaient pécher sans déchoir. Il eut des
dettes, des indigestions et des maladies, jusqu'au jour
où il se découvrit un vice précis auquel il se livra exclusivement : le stupre. De là, son pâle silence pendant
la représentation ; de là aussi sa demande à Torelli.

Rentrée au palais d'où Gaga s'était sauvée à la seule
annonce de son arrivée, Leonora y reçut les visites quotidiennes de Malatesta, tandis que Torelli logeait ses
amours au Palazzino Viati, sur la Lung'Arno. Voyant
l'impossibilité de violer Leonora, le prince Sigismond
s'était tout de suite résolu à l'épouser.

Il fut accueilli par des railleries de jeune fille lettrée.
Tout autre eût renoncé ; il ne montra jamais une impatience. Il n'aimait pas la princesse, il ne convoitait ni
sa dot ni la noblesse de l'alliance, il la désirait pour la
seule satisfaction de sa chair. Leonora n'éprouvait pas
de répulsion, elle le trouvait même assez semblable au
pâle seigneur qu'elle avait évoqué, à sa fenêtre. Seulement la souplesse de fauve, la félinité du prince l'inquiétait : elle pressentait de terribles griffes sous ses
regards, ses gestes, ses mots de velours.

Au Poggio, elle n'avait déjà plus la résistance vive de
Pratolino ; maintenant se dressait en elle, la Bête.

Tout l'an que dura sa cour, Malatesta, n'osant risquer
de comédie sentimentale devant une clairvoyance si aiguë, pressentit l'état d'éréthisme de Leonora ; et de sa
nerveuse parole troublante comme un attouchement,
avec des réticences pleines d'une ombre qui faisait le
désir curieux et attentif, avec des sous-entendus qui
intéressaient le corps à l'énigme proposée à l'esprit, il
alluma en elle cette fatale lampe de Psyché dont les
rayons font évanouir les illusions et les dieux. Dans un
langage aux vocables chastes, évasifs, contenus, il pré-
cisa des tableaux dont la contemplation souille et pol-
lue. Avec de la poésie de mots, il héroïsa la volupté. Il
trouva des images charnelles, pleines, grasses, rouges

comme des tons de Rubens; des modelés troublants comme ceux des papiers bleus de Prudhon et des troussements de pensées semblables à des Rops parlés : sur le flamboiement de l'adolescence, il jeta l'huile obscène du plaisir physique, exalté dans une gloire d'intensité.

Leonora eut des heures de lassitude dégoûtée, sous ce picotis charnel. Rêner sa chair cela valait-il tant d'effort, quand la satisfaire délivrerait son esprit de cette ignoble et lassante hantise ?

— « Dois-je épouser Malatesta ? » dit-elle à Sarkis.

— « L'indépendance, » répondit-il, « est la grande chose de la vie, et socialement une femme, même princesse, n'est indépendante que veuve ou mariée. Un mari ne peut être pour vous qu'un émancipateur et le Malatesta peut justifier son nom. Voyez, si vous pouvez rester votre maître en devenant le sien. »

— « Je suis fille d'Hercule, » fit-elle subitement résolue.

— « Je vous accepte, » annonça-t-elle le lendemain au prince.

En attachant son voile, blanc linceul de sa virginité qui allait mourir, deux grosses larmes coulèrent de ses yeux qui ne pleuraient jamais.

— « Pourquoi ces pleurs, en allant à l'autel ? » demanda Sarkis.

Brusquement, elle prit les mains de son précepteur et le regardant bien en face, à travers l'humidité trouble de ses paupières :

— « Je puis vous le dire à vous, dont je suis la fille spirituelle. Ce n'est pas à l'autel que je vais; je suis lâche, je vais... »

Elle dit un mot dont Sarkis resta pâle.

Au carillon du Campanile de Giotto, escortée de son tuteur et de ses trois professeurs qu'elle avait voulus pour premiers témoins, sans égard pour la foule des grands noms qui suivaient, elle entra à Notre-Dame des Fleurs, et un pli triste sillonna ses lèvres en passant devant le confessionnal où une voix de prêtre lui avait dit l'ode surhumaine de l'âme lyléenne.

Par une fantaisie qui étonna mais qui fut obéie avec plaisir, chacun des invités revêtit pour le bal le costume de ses ancêtres. Leonora portait une copie de la robe de noces de Lucrèce Borgia. Cette nuit-là, le passé revint au palais Torelli. Dans le décor du quinzième siècle demeuré intact, jusqu'aux valets avaient des livrées héraldiques.

Leonora, presque déshabillée, attendait, anxieuse, appuyée au lit. Quand son mari entra, elle se raidit contre la pudeur, comme on se raidit contre la peur. L'esprit tendu, le corps plein d'appréhension, elle fixa sa pensée sur ce qui allait avoir lieu et lui dévoiler tout ce qu'elle ignorait encore du triste savoir humain.

A la vue, au toucher de ce corps qui réalisait le rêve de sa chair, la chimère de son vice, le démon du stupre s'empara de Malatesta. Il oublia tout, prudence, dignité, lendemain; il la posséda furieusement, en un vol égoïste et sadique. Dans la chambre du palais s'entendit ce que le peuple appelle le cri de la vierge. Néronien dans l'ivresse aveugle de l'idéal étreint, profitant de l'ignorance de ce corps de vierge, sans paroles, sans caresses, il alla au bout de sa lubricité. Épuisé, non satisfait, vide de force et plein de désir, il retomba abruti à côté de sa femme qui sanglante et idiotisée, pleurait, sans sanglots, les lentes et grosses larmes de l'hébétement. La surprise de la sensation rendue terrible par la férocité de Sigismond, la secousse nerveuse qui en résulta, furent telles que la pensée de Leonora en demeura arrêtée. Elle subit, stupéfiée, et s'endormit presque inconsciente en des cauchemars.

Le premier rayon de l'aube lui ouvrit les paupières. Elle se sentit la tête vidée, les reins tordus, les jointures cassées, toute assommée. Puis la mémoire revint, et avec elle le tableau de la nuit. Soulevée sur un coude elle regarda son mari, le visage blanc de sommeil, la bouche aux lèvres sèches et ouvertes, qui dormait dans une pose aplatie.

— « Voici l'homme ! et voilà le plaisir ! » pensa-t-elle. Une ironie intérieure de ses résistances aux caresses aimantes de Bianca, à celles adoratrices de Betty, ricana en elle.

Un lambeau de son peignoir gisait sur le tapis, elle se vit nue ; et sur sa chair d'une blancheur si égale les baisers du prince avaient laissé des plaques rouges. Ces stigmates de la possession brutale lui mirent à l'épigastre une nausée qui lui monta au cerveau, emplissant sa pensée. Il lui sembla que sa peau avait honte et que ces rougeurs étaient la confusion de son sang souillé.

Elle sauta du lit, s'enveloppant d'une robe et courut à la salle de bains. Il fallut, malgré l'heure matinale, qu'on lui allât chercher du savon de lessive. Elle se fit frotter des pieds à la tête et pour se désinfecter s'arrosa de parfums violents.

— « Je sens la Bête, » pensait-elle.

Sa peau fine s'enflamma, et après deux heures de bain, en revêtant une robe noire, un violent picotis du sang lui donnait la sensation d'être couverte et mangée de vermine.

Entrant brusquement chez Sarkis :

— « Je vous le disais bien que j'y allais, j'en sors... »

Et comme le précepteur, navré, se taisait.

— « Mon cas est unique... Je ne demandais à cette nuit que d'être charnelle et... Ma vengeance sera *du même !* »

Au déjeuner, le prince qui avait réfléchi était anxieux, non qu'il se repentît, mais parce qu'il craignait de ne pouvoir recommencer. Il s'empressa, s'étonnant d'une robe noire.

— « Cela veut dire qu'il vous faut prendre le deuil de moi, comme je l'ai pris pour vous... »

Et avec son grand air patricien :

— « N-i, ni, c'est fini. »

Malatesta, vaguement souriant, ne répondit pas. Le dessert apporté et les portières tombées sur les domestiques sortis:

— « Madame,... » commença-t-il.

— « Ecoutez, » interrompit-elle; « je suis plus que belle, séductrice ; je suis savante au point que vous ne pouvez parler sans que je rie ; et je suis plus perverse que vous, puisque je connais tout le vice et n'en ai aucun. Ainsi donc n'essayez pas de lutter. »

— « Vous me refusez donc désormais le devoir conjugal ? » dit brusquement le prince.

— « Le devoir conjugal ? » articula Leonora en donnant au mot une accentuation incisive.

— « Soyons francs ! » commença-t-elle avec une ironique bonhomie; « nous nous sommes épousés, vous par lubricité, et moi aussi, je vous l'apprends. Si vous m'aviez satisfaite, je n'aurais rien à vous reprocher ; mais vous avez gâché ignoblement une chose qui m'avait tant coûté à conserver... Oh ! je ne vous fais pas de scène, je ne pleure pas, je ne récrimine pas ; voyez, si je ne déjeune pas de bel appétit... »

Malatesta regardait s'évanouir son rêve : avoir son vice dans sa femme. Les pensées à fond de la princesse, qui semblait voir par delà les choses, le rendaient muet.

— « Ah ! » reprit Leonora, « où est le temps où je me récitais Shakespeare ? Le balcon me masquait l'alcôve, le ciel étoilé, le ciel de lit. Le chant du rossignol et le craquement d'un sommier diffèrent... Oui ! Derrière le poème, il y a un bourbier... Mon cher mari, dussé-je sécher de désir et voir ma continence assaillie par plus de tentation que la légende n'en attribue à saint Antoine, je jure bien, sur mon orgueil, de ne jamais me ravaler, même si aimer, cet impossible arrivait, à aucune œuvre précise de la chair... »

— « Oh ! » fit le prince avec un mauvais rire : « je me suis désaltéré sur les lèvres d'un ange d'une soif de ruisseau. »

— « Un ange ! non pas ! » dit Leonora, « un ange se soumettrait, se résignerait ; un ange ne comprendrait pas... »

Elle se tut, un pli au front, regardant un *Sposalizio* du Garofalo.

— « Alors... » dit le prince, qui par contenance piquait une tranche d'ananas. « vous croyez que cela se passera ainsi ! »

Et il se dressa brusquement les deux poings sur la table.

Leonora aussi se leva et ses longs doigts arqués fripant la nappe, elle fixa ses yeux de mer sur les yeux gris de son époux.

Immobiles et fiévreux, les lèvres fermées, la narine frémissante, penchés l'un vers l'autre, ils se regardaient comme on s'égorge. La lutte fut effroyable entre ces deux volontés, ces deux fluides ; lutte magnétique qui devait mettre le vaincu à la merci du vainqueur. Une sueur froide d'agonie coulait de leur visage, dont les traits se crispaient dans un grand effort des nerfs optiques. Dix minutes durant ils se fascinèrent, les yeux rivés aux yeux. Tout à coup le prince chancela et baissa les siens.

— « Soit ! » dit-il avec la terrible rage blanche des hautes classes et il fit une fausse sortie. Sur le pas de la porte, il se retourna.

Leonora, dans la même pose, le tenait sous son regard : il sortit alors. Elle éclata d'un rire strident, dont les trilles saccadées accompagnèrent la fuite du prince à travers les appartements.

IX

DU MÊME

Malatesta prit le rapide pour Paris et, à peine arrivé, mit sur les dents toutes les agences infâmes. On ne lui trouva rien qui le satisfît. Sa perpétuelle insomnie était hantée par cette unique nuit où il avait terrassé sa Chimère. Il s'avoua qu'il aimait Leonora de tout son vice et que sa seule vue était encore préférable à toute possession.

Quand il revint au bout d'un mois, il trouva la princesse installée au palais Riccardi qu'elle avait acheté et meublé magnifiquement.

— « Il me débarrasse, oui, » avait dit Leonora à Sarkis; « mais il me faut ma vengeance *du même*. »

Elle le reçut comme s'il revenait d'une promenade.

Le soir, Malatesta gratta à sa porte :

Claudite jam rivos, sat prata biberunt, répondit-elle.

D'un coup d'épaule il fit sauter la petite targette de cuivre :

— « J'ai voulu voir si vous ne portiez pas de bas bleu, » fit-il en entrant.

— « La couleur de mes bas vous sera toujours inconnue, beau sire. »

Enfoncée dans un fauteuil, en vêtement de nuit, les pieds sur une chaise et les mollets nus, Leonora lisait Boèce. Elle ne couvrit pas ses jambes, ne ferma pas son peignoir, comme seule. Ils restèrent un long moment, Leonora toute à la *consolation philosophique*, lui tout au désir. Enfin il s'avança. D'un geste calme, la princesse frappa sur un timbre. Un valet parut.

— « Eclairez à Son Altesse. — Bonsoir, prince ! »
Malatesta salua et sortit.

Comme ceux qui, arrivés au milieu de la vie, n'y ont point trouvé de but, et de clairvoyance et de réflexion, s'engagent en ces impasses passionnelles qui ne mènent qu'à choir dans le brutisme conscient; devant ce refus qu'il savait inéluctable, Malatesta obstina son constant désir.

A l'instar de ces fanatiques Danubiens qui se sabrent avec joie, il est des modernes qui, par inappétence à exister hors de certaines conditions qui leur manquent, se font de perpétuelles et sanglantes blessures à l'âme.

L'étude passionnelle des décadences trouve, à peu près toujours, un déterminisme illogique, irrationnel, absurde aux phénomènes psychiques. A cette heure des histoires où une civilisation finit, le grand fait est un état nauséeux de l'âme et dans les hautes classes surtout, une lassitude d'exister. Alors, sciemment, délibérément, on gâche sa vie, on émiette son intelligence, on aime le mal pour le mal, on le fait « pour le plaisir » et jusqu'à soi-même. Car de la décomposition générale des idées et des concepts, il résulte pour l'individu son haut vouloir et qui ne sait pas réagir contre le courant de l'époque, un phénomène formidable d'envoûtement.

Les acoquinements paisibles et monstrueux, comme le mari et la femme ayant la même maîtresse ou le même amant, ne sont que de la physiologie ; mais les absorptions de la volonté consenties, les accouplements qui dégradent le savant gouverné par sa cuisinière, le poète par la fille, le mari par la femme, l'amant par la maîtresse, les ducs piétinant leur grand cordon, les prêtres leur étole, les génies leur mission ; toutes ces lâchetés ont un but : l'immense soulagement d'abdiquer toute activité, le nirvana du passivisme ; un déintéressement complet de la dignité de la vie, le pliage définitif du respect humain ; en un mot, l'hypocrite prétexte que veut le lâche pour se déclarer irresponsable.

Le prince de Condé se laissant battre, se laissant pendre par la Feuchères, était vieux ; mais la sénilité du vouloir est de tous les âges. Pantin cassé aux ficelles pendantes, le décadent n'a pas même le ressort qu'il faut pour déplacer son vice et changer de fumier ; il pourrit sur place, heureux de cette vermine, qui, pour quelques droits qu'elle lui ôte, lui ôte aussi tous les devoirs. Dédaigneux de sa liberté qui lui pèse, il appelle avec cris la tyrannie d'un vice. Aux époques d'épée, on faisait bon marché de sa vie ; aux époques de dandysme, on fait bon marché de sa volonté. Vivre est si nauséeux qu'on s'abandonne sous le martèlement de l'habitude à ce lent suicide : l'ivresse de l'inertie.

Malatesta se fit Tantale, volontairement. Il souffrit d'affres indescriptibles ; mais il eut un désir jamais satisfait, jamais émoussé, qui réveillait son activité dans le même sens que certains libidineux se font battre.

Il n'aimait ni ne haïssait sa femme : il la désirait. Son imagination dépravée lui faisait voir en elle d'inouïes voluptés ; il était resté inassouvi et n'espérait aucun assouvissement.

Etrange couple où l'un, pétri du plus odieux des vices du corps, se murait dans une concupiscence vaine ; tandis que l'autre, sans vertu, se défendait la vie sensorielle, par seul orgueil.

Dès qu'un ton de camaraderie se fut établi, Malatesta, sans croire à aucun profit, s'ingénia à irriter les sens de sa femme, comme il avait irrité ceux de sa fiancée ; et dans cette voluptueuse langue italienne, la plus expressive des sensualités, il improvisait des paraphrases aux *sonnets luxurieux*.

Leonora lui permit d'assister à cette seconde partie

de la toilette où la femme n'a plus que de jolis mouvements à faire ; même il obtint d'assister à ses bains ; et c'était un spectacle de vengeance, délicieux pour la princesse, de le voir dévorer de regards fous, son corps plus désirable encore sous la transparence de l'eau.

Par une excitation aussi constante, Malatesta arriva à un éréthisme qui le tenait en perpétuelle fièvre.

Tandis que toute la tentation du prince venait de Leonora ; elle, n'était tentée que par les visions de son esprit ; mais ce qui était une représaille lui plut ; l'impudeur devint son étude et sa magie. Bientôt sa perversité ne se borna pas à affoler son mari ; son vice d'habitude fut d'exaspérer le désir chez tous ceux qui le lui exprimèrent.

Sataniquement, Malatesta songea à l'irrésistible séduction qu'exercerait sa femme à Paris et à son plaisir d'en voir d'autres, beaucoup d'autres, damnés comme lui, en l'enfer du désir vain.

En voyant les préparatifs du départ, Bojo et Warke qui s'ennuyaient déjà, n'étant plus aussi souvent avec leur chère élève, s'attristèrent. Leonora leur offrit de les emmener ; ils refusèrent, se jugeant désormais inutiles, presque gênants ; ils préférèrent, Bojo rester à Florence, Warke retourner en Allemagne. Leonora leur donna cent mille francs à chacun en les embrassant.

— « Adieu, mes chers maîtres, je n'oublierai jamais que j'ai passé avec vous mes meilleures années, et vous, si vous avez besoin d'or, de protection, écrivez ; écrivez aussi pour que je sache que vous êtes heureux. »

Les deux professeurs pleurèrent comme s'il leur mourait un enfant.

— « Ah ! » fit Leonora très émue à Sarkis, « je vais avoir bien besoin de sentir votre pensée près de moi. »

L'hôtel Malatesta était un palais italien. Le prince avait fait exécuter scrupuleusement le plan de l'Alberti qui construisit la cathédrale de Rimini, un des premiers retours au néo-romain.

Deux pavillons à terrasses balustrées flanquaient la porte de bronze qui s'ouvrait sur une vaste cour, où un Ganymède de Sansovino versait centinuellement l'eau de son aiguière dans une vasque de marbre noir.

Une colonnade corinthienne formait un portique concave de temple païen. Sur le mur de pourtour, entre les pilastres encastrés, H. Cros, le restaurateur de la peinture antique, avait peint à la cire et au feu, indestructibles, les Muses, les Charites, les Erynnies. Partageant les douze panneaux, une grande baie sans porte donnait accès au vestibule en mosaïques imitées de Pompeï; des plantes rares croissaient dans des vases étrusques. Au centre, un impluvium où une Léda florentine se livrait au cygne. Trois portes s'ouvraient sur le grand salon qui avait toute la longueur de l'édifice. Un ordre dorique y soutenait une galerie étroite à fausses portes : au plafond, un Tintoret immense faisait triompher Psyché; dix fenêtres à plein cintre donnaient sur le jardin. Au premier, la salle à manger entre deux salons; au second, la bibliothèque dont la princesse prit la moitié pour son atelier. Les appartements privés formaient deux ailes en sursaut, chacun des époux en prit une, tandis que Sarkis s'installait dans un des pavillons de l'entrée. Au fond, un mur à arcatures isolait le jardin des communs qui avaient leur entrée rue de Babylone.

Avec la galerie de Ferrare et ce que donna Torelli, qui ne tenait plus aux objets d'art, déjà gâteux, le palais fut digne d'une princesse. Leonora fit sculpter au-dessus de la porte, par Antar, deux Chimères soutenant ces armes splendides : *Ecartelé au 1 et 4 de l'Empire ; au 2 et 3 de France ; à la bordure endentée d'or et de gueules qui est Ferrare : cet écartelé séparé par un pal de gonfalonier de l'Eglise ; et sur le tout un écusson d'azur à une aigle d'argent couronnée, becquée et membrée d'or, qui est d'Este.*

Le faubourg Saint-Germain ouvrit ses portes toutes

grandes à un tel blason : l'Elysée même s'en émut et le maréchal-président envoya une invitation qui lui fut retournée avec ces mots au travers et au crayon : *La princesse Malatesta, née d'Este, ne va pas chez un chef de prétoriens.* Cette hauteur héraldique fut très applaudie.

A peine arrivée, mille jalousies de femmes se levèrent contre elle, qu'elle ne daigna pas voir, tandis que les hommes, séduits tout de suite, lui faisaient une cour et un cortège. Debout derrière son fauteuil, caracolant à la portière de sa calèche, la cohue des gens à la mode la suivit comme un étendard et reçut, dès les premiers jours, cette parole collectivement flatteuse : « Tout le monde est-il aussi ennuyeux que vous ici? »

A sa liberté d'allures, de mots, d'idées, on crut à une extravagante qui ferait des heureux; mais on revint vite de ce téméraire jugement. D'un sourire à la Lise, d'un baissement de paupières à la Colombina, elle coupait une déclaration sans parler et sa façon de hausser les épaules confusionnait les plus lovelaces. Au sortir de Florence où l'amour est pris au sérieux, où l'adultère devient majeur d'ordinaire; tandis que cet absurde, le ridicule, n'existe pas, elle trouva funambulesque le papillonnage parisien. Les bouquets, elle les faisait jeter dans la litière aux chevaux, les lettres circuler impitoyablement, au plus grand ridicule du signataire. Les nobliots s'entêtant, elle les appela : *Mei facchini, mei fantocchini.* Une année, au jour de l'an, on envoya à ses intimes des cartes où sous le nom comme un titre, il y avait : *Facchino della principessa Malatesta, nata d'Este.*

Quant à Malatesta, ses plaisirs d'amour-propre furent extrêmes. Ce qu'on appelle le Tout-Paris l'envia.

— « Je crois qu'elle n'est pas même à son mari, » disait M. de Courtenay, tellement l'impeccabilité de la princesse était reconnue.

Infernalement satisfait de voir le désir physique

s'allumer en un sillage obscène au passage de la princesse, il la poussait dans la voie de cette impudeur patricienne qui atteint le style. Il n'était plus seul à souffrir, il surprenait chaque jour des bribes de confidences, des lambeaux de conversation d'hommes, où éclatait l'aveu d'un tourment semblable au sien et né de la même cause.

Rien ne trahissait l'étrangeté d'existence des Malatesta, et jamais la galerie ne vit un regard et n'entendit un mot qui ne fût dans la donnée d'un mariage princier.

Trois années durant, Sigismond se consola de son malheur en voyant celui d'autrui. Les réceptions du palais Malatesta devinrent célèbres, et l'éhonté reportage qui a conquis aujourd'hui ses outrageantes franchises, commençait déjà à décrire le lit des femmes honnêtes. Un reporter de l'*Indiscret* se présenta, en artiste qui voyage, et un valet lui fit tout visiter. Trois jours après, un article intitulé : « Palais Malatesta » paraissait où était décrit le boudoir circulaire de la princesse. Malatesta souffleta le reporter à qui il eut le tort d'accorder une rencontre où il fut tué raide d'une balle à la tête.

La princesse était à un bal blanc, chez la duchesse de Noirmoutier, quand Sarkis vint lui apprendre la mort de son mari, et pourquoi il s'était battu. Calmement, elle attira le comte de Rochenard dans une embrasure :

— « Voulez-vous me tuer quelqu'un ? »

— « Un assassinat ? Non ! »

— « Un duel ! »

— « Oui, si sbire, je suis payé de mon coup d'épée ? »

— « Vous le serez. »

Une semaine après l'enterrement de Sigismond, le reporter était correctement embroché sur la frontière belge. Rochenard revint triomphant et voulut lui prendre la main.

Elle le toisa.

— « Jouons-nous les *Marrons du feu*, » fit-il ; « suis-je l'abbé et vous la Camargo ? »

— « Mon cher comte, il n'y a que les filles qui payent leurs dettes avec leur corps ; je vous ferai nommer secrétaire d'ambassade à Rome. »

X

VEUVAGE

— « Il est mort comme Adonis, à l'équinoxe d'automne, » disait la princesse à Sarkis. « Je regrette que ma vengeance « *du même* » ait été prévenue. »

— « Enfin ! » déclarait Sarkis, « vous voilà socialement aussi indépendante qu'il est possible, dans un pays où il y a quatre-vingt mille lois, c'est-à-dire quatre-vingt mille prétextes à l'arbitraire. »

Chaque heure retournait pour elle, le même sablier d'ennui.

Par ce charme du souvenir qui embaume le passé de douceur, tandis que les côtés tristes s'effacent ou plaisent, par la magie que la marche du temps apporte à ce qui a été et qui n'est plus, elle regrettait tout de sa jeunesse : sa fenêtre de la place de la Seigneurie qui s'ouvrait sur le rêve, les baisers de Bianca, les caresses de sylphe de Betty, le confessionnal du P. François, harpe de David qui endormait la Bête en elle. Sans qu'elle doutât du dogme, son esprit et son cœur étaient pris d'une anesthésie religieuse. Sa vertu morte sous la luxure de Malatesta, elle n'avait plus que son orgueil qui la guidât et une haine furieuse contre tous ceux qui lui manifestaient ce même désir sexuel qui l'avait profanée. Une détestable métamorphose s'opéra : l'hybridation de sa nature apparut, et sur son organisation italienne s'enta l'ennui morne de notre décadence.

Par un atavisme métaphysique, après cinq siècles, se retrouvèrent en elle les idées initiales de sa race; elle fut une revenante de la cour de Ferrare; mais les entours exaspérèrent les ferments de mal qui eussent sommeillé doucement dans un palais ducal; elle vit que Sarkis avait prophétisé.

La femme du monde est vide d'ordinaire; avec les convenances pour lois, l'opinion pour guide, le scandale pour crainte, la toilette pour pensée. C'est une actrice qui n'est pas même une comédienne au niveau de son rôle, incapable d'autres.

Au faubourg Saint-Germain où tout est nuance demi-teinte et quart de ton, où la règle est de s'effacer, la couleur d'être grisaille, le goût de n'être pas, Leonora mentalement bayait. Le Rien des choses et des gens de son monde la rejeta en des lectures et des études où Sarkis ne pouvait plus l'intéresser, dédaigneuse de la vie qu'elle menait et n'en voyant pas une autre à mener.

— « Sarkis, Sarkis, un objectif pour l'amour du diable ou de moi? »

— « Il y en a quatre, Altesse : Dieu? »

— « C'est trop haut ! »

— « L'Art ? »

— « C'est trop loin ! »

— « L'Ambition ? »

— « C'est trop bête ! »

— « L'Amour ? »

— « C'est trop sale ! »

— « Ah ! vous serez malheureuse, Altesse, vous n'avez pas d'ailes pour croire ou pour créer, ni vertu, ni génie; et vous n'avez pas de pieds pour suivre l'instinct, ni de bras pour étreindre les vanités. Inapte à la fois au sublime et au vulgaire, vous êtes bien une vivante allégorie de la décadence latine. »

— « Vraiment ! » répondait la princesse, « je ne puis me prendre ni aux rêves, ni aux réalités. L'art, oui, si j'avais du génie, mais Warke n'a fait de moi qu'une exécutante et Bojo qu'une Bolonaise. Quant à l'ambition, qui est moins basse que l'amour, voyez le César moderne à Saint-Yuste et Nabuchodonosor lycanthrope. Pour l'amour, c'est une création de la poésie, un symbole du désir humain... »

A certaines heures, un furieux agacement lui venait d'être prise dans cet engrenage mondain : existence de cheval de manège, de ara sur son perchoir, de paon qui roue, de chatte qui se lèche, de cabotine qui se déshabille. A un lunch de Mme de Chessy, elle disait :

— « Qu'est-ce qu'une femme du monde comme nous, mesdames? Une courtisane sans alcôve ! »

Et comme on protestait :

— « Le métier est le même : plaire aux hommes, et plaire aux hommes, qu'est-ce? »

— « Ce qu'une femme seule peut dire, » répondit M. de Chaumontel.

— « Je prétends, » reprit-elle, amusée du scandale qu'elle causait, « que nos épaules ont causé des syphilis. »

On s'effaroucha.

— « La peur de certains mots c'est là votre vertu? » fit-elle, « Ce qui vaut la peine d'être fait vaut la peine d'être bien fait et la coquetterie qui n'est pas perverse est bien près d'être ennuyeuse. Protestez, hypocrites auditrices, mes semblables, mes sœurs; quand on est d'Este, on peut tout faire, partant tout dire. A quoi servirait donc d'être au sommet de la hiérarchie sociale, si l'on était tenu de mesurer ses termes comme une bourgeoise. Le vice d'une princesse est (autre chose que du vice, et lorsqu'elle n'en a pas, Paris et le siècle doivent la remercier à genoux de ce que son caprice ne soit pas d'élever le mal en daignant le faire. Où est l'artiste, le poète qui s'indigne de Sémiramis se livrant à ses Bactriens ? »

Et rêveusement :

— « Si Molière eût été à Ferrare, mes aïeules lui eussent appris la Célimène de la Renaissance... »

Chez lady Hipson, Mistress Lytte qui avait cependant de jolies jambes sous ses bas bleus, soutenait la thèse que la femme doit s'émuler dans toutes les voies masculines.

— « Quoi qu'on dise, » répliquait la princesse, « l'amour sera toujours la vocation et la grande affaire de la femme. Dans notre monde, on s'en prive par lâcheté et calcul. Il dérange la vie, ôte le repos, compromet la réputation : on y est incapable, du reste, de l'éprouver violent et durable. Mais voyez que le renoncement à aimer n'est pas celui à être aimé ; l'encens est toujours de bonne odeur et la tentation agréable, car elle donne l'émotion d'un péril et la vaniteuse satisfaction d'une résistance. »

— « Votre conduite dément vos maximes, » dit le vicomte de Plélan.

— « Je reconnais une loi doublement organique ; mais plus cette loi sera générale, plus je me dois d'y faire exception. L'exception c'est tout ce qu'il y a de grand dans l'humanité, c'est tout ce qui reste des civilisations. Le saint, l'homme de génie, exceptions ! le chef-d'œuvre d'art ou de vertu, exceptions ! »

De la constatation des horreurs sociales, de l'inutilité des efforts humains, du desséchement de sa sensibilité, un ennui lourd, car il était fait de pensées, tombait sur elle.

Nature poétique tournée à l'aigre, voyant l'envers des gens, des faits, des mots ; ayant l'intuition des versos, des dessous, elle gémissait de n'avoir pas un grand destin.

Hélène traversait souvent sa pensée. Elle eût voulu, comme la fille de Tyndare, promener au crépuscule ses voiles blancs sur les tours de Troie, et entendre sur la dalle du rempart le doux claquement de son cothurne, en songeant avec indolence à ces peuples qui s'entretuaient en un autodafé splendide à sa beauté : elle eût voulu son panégyrique par Isocrate ; et ne pardonnait pas à son temps de l'oublier dans son palais, princesse sans gloire, d'une époque où le comédien seul porte encore une couronne.

La vie rétrospective, cette habitude des intelligences décadentes, ce paradis artificiel qui consiste à se créer une entité dans le temps défunt et à vivre des heures de rêves dans les civilisations mortes pour échapper au nauséeux présent ; tel fut son unique plaisir.

Esprit androgyne où la froide logique de l'homme doublait la malice aiguë de la femme, la princesse justifiait le mot de Sarkis : « Vous faites tout faire à votre cerveau. »

Malgré la calme allure extérieure et que rien de nerveux ni d'intermittent ne troublait, l'équilibre n'était pas en cette femme où la volonté, partant de conceptions rares, transposait les actes organiques sur une portée inexistante, créant une série de sensations artificielles. La tête remplissant les emplois de tout l'être, était le seul agent actif de la vie ; avec le cœur à vide, le corps à la fois sollicité et maintenu.

Du poète, elle avait le rêve haut, la nausée du monde, le dédain des vulgarités ; mais rien des aveuglements féconds, des confiances ingénues, des audaces envolées, des cécités bienheureuses, sans lesquels, le bien ni le beau n'éclosent.

De l'artiste, elle n'avait que la perception du laid. Comme certaines lentilles, ses yeux décomposaient en grotesque ce qu'elle regardait. Elle voyait les gens comme Grandville les a dessinés, dans leurs similitudes avec les bêtes. Tout lui arrivait à l'état caricatural ;

ridicule était le prisme dont elle teignait les choses. A l'église, le bedeau lui masquait Dieu.

Dans le perpétuel désir d'un désir, n'ayant aucun sentiment que d'orgueil; d'une tournure d'esprit à la Swift, comme une Gulliver chez des Lilliputiens, elle se joua des téméraires qui osèrent lever vers elle le regard de leur concupiscence.

— « Une princesse de marbre! » disait M. de Quéant, « c'est autrement terrible qu'une fille de marbre! »

Son jeu des passions qu'elle appelait du contrepoint psychique, devenait féroce, dès que, au milieu des curiosités de l'esprit ou des cris du cœur, elle démêlait le cri du corps et qu'elle se sentait souffletée par le désir du mâle; alors de toutes les ficelles du pantin, elle n'en tirait plus qu'une, mais à la casser, celle qui tient à la brute.

Cléopâtre n'est possible qu'en Égypte, mais Circé est de toutes les décadences.

Elle fut la fée mauvaise de Virgile, et aux rayons de ses yeux pers, s'opéra souvent l'immonde métamorphose.

A un de ces soupers du dimanche que le prince de Courtenay donnait chez la Nine et où l'on disait plus que tout, Iltis, agacé d'entendre Antar se lancer en des lyrismes banvilliens à l'honneur de la princesse, avait dit de sa voix de verre qui se brise :

— « La Malatesta, une allumeuse d'hommes... »

— « Ce mot de barrière sur une d'Este est un peu nouvelle couche, » répondit Mérodack. « Le vice a sa hiérarchie. On assassine une princesse, on ne l'assomme pas, et votre mot est un coup de poing. A une Italienne de cette valeur, on doit le stylet. Je ne l'ai aperçue que passer, il y a beaucoup de perspective dans cette princesse. »

Puis on avait dit autre chose. M. de Courtenay assistant à une sortie agacée qu'elle faisait sur la niaiserie de ses admirateurs et devant eux, la saluait ainsi :

— « Vous me rappelez ces gravures des « contes drolatiques » où Doré fait éclater heaumes et cuirasses, sous les luisants regards d'une connétable ! »

XI

LE RÊVE D'UN PÉCHÉ

C'est, après un bain prolongé dans le ruisseau clair, en une heure de repos, étendue sous l'ombre des forêts troublantes qu'Artemis aux jambes chastes sentit le désir, serpent qui se cache dans les rêveries, piquer sa chair calme.

La princesse songe, non plus d'un passé d'orgueil satisfait, mais au présent et à de possibles joies.

Des cogitations étrangères à son habitude, des doutes sur l'excellence de ce qu'elle a résolu, des curiosités aiguës de ce qu'elle s'est interdit, des préoccupations de ce qu'elle dédaigne et fuit, se lèvent insensiblement en elle.

Sa pensée tourne ces pages du livre du Sphinx qui bruissent comme un écho affaibli de baisers nombreux et sourds et d'où glissent les signets : fleurs séchées moins vite que les ardeurs qui les ont échangées; billets jaunis, survivants des amours mort-nés, gardant sur leur vélin le parfum et la caresse des corsages.

Dans un lointain perdu, le chœur des poètes chante l'hymne d'amour éternelle et les oreilles humaines sont tendues à ces concerts qui semblent ceux mêmes des anges.

Les nabis, les aèdes, les sages et les fous passent mélancoliques, avec sur leurs lèvres, ce refrain des cœurs : *Love is my sin.*

Le pli dédaigneux de sa bouche s'efface devant ce péché fécond, fumier auguste d'où sortent les dévouements et les odes ! Pourquoi a-t-elle refusé de boire aux eaux troubles, aux eaux lourdes de la passion, seul abreuvoir de la déplorable humanité ?

La Fontaine d'Amour apparaît et la cohue des mortels s'y presse. L'éphèbe y plonge ses lèvres sans duvet, la matrone ses rides, les patriarches leur barbe d'argent. Un ange ironique verse d'une grande urne de lapis la liqueur de fiel qui emplit la vasque.

Voit-il des lèvres reculer, mordues par l'amertume du breuvage, il prend à sa ceinture une mince aiguière et la penche. Sitôt la foule se précipite plus avide. La goutte d'illusion suffit à faire voir leurs rêves, dans le liquide saumâtre, aux extatiques yeux des assoiffés d'amour.

Cette goutte de mirage qui tend invinciblement vers l'absurde même le désir humain, l'imagination la fait tomber sur la pensée de la princesse. Alors l'instinct étouffe l'idée et doucement, lentement, se substitue au vouloir. Déjà souriante, elle dit, mais si bas que les grands lys eux-mêmes ne l'entendent pas : Oh ! le mensonge des lyres !

Les bandelettes mystiques ne pressent point son front et gagnée, elle se coule en des rêveries où la luxure, comme Shylock, finit toujours par réclamer la chair promise.

Il est encore un inconnu pour elle, la sensation sexuelle. Mariée, courtisée, elle ne sait pas le plaisir du péché. Déjà, elle a secoué toutes les branches de l'arbre de science ; et sur ses fruits étincelants et acides, laissé son orgueilleuse morsure. Au seul fruit de la chair, elle n'a point touché ; aussi le caresse-t-elle de l'œil de son désir.

Elle le sait plein d'ignobles vers, sous sa pulpe veloutée, mais tel qu'il soit, elle le veut.

Ces lois de la sexualité, lianes, qui se croisent et s'enchevêtrent devant la marche humaine, elle les a coupées et écartées jusqu'à ce jour, et voilà qu'elle en est tout enveloppée, en une frondaison soudaine. Une voix, celle de Pan peut-être, murmure comme un soupir de flûte : *Væ Soli*.

Oh ! Être deux ! deux cœurs et le même battement, deux esprits et la même pensée, deux corps et le même désir !

Ces deux cœurs fondus en une adoration, ces deux esprits unis en une admiration, ces deux corps enlacés en une délectation.

Deux ! la voix et l'écho. Deux ! l'existence double ! un être ajouté à son être ; en soi deux, à côté du désir la satisfaction ; le rêve saint de l'androgyne réalisé selon les lois, la création initiale retrouvée.

Mais le Bien-Aimé, où est-il ? Quel est-il, celui qui agitera son sein gauche, émotionnera sa vie, rosira de baisers le marbre de sa chair, et pétrira son corps selon le plaisir ?

Pour que son esprit veuille, que son cœur palpite, que sa peau accueille, il faut de rouges lèvres et de noirs pensers, une âme perverse dans une belle forme.

Elle feuillette en idée, d'un examen obscène, cet album des photographies d'amis, que la bourgeoisie étale sur ses guéridons.

Le prince de Courtenay, le parfait gentilhomme, a quarante ans et fatigue par son étude d'être royal d'allure et de réaliser Louis XIV en frac. La perversité du comte de Rochenard ne s'élève pas jusqu'à la spéculation. Nonancourt poupin pour un adultère sucré de dévote ; beau diseur, Montessuy a le teint terreux ; Sennevoy est naïf ; Vidauban a de l'esprit, mais sa maigreur d'amadou lui ferait prendre feu si les jeux de l'amour devenaient vifs ; Genneton un bel homme qui ne pourrait pas le proûver ; Narsannes roucoule et de Quercy s'emporte ; Chaumontel copie Albert de Ryons et Boutigny tient pour le macabre. Les autres ennuyés ennuyeux plus insignifiants encore, vides et pleins d'eux-mêmes. Il y aurait bien Tanneguy, un génie et beau, mais pour un écrivain la femme n'est guère qu'un sujet d'étude, une excitation à penser et à vibrer. Là, se donner, c'est donner de la copie. Guy de Quéant, ce boudiné qui sourit comme un sphinx ; mais non pas plus lui que les autres.

Une réflexion saugrenue la fait sourire en dedans : ses amies seules auraient le corps assez beau, la caresse assez douce pour lui faire le plaisir qu'elle souhaite. Elle a souvent promené autour d'elle le coup d'œil d'une Sémiramis qui veut une nuit de volupté, mais son désir s'est toujours replié, avec répulsion, devant l'insuffisance des prétendants.

C'est à cette vie artificielle, déjà dite, qu'elle demande le plaisir. Promeneuse érudite dans le Campo Santo de l'histoire, elle évoque les héros et les monstres en une nécromancie amoureuse. Qui dira le tréfonds de débauche de certaines continences et ce qu'il peut entrer de vice dans une vertu ?

Elle se figure l'Amour sous les traits d'un bel adolescent, à cheval sur un perroquet plus grand qu'un aigle. Il tient une canne à sucre, courbée en arc, dont la corde est faite d'un vol d'abeilles arrêté. Dans son carquois qui finit en sein de femme cinq flèches, les cinq sens froissent leurs pointes de fleurs.

En apercevant la princesse, Douchmanta oublie un instant Sakountala ; mais elle voudrait être la courtisane Vasantasena pour entendre, au jardin, après l'orage, les paroles d'amour de Charudatta.

Mejdnoun et Leilah, la gloire iranienne, qui moururent d'extase à se regarder, passent sans la voir.

Brusquement une nature d'aquarelle, sous un ciel

rose, une enfilade de ponts à dos d'âne, sous lesquels passent des jonques où des femmes aux formes subtiles, à la chair rose thé, chantent la fleur du pêcher et la feuille du saule, accroupies comme des enfants et jouant comme des chattes

Sur un air de Rameau, dans un Watteau, des marquis de Marivaux promènent leur amoureuse indifférence.

Dans la nuit des temps, Sodome et Gomorrhe l'attirent. Quel crime que nous ignorons savaient donc ces villes? Elle trouve un prestige à ces peuples qui poussèrent le mal si loin qu'elles forcèrent le feu du ciel à les détruire !

Les paupières de la princesse clignent devant des perceptions vagues qu'elle voudrait plus précises; elle passe doucement sa langue sur ses lèvres, à la vue gourmande des choses défendues.

Le désir sous toutes ses formes; la volupté dans tous ses rythmes; l'amour dans toutes ses incarnations protéennes; toute la femme, ses spasmes et ses larmes; ses désespoirs et ses ivresses; les efforts de son cœur vers la passion et de son corps vers le plaisir traversent sa rêverie comme des choses déjà vues, déjà faites avatars de perversité : tout le kaléidoscope de l'amour, le bûcher de Didon s'attisant du vitriol moderne et les personnages de l'art se mêlant à ceux de l'histoire. Dans le Boustan des sens, son imagination chercheuse va d'un arbre à l'autre, secouant les fruits de la chair et s'étonnant que la volupté ne tombe pas en pluie. Le King de la passion, le Rig du corps chantent en elles des hymnes folles et puissantes, comme des haleines de serre et des ruts de fauve.

Elle croit sentir un tremblement à l'œil gauche, une inquiétude au bras gauche, présages hindous de l'approche du Bien-Aimé.

Sur ce fourmillement d'images, un Poussin se détache, et devant l'attente de cette Italienne de la Renaissance, le rêve du vice grec à Rome adoré, Antinoüs apparaît. Sa sidérale nudité rayonne ; ses pectoraux semblent lumineux et la princesse, dans son hallucination volontaire, prête ce discours à l'affranchi d'Hadrien :

« Princesse, tu es belle comme je suis beau. Ne crois pas aux calomnies de l'histoire. L'empereur brûla de feux inutiles. Je suis vierge, je le suis resté pour toi dont le front haut comme celui de Minerve contient la pensée. O toi, qui unis à la beauté d'Aphrodite l'intelligence d'Athéné, je t'aime. Lorsque je me suis noyé dans le Nil, j'avais vu ton image sous les flots. Hélas ! je t'ai cherchée, Neptune m'a retenu méchamment. Comme la lyre d'Orphée, ma beauté charmait les monstres marins. Les sirènes, séduites et sans voix, tordaient désespérément leur queue, et les nymphes, folles d'amour, rougissaient le corail, de leur sang. Enfin, je t'ai retrouvée ; j'ai recueilli mes larmes en un collier que je te donnerai. Ouvre tes bras, mes membres sont assouplis par un bain de dix-huit siècles, je suis prêt pour ton embrassement. »

XII

HERMÉTIQUE

Il est un péché de la chair qu'ignorent les romanciers et qu'on croirait perdu, si l'homme pouvait perdre un vice. Au confessionnal nul ne s'en accuse, et son nom ne se lit pas dans beaucoup de dictionnaires : la démonialité. C'est le péché lettré, patricien et décadent par excellence; il faut plus que de l'imagination, beaucoup de lecture et un peu d'archéologie pour le commettre. Tel que Sinistrari le dépeint, c'est la copulation des hommes avec les démons succubes, des femmes avec les démons incubes.

L'Institut, corps grave, a des rires pour toutes les superstitions. Rire n'explique pas : derrière toute croyance populaire, même absurde, il y a une loi scientifique entrevue.

Le Moyen Age était poète : sa naïveté attendrie avait tant à cœur la dignité de l'espèce humaine que, ne voulant pas croire le mal ouvrage de l'homme, il en faisait l'œuvre du diable; et rebelle à penser qu'on pût être mauvais comme on est bon, par nature et volonté, il déclarait les méchants possédés et voyait des démons là où il n'y avait que des vices.

En rendant à l'humaine Malice ce que l'on attribuait au Malin, la démonialité est une œuvre de chair qui consiste à s'exalter l'imagination, en fixant son désir sur un être mort, absent ou inexistant.

Si une femme s'hypnotise la pensée sur Alcibiade, la sensation qui en résulte constitue ce que le Moyen Age appelait commerce avec un démon incube; si un artiste exalte son désir sur Cléopâtre ou Rosalinde, cette femme évoquée sera le succube qui abusera de lui. Le péché peut s'aggraver encore si une femme a un désir succube, un homme un désir incube.

Organiquement, chaque cogitation du cerveau, vive et prolongée, produit des vibrations nerveuses qui donnent lieu à des émissions fluidiques.

Si la cogitation est objective, le fluide va à son objet et l'affecte diversement; si elle est subjective comme dans l'évocation de morts ou d'êtres abstraits, le fluide nerveux photographie dans la lumière astrale le reflet de l'être évoqué et ce fantôme fluidique s'attache à celui qui l'a créé.

Ce phénomène est fréquent dans le rêve qui peut

être criminel, puisqu'il continue les préoccupations de l'état de veille. Le sommeil de l'homme est plein de péchés, il y perpètre des forfaits de volition dont il doit compte, car ils sont la fatale éclosion de ce que sa libre pensée a semé pendant le jour; et tout péché portant en lui son châtiment, celui de démonialité a le sien, très effroyable. L'excitation cervicale apaisée, le fantôme, créé par le délire volontaire, reste à l'état de larve fluidique dans l'atmosphère astrale individuelle. Cette larve tourmente celui qu'elle suit et le pousse à récidiver; s'il ne résiste pas à cette impulsion, la larve prend de plus en plus empire sur lui. Cela explique la rareté d'un criminel à un seul crime, d'une femme à une seule chute, et cet aphorisme casuistique : la modération dans le péché est plus difficile que l'abstention du péché.

Nous vivons tous entourés d'une atmosphère astrale individuelle assez semblable à ces gloires elliptiques qui enveloppent N. S. dans les ancônes. Cette atmosphère individuelle conserve les reflets et les formes de nos pensées et de nos actes. Voilà pourquoi l'on dit que pour sortir d'une passion, il faut s'en distraire, n'y plus penser; et une habitude n'est si difficile à rompre que parce qu'il faut changer ses pensées pour changer les reflets et les formes de la lumière astrale. Le voluptueux, l'irascible, l'ambitieux sont constamment sollicités par des reflets et des formes luxurieux, colères, tentateurs. La Magie, ou raillée ou incriminée, démontre le plus grand argument de la morale, car elle enseigne que tout commence à s'expier immédiatement et que le mal envoûte celui qui le fait.

Le Remords peut s'annihiler métaphysiquement, en raison du libre arbitre qui permet à l'homme la perversité sans limite; mais le remords est un fait physique, et rien au monde, la magie même, ne peut arracher le meurtrier au fantôme de sa victime, le vicieux a l'obsession de son vice. Macbeth, le roi

Claudius, la mère d'Hamlet sont hantés par le reflet de leur crime ; et les Euménides, les Erynnies, les Furies, les fantômes de l'art et de l'histoire ne sont que les figures poétiques ou populaires de ce fait matériel, d'ordre scientifique, d'ordre justicier : L'OBSESSION.

XIII

LA FILLE DU DIVIN HERCULE

Messaline n'est pas toujours à Suburre ou dans les bras de Silius ; on peut se souiller plus encore par l'esprit.

Les sorciers se frottaient d'une pommade hallucinatoire qui leur donnait des rêves obscènes. Réveillés, ils prétendaient revenir du sabbat. L'imagination suffit à y transporter. Le baiser du bouc se donne aussi avec la pensée ; mais l'impossible, c'est de ne pas le répéter ; l'esprit se colle à l'immonde chose et les évocations de la chair, pas plus que celles de la goétie, ne peuvent être arrêtées. Dans sa contemplation titillante, la princesse se sent envahie et subjuguée par son rêve ; la sueur perle à son front et à ses oreilles devenues rouges, les pendeloques tremblent.

Les grands lys honteux ferment leurs calices et dans leur tristesse de fleurs pures, inclinent leur tige fière.

Elle a ce cauchemar : l'obscénité des choses. Des boucs, louchant de lubricité, brisent leurs cornes en des caresses furieuses : une phallophorie enfiévrée défile ; et se déroulent les frises intérieures d'un temple de Priape, les panathénées de l'ignoble... Soudain une éclaircie se fait. Alors se cramponnant à son orgueil par un effort qui la pâlit toute, elle rêne sa chair.

Fébrile, énervée, haletante, le regard trouble, elle laisse pendre ses bras dans une dépression épuisée. A cette victoire, les lys rouvrent leur calice et redressent leur tige. La nuit vient : du dôme, l'ombre vespérale jette ses voiles sur cette débauche sans nom dont elle gardera le secret.

L'Arabe qui lance son cheval et l'arrête le nez au mur, le gondolier qui rame droit à l'angle du palais et à une ligne tourne, font jeu d'enfants ; mais avoir lancé son corps à la volupté, et à l'instant où la continence va se briser, l'arrêter net : c'est là une geste !

Fière, elle abaisse ses yeux sur son corps qui est nu par l'écartement du peignoir, et souriant à sa chair immaculée, une de ces odes telles que les Toutmes en ont confié aux hiéroglyphes de Karnak, chante en elle un cantique triomphal :

« J'ai dompté encore une fois, la Bête ! »

DIVI HERCVLIS FILIA.

XIV

ENTRE FEMMES

— « Eh bien ! mignonne, comment va votre cœur ? » disait la princesse d'Este à la marquise de Trinquetailles qui arrivait piétinante comme une pouliche, avec un bruyant froufrou de jupes.

— « Il entre dans un nouveau quartier, avec la lune… »

— « De Gorles ? » interrogea Leonora.

— « Rompu… Fini… Des scènes… Si vous saviez… »

Et s'asseyant, elle gazouilla à mi-voix des confidences qui veulent être chuchotées, agréables à faire et à entendre, coupées de petits rires soulignant les sous-entendus, guillemets ouverts sur l'ombre de l'alcôve.

La marquise de Trinquetailles réalisait ce type absurde de Grévin où la soubrette du XVIIIe siècle se croise du titi. Dodue, rose, un nez incertain, des yeux rusés, avec des fossettes partout, elle appartenait à cette floraison du second Empire où l'archet d'un Offenbach fit risée aux buses, de l'*Iliade*, cette Majesté, et prostitua aux abrutis les mythes de cette Grèce, la matrie de toute intelligence moderne.

— « Vous m'accueillez par un « *en quel état l'amour ?* » je ne puis pas vous répliquer : « *En quel état vos feux ?* » Galathée sans Pygmalion. »

— « Pour qui voulez-vous que je sois femme, » dit la princesse, « tous ceux qui ont soufflé leur désir sur moi ont vainement tenté la métamorphose. Est-ce ma faute ? Suis-je de marbre ? A eux de me faire de chair ! Ils m'ont adorée et servie. Madone, je suis restée chaste ; reine, je suis restée fière. Je n'ai rencontré que des fidèles et des sujets. »

— « Vous aurez beau dire, vous, les autres, tout le monde, c'est gentil l'amour ! » fit la marquise en agitant par un mouvement coquet les boucles frisées qui lui descendaient sur les yeux… « J'ai du bonheur ! A peine de Gorles parti, Cadenet m'amène un Provençal… Du bronze clair… Je vous le ferai voir… C'est un poète En une nuit, il m'a dit deux volumes… Il me gâtera… Jolie ritournelle aux baisers ces invocations aux étoiles. Figurez-vous que le matin il m'en voulait du péché que je lui avais fait commettre. »

— « Il vous aime ? » demanda la princesse.

— « Ça ! » fit-elle avec une jolie moue de doute…

Il y a chez lui des aspirations mystiques qui me sont contraires, mais j'en suis toquée ; c'est le premier aussi que j'ai gardé jusqu'au matin. »

— « Oh! une infidélité à votre providence de voiture, » s'écria Leonora dans un demi-rire.

— « Ne riez pas de ma voiture, je lui dois tout! Une femme de notre monde n'a pas d'autre salut Hôtels, cabinets particuliers, chambres dans les quartiers excentriques, traquenards! La voiture, il n'y a que cela, avec un cocher sûr, par exemple. Je donne rendez-vous à une barrière ; là mon galant monte, on abat les volets et en route pour Cythère. Au retour, je dépose mon partenaire aux fortifications et je rentre dans Paris, la réputation intacte. »

— « C'est de la débauche, » jugea Leonora.

— « Mais, » s'écria la marquise, « je suis une viveuse, le féminin de viveur, voilà tout ; et moi qui n'ai ni l'ambition, ni l'étude pour m'occuper, dois-je me priver d'amants quand ces messieurs ont des maîtresses, eux qui ont d'autres passe-temps? On ligotte la femme avec des préjugés. M. de Courtenay, un prince qui se croit des droits au trône, vit en concubinage connu avec la Nine ; le petit Nonancourt a plus de bonnes fortunes qu'un vicaire de province ; Chaumontel ne cache pas son goût pour les dictériades des boulevards extérieurs ; le duc de Nîmes crie sur les toits qu'il met chaque jour sur sa conscience trois adultères et un viol : tous enfin se font une pose de leurs vices. Perdent-ils dans l'opinion? Ils y gagnent! Assister sage aux ébats de Nosseigneurs les hommes, merci! Je sais ce que vous allez me dire : le prestige! J'ai l'orgueil très petit, je veux m'amuser. Et puis, ma chère, au commencement du dévergondage d'une femme, il y a, à peu près toujours, une scélératesse d'homme! Si je lisais l'histoire de mon mariage, je n'y croirais pas. Je vois toujours cette chambre d'agonisant, encombrée de drogues pharmaceutiques, et ce monstre de M. de Trinquetailles dans son lit, comme prêt à rendre l'âme, me disant : « Ma chère enfant, je voudrais vous laisser toute ma fortune, mais j'ai des héritiers qui feraient casser mon testament ; voulez-vous être quelques jours la femme d'un moribond, le temps de m'en aller en vous laissant riche ? » Et ce mariage *in extremis*, quelle émotion! Le lendemain j'étais assise sur le bord de son lit et avant que j'eusse fait « ah! » l'agonisant se transforma en satyre. Quand je me suis relevée de ce lit, j'ai bien juré de n'être jamais dupe d'une morale qui n'est qu'aux lèvres de ceux qui la prêchent. »

— « La morale n'est pas le bâton avec lequel je vous frapperai ; je n'y crois pas. Elle est le pli que le climat, le milieu et l'éducation donnent au tempérament. Ce qui m'étonne, c'est que vous puissiez trouver tant de gens dont le contact vous soit agréable. J'attendrai indéfiniment ma moitié de poire, comme dit Sardou. Mais vous-même n'avez pu vous fixer à aucun. »

— « Eh! ma chère, un amant se vide promptement au propre et au figuré. »

— « Je crois que l'amour même est vide, quoi qu'on ait écrit, » dit la princesse. « Il n'est beau, qu'à l'état fictif, sur la scène, dans les livres. Réellement, un amant se compose d'un méchant poète, d'un ténor de province et d'un mâle. Eh bien! lire Louise Labbé, voir jouer Capoul, suffit; pour le mâle... »

— « Laissez-moi vous dire, je l'oublierais, » interrompit la marquise. « Un soir, comme je sortais, un peu avant minuit, de chez Mme de Breuvannes, je croise de Quéant dans le vestibule. Il me dit avec son sérieux bouffe : « L'amour avait mis tout en feu dans l'île de Calypso. » Sans comprendre, je monte. La comtesse se met à m'embrasser comme une folle. Je lui dis en riant : « Pourquoi l'avez-vous laissé partir ? — Je n'ai pas failli, fait-elle. — Il s'en est fallu de peu, dis-je. — De lui, ce qui est très bien de sa part. — Mais, répliquai-je, quand vous êtes dans un tel état, comment faites-vous ? — Elle me répond tranquillement : « Ces soirs-là j'attends mon mari. »

— « Cela me rappelle, » fit la princesse, « un bourgeois assistant à une féerie et très impressionné par les maillots, qui dit à son voisin : « Ça profitera à ma femme. » Le mot de Mme de Breuvannes est joli, d'autant qu'il y avait adultère, puisque, en étant à son mari, elle pensait à de Queant... »

— « L'amour, chère princesse, ça ne se pense pas, ça se fait.. »

— « Oh ! le vilain mot, et qu'il m'a toujours fait lever le cœur !... L'amour doit être un rêve voluptueux, une parole troublante, un désir aigu, une sensation commencée, pas plus... Ce qui m'a rendu implacable envers tous ceux qui sont venus me chanter la romance à Madame, c'est que le mâle, en eux, aimait la femelle en moi... Il y a deux succès caractéristiques au point de vue des mœurs : celui de Caro et celui de Landelle. L'un parle d'amour en termes éthérés à des femmes qui sont censées se l'interdire ; et la femme fellah est juste assez découverte du sein pour agacer, sans indécence.

« La paillardise est le mot et le fait d'une époque et d'une race plus fortes que les nôtres. Cette rondeur, cette bonhomie dans le mal, cette santé de débauche, cette sérénité de luxure du moyen âge, il y a beau temps que nous ne l'avons plus !... Nous sommes des esprits et des corps très fins, incapables de grosses choses et raffinant sur les petites... Je n'aurais pas la santé de refaire Messaline, si j'en avais le goût. Nous naissons pleines de nausées, et lorsque nous ne violons pas la nature, nous la sophistiquons, mettant dans nos vices tout le spiritualisme que nous ôtons à notre philosophie. »

— « Ah ! ça, » fit la marquise, « que vous a fait l'amour ? »

— « Pitié ! je comprends qu'on côtoie les ornières des sens par curiosité, je ne comprends pas qu'on y tombe et qu'on s'y vautre. Une chute même dans ce qu'on appelle plaisir ou passion est toujours une chute et présente à l'esprit une image ridicule. Le mot de Mme Roland et la robe de Mme Récamier, voilà les deux grands enseignements donnés à la méditation de la femme moderne : tout montrer, ne rien donner, et quelle profondeur dans tous les sens, à ce « rester vertueuse par volupté »... Mais je vous phrase des théories comme un bas-bleu du *Blackwood Magazine*, à vous qui ne sortez pas de la sensation où vous vous êtes cantonnée... »

— « Moi, j'aime..., voilà ! »

— « Vos amants ? »

— « Non, l'Amour ! ma chère. Les six vingts hommes que j'ai eus, ont été une musique à mon oreille, un spectacle à mes yeux, un roman à mon esprit, une caresse et un spasme à mon corps... L'amour est le seul acte qui me plaise de la comédie humaine, les acteurs sont peut-être médiocres ; je les change assez souvent pour n'avoir pas le temps de les juger... »

Et prenant les mains de la princesse :

— « C'est bon de pouvoir penser tout haut, et vous êtes la seule femme avec qui une confidence ne soit pas une arme pour l'avenir. »

— « Nos intérêts sont si peu les mêmes : on ne se donne fermement la main qu'en marchant par des voies différentes. »

— « Qui sait si vous n'arriverez pas à les suivre, mes voies ? »

— « Impossible, » répondit gravement la princesse. « Je suis plus belle et aussi intelligente et savante que les hommes réputés supérieurs. Quel inconcevable prestige aurait donc celui qui me ferait abdiquer mon orgueil entre ses bras ? Nul ne me dira jamais : « Je suis ton maître. » M'enthousiasmer de quelqu'un ! Les plus grands ne sont que de ma taille. Quant aux génies, ils ne diffèrent des autres que parce qu'ils produisent. Ce qu'il y a de surnaturel en eux, ce sont les œuvres. Dans la vie, dans l'amour même, ils n'apportent que le rebut de leur pensée, le zeste de leur sentiment, et sont alors semblables aux autres. »

— « Je ne sais pas si mon poète a du génie, mais je lui en trouve. »

Et penchant sa jolie frimousse à l'oreille de la princesse, elle chuchota un mot :

— « C'est dommage, vous avez eu tort ! » fit celle-ci.

— « Dommage ! Tort d'être la première à mordre dans un fruit. Il y a un vers de Lafontaine là-dessus... »

Elle se leva, tapant sa robe :

— « A propos, votre bal pour vendredi en quinzaine... je vous amènerai Marestan. »

— « Qui, Marestan ? » demanda la princesse.

— « Le poète mystique que j'ai débauché, » dit la marquise sur le seuil, soulevant la portière et toute riante.

XV

LES PRÉTENDANTS

La princesse ne reçoit pas ; elle ne s'est pourtant pas habillée ainsi pour elle seule. Son front haut est nu comme ceux que le Bronzino a peints. Ses cheveux fins et flaves, aplatis et lissés, ses tresses roulées à la nuque, ont une simplicité plus perfide que tout ornement.

Elle porte la robe lourde et en damier de Laure de Noves. Seulement le décolletage carré qui découvre les seins, dénude le dos encore plus bas. Aux pieds, des sandales.

Sur un pupitre, un Virgile latin à miniatures, ouvert au quatrième livre.

Le petit salon semble un oratoire et la princesse dans sa chaire d'ébène au ciborium blasonné, paraît une de ces Idoines à demi madones, en l'honneur desquelles les chevaliers parodiaient les sacrifices qui gagnent le ciel, prostituant à l'amour d'une femme le dévouement et les rites même de l'Amour de Dieu.

La portière se souleva et fut annoncé :

— « M. le vicomte Guy de Quéant. »

La princesse fronça les lèvres.

— « J'ai voulu vous faire une surprise. »

— « Merci de l'intention; mais vous me forcerez à renvoyer Benoît. »

— « Ce n'est pas sa faute! je lui ai dit si résolument que vous m'attendiez. »

— « Et quel diable vous amène? »

— « Le plus grand de la diablerie, l'embêtement; celui-là règne sur le siècle. Le Roy s'embête de sa royauté et vit en bourgeois, le bourgeois de sa bourgeoisie et vit en voyou, le voyou de sa voyoucratie et vit en dandy. On ne pense plus, on baye ! »

— « Est-ce pour me dire cela, que vous êtes venu? »

— « Je suis venu... pour voir un peu de votre peau nue. »

— « *Tu quoque*, » railla la princesse.

— « Moi, pas *quoque*... Vous vous obstinez à me prendre pour un imbécile. J'en ai l'air, le costume, l'allure, c'est tout. Derrière mon monocle il y a un œil qui voit et sous la raie de mes cheveux une cervelle qui pense. Je porte l'uniforme d'un mondain, mais je suis un pervers. »

— « La perversité est l'aristocratie du mal. En quoi peut consister la vôtre? »

— « C'est, » fit Quéant en se posant, « le dilettantisme érotique, la gourmandise appliquée à la sensation. La volupté ordinaire est une gloutonnerie de goulu.

Figurez-vous un gourmet qui ne ferait qu'humecter ses lèvres sans boire, que tremper son doigt dans les sauces, sans manger; que regarder les tables bien servies, sans s'y asseoir. Celui-là garderait une grande délicatesse de goût et une extrême acuité d'impression. Eh bien! j'ai appliqué ce système à la jouissance de la femme, je la regarde, je la touche quelquefois des lèvres, mais je ne la mange jamais. Pas d'indigestion possible, l'estomac toujours léger et toujours prêt au repas qu'offre le hasard. »

— « Et dans l'application? » interrogea la princesse intéressée.

— « Croyez-vous, » fit-il, « que la vue de votre poitrine si blanche qu'elle en est lumineuse ne soit pas une caresse pour mes yeux! et l'entre-deux de vos seins plein d'un clair-obscur d'amour ne suscite-il pas des comparaisons mentales entre le nombril de Boudha et le vôtre. »

Et se levant et passant derrière elle.

— « Votre dos parle; le modèle en est écrit par la griffe même des chimères; et de votre nuque inquiétante avec son nuage d'or, descend le sillon dorsal, étroite et longue vallée des enchantements nerveux. Je vous suppose sirène et si j'arrive à me figurer votre croupe, j'ai eu de vous à l'état impressif, votre sensation complète. Ne souriez pas... Jamais satisfait, oui, mais jamais dégoûté. Rien de la possession ne vient ternir mon beau rêve érotique. Mes plaisirs, le monde me les donne à foison et voilà pourquoi je suis un mondain.

« Oh! j'ai une réputation singulière. On me traite d'impuissant, parfois de pire, je souris. Mon vice échappe à l'analyse et nulle femme n'est à l'abri de mon désir. Vous-même, princesse, qui ne me donneriez pas votre main à baiser, vous êtes à la merci de mon imagination. Ah! ce monocle immobile derrière les fauteuils des femmes, nul ne s'en méfie et il se promène sur les bras, les épaules, et ôte les corsets... Incube insaisissable j'ai à petite dose tout le plaisir que chaque femme contient. Respirer cent fleurs n'est-ce pas plus doux que d'en effeuiller une..... »

« Ai-je fait commettre une faute ? Ai-je abusé d'une innocence ou mis à mal une vertu ? Mon désir se satisfait sans ternir. Il arrive que l'occasion me jette une femme dans les bras, je la baise, et c'est tout ; *basia catulliana*, vous savez le latin. J'ai laissé plus d'un par-pardessus aux mains... Ah ! vous m'écoutez ! Cela me charme, je tiens à votre opinion. Il y a longtemps que je rôde autour de vous, vous ai-je jamais fait une déclaration ? Je ne vous ai dit que le nombre de mots nécessaires à rendre ma présence plausible... Dans mon sérail, chaque salon de Paris est un harem, mais vous êtes la sultane favorite, je vous dois les plus étranges voluptés. Je ne vous connais que de buste, eh bien j'ai acquis une telle perception de la plastique sous les mensonges de la toilette que vous me croiriez un Gygès, si je faisais votre aquarelle nue. Je fais à la gouache les femmes qui me préoccupent et je les montre à leurs amants qui les uns veulent me couper la gorge, les autres me dépareiller ma collection. Je vous donnerai votre aquarelle. »

— « Je vous accorde le titre de pervers, » dit la princesse ; « mais cela doit vous coûter... des efforts. »

— « Oui, j'ai fait beaucoup de gymnastique sensorielle. C'est long, difficile et il faut fièrement vouloir : j'ai voulu. Maintenant, votre jugement sur ma théorie de la contemplation dans le désir qu'il ne faut pas enseigner aux séminaristes mais dont la corruption qui ne corrompt personne me semble d'un ordre que j'appellerai élevé, si vous voulez bien, princesse, me classer dans votre esprit, hors des boudinés auxquels je ressemble... »

— « Je vous estime, » fit-elle avec une ironie grave.

— « Eh bien, » s'écria le jeune homme, « je n'ai pas perdu ma journée. »

— « Pourquoi, » demanda-t-elle, « parce que je suis décolletée ? »

— « Parce que j'ai pris place dans votre esprit ; pour le reste je n'ai pas besoin de votre permission. »

Et il se leva.

— « Un mot, M. de Quéant, quand les hautes classes en sont où vous en êtes, où en sont-elles ? »

— « A ce que je fuis, » dit-il en saluant, « au CONSOMMATUM. »

— « M. le général Pianère, » annonça le valet presque aussitôt.

C'était un de ces hommes courageux par tempérament comme les autres sont poltrons, et qui ajoutait à sa bravoure un grand savoir mathématique ; aussi était-il général à quarante ans. Bel homme, portant bien l'uniforme, ayant ce ton de commandement, ce geste despotique, cette allure roude et comme à ressort, auxquels les femmes sottes ne résistent pas. La première fois qu'il vit la princesse il lui dit : — « Vous avez l'air d'une divinité. » — « Et vous, » avait-elle répondu, « d'un reître suisse à la solde de Ferrare. » Il devint blême. — « Madame, » cria-t-il.— « Je m'appelle Altesse, allez apprendre l'héraldique un peu, » et à la galerie « si je devais rencontrer souvent de l'état-major, je resterais chez moi. » Le lendemain, le général était amoureux fou ; mais il lui eût été plus facile de reprendre l'Alsace et la Lorraine que d'obtenir un mot qui ne fût pas iroque. La princesse le recevait en particulier trois fois par an « afin, disait-elle, de s'entretenir dans la haine du sabre ». C'était la septième fois ce jour-là qu'il se trouvait seul à seule avec elle. Il s'était juré avec beaucoup de jurons de n'y plus retourner s'il n'obtenait pas ? quoi... Il sentait bien qu'il ne pouvait rien obtenir, mais il tâchait de se persuader qu'un long siége prend une femme comme une ville, trop médiocre pour comprendre quelle impossibilité il caressait.

— « Madame la princesse, je vous présente... »

Elle, d'une voix morte :

— « Vous auriez pu laisser votre sabre dans l'antichambre? »

— « L'épée est une arme noble, madame. »

— « L'épée, oui, mais le sabre! Enfin asseyez-vous, et faites votre septième déclaration des droits des généraux français sur le cœur des princesses italiennes. »

— « Pourquoi êtes-vous si méchante?... »

— « Mon cher général, pourquoi êtes-vous si têtu? Voilà deux ans que vous m'affligez de vos poursuites. Je vous ai accordé six entrevues, espérant que votre dignité me débarrasserait de vous. Point. Sur quel ton, en quel terme faut-il vous dire que je n'ai sur mes étagères aucun magot, aucun poussah, même chinois? »

— « Vos pieds sont beaux, » fit le général.

— « Et vous croyez me flatter. Si cela était dit par un sculpteur, peut-être... Mais voyez les vôtres, malheureux; comparez ma cheville et l'attache de votre poignet. Il a fallu des siècles d'oisiveté et de distinction pour produire ceci, » et elle élevait le bras.

« A ne juger que la question de haras de l'amour, vous êtes devant moi comme un percheron, à côté d'un arabe pur sang. Vos descendants du trentième siècle seront à peine assez affinés pour me faire la cour. L'aristocratie est un fait organique de sélection. »

— « Mais, princesse, je suis brave, honnête, je sers mon pays. »

— « Voilà que je suis un monstre de ne pas écouter les soupirs de tout l'état-major français. »

— « Eh! madame, » s'écria le général, « délivrez-moi de votre image et je vous délivrerai de ma présence. Est-ce ma faute, si rien que de penser à vous le sang me brûle et si... » D'un regard, Leonora l'arrêta.

— « Je suis bien malheureux, » fit-il, et des larmes lui vinrent aux yeux.

— « Que peut me faire votre malheur ou votre bonheur, que vous riiez ou que vous pleuriez? Et, d'abord, quelle audace de me dire que vous m'aimez. Vous croyez donc que 89 et 93 ont eu lieu ; pour les imbéciles seulement. Je serais reine d'Espagne, vous seriez porteur d'eau, il n'y aurait pas plus de distance qu'il n'y en a entre la princesse d'Este et le général Pianère. On aime la reine, comme la Vierge, de loin, à en mourir ; on en meurt même, si l'on veut, mais on n'a pas l'impudence de le lui dire, et si je me respectais bien, les généraux républicains et les porteurs d'eau... »

Elle fit le geste qui au théâtre congédie.

— « Madame, » s'écria Pianère, « il n'y a de noblesse que la noblesse individuelle. »

— « Eh bien ! êtes-vous Shakspeare ? êtes-vous Balzac ? Vous n'êtes qu'un médiocre ; et mettons que je sois simplement Mme Dubois ou Durand, cela ne vous rapprocherait nullement de moi ; Bourgeoise même, je vaudrais encore ce que je m'estimerais. »

— « Une dernière fois, princesse, vous ne voulez pas ? » fit-il en se levant.

— « Etre votre maîtresse ? » dit elle ironiquement.

— « Oh ! princesse, ma femme, » s'exclama-t-il avec un geste des deux bras.

— « Ce n'est plus de l'audace, c'est de l'insulte et je vous chasse. »

— « Je vous verrai toujours dans le monde, à l'Élysée, » balbutia Pianère.

— « La princesse d'Este, monsieur, n'encanaille pas ses pieds dans un salon de président de république. »

Et se penchant un peu, elle sonna. Un valet parut :

— « Reconduisez monsieur et ne l'introduisez jamais plus ? »

— « Madame, » s'écria le général, livide. « Quand je reviendrai, ce sera avec le peuple et je vous violerai... »

Il sortit furieusement. La princesse étouffa un bâillement. Durant cette scène, elle n'avait ni haussé la voix, ni fait un geste qui ne fût lent. Ennuyée, elle regardait la pendule et pensait que M. de Quercy ne viendrait pas.

Elle sonna.

— « Sarkis est-il au palais? »

— « Il est sorti, Votre Altesse. »

La princesse s'étira délicatement, en chatte, feuilleta son Virgile, lut quelques vers de la deuxième églogue qui la firent sourire; puis en regardant ses pieds nus, ce vers d'Hugo lui revint :

> Et la rose enviait l'ongle de son orteil.

Ses yeux errèrent sur la toile du plafond, une chute de Phaéton de Gustave Moreau; puis s'arrêtèrent sur son portrait en costume de Lucrèce Borgia, par Bojo. Elle se remémora son bienheureux temps d'écolière. A cette heure, Bojo devait copier du Léonard, non plus d'après des fac-similés, mais bien d'après des originaux qu'elle lui avait envoyés. Warke pensait sûrement à elle, en exécutant quelque oratorio; ceux-là l'avaient aimée pour elle, non pour eux.

— « Mlle Corysandre d'Urfé, » annonça le valet.

Celle qui parut à ce nom, synonyme de délicate et chaste galanterie, était digne d'être gravée au frontispice de l'*Astrée*, comme la Muse même de cette littérature adorablement surannée, où les passions sourient comme des vertus. Sur ses cheveux blonds bouclés et flottants, un feutre gris, retroussé d'une aile, empanaché de longues plumes blanches, rappelait les belles frondeuses qui lurent si ardemment le livre de son aïeul. Mais la crânerie ne tenait qu'à sa coiffure et à ses gants à revers. Doux, infiniment doux étaient ses yeux bleus; doux, ineffablement doux le sourire de sa bouche trop petite; douce, angéliquement douce, sa peau de rose thé. On eût dit une de ces merveilleuses miss de Reynolds, auxquelles il ne manque de l'ange que les ailes. Orpheline et pupille du prince de Courtenay, adorée de tous, elle l'était aussi de la princesse qui se leva pour l'embrasser plusieurs fois, avec une affection vraie.

— « Ne me sachez point tant de gré de ma visite,

marraine (nom d'amitié qu'elle lui donnait), j'ai quelque chose à vous demander. »

— « Ma chère Corysandre, c'est accordé. »

— « Vous êtes bonne, » fit la jeune fille ; « je le leur dis, ils ne veulent pas me croire. »

— « Ils ont raison, je suis méchante avec eux, parce qu'ils ne sont pas sages, » dit la princesse en souriant ; « mais qu'avez-vous à me demander ? »

— « Vous m'avez dit, » balbutia la jeune fille en rougissant, « que si quelqu'un... m'ennuyait, je n'aurais qu'à vous le dire. »

— « Certainement, mignonne ; mais qui se permettrait ? »

— « Le marquis de Donnereux. »

— « L'ignoble ! » fit la princesse.

— « Au bal, en soirée, il me poursuit, il me dit... »

— « Quoi ? » interrogea la princesse, dont le sourcil se fronçait à la pensée de cette limace près de cette rose.

— « Rien qu'à le voir, je suis si troublée que je ne saisis pas les mots, mais c'est vilain. »

— « J'y mettrai bon ordre, mon enfant. »

— « Mérodack m'a dit..., » elle s'arrêta confuse comme si ce nom était un secret.

— « Ah ! » demanda Leonora, « quel est donc ce personnage que vous nommez de son nom tout court ? »

Corysandre rougit jusqu'aux yeux.

— « C'est un ami de mon tuteur. »

— « Il est jeune ? » demanda la princesse.

— « Oui, » fit Corysandre dont l'embarras croissait.

— « Il est beau ? » continua Leonora.

— « Mais, marraine ! » dit Corysandre blessée de cette violence.

— « Je vois, » conclut la princesse ; « mais vous me montrerez ce monsieur qui porte un nom assyrien. »

— « M. de Narsannes, » annonça le valet.

— « Je me sauve, » fit Corysandre.

— « Je vous présente..., » dit l'arrivant dans une révérence.

— « Mademoiselle d'Urfé dont je me suis instituée la marraine, » interrompit la princesse.

— « J'ai l'honneur de connaître mademoiselle et si elle a jamais besoin d'un dévouement... »

— « Merci, monsieur le marquis, » et Corysandre embrassa la princesse et sortit. »

— « Vous l'aimez ? » demanda Leonora en s'asseyant.

— « Peut-être, » fit le marquis; « mais la place est prise. »

— « Comment ? »

— « Vous ne savez donc pas que le prince de Courtenay a pour société toute une séquelle de déclassés, gens de sac, de corde ou de génie, qui ont des conversations où l'on n'entend rien. Quéant en est, ce Mérodack aussi, jeune homme à l'air grave, qui a ses grandes entrées à l'hôtel de Courtenay et dans le cœur de Mlle d'Urfé. »

— « Je savais que le prince donnait à souper tous les dimanches chez la Nine à des êtres singuliers, mais non qu'il les donnait pour compagnie à sa pupille; et ce Mérodack aime Corysandre ? »

— « Non. »

— « Voilà un non bien dégoûté. »

— « J'ai entendu un lambeau de conversation du personnage, avec Iltis qui appartient à cette ménagerie : « L'amour, disait Mérodack, est de tous les problèmes de l'âme le plus séduisant et je plains celui qu'il n'a pas troublé; mais je n'estime guère celui qui s'y consacre. La femme ne peut être l'absolu de l'homme de pensée. L'amour est une religion, il y faut la foi, et je ne croirai jamais ce que toute femme enseigne d'elle-même, que son gant vaut le monde, que rien n'est plus glorieux que de la servir et qu'elle donne le bonheur parfait, comme dit Balzac. Du reste, je suis de ceux qui ont eu le triste courage de boire de la tisane de nénufar... »

— « Cela est curieux; mais à propos, vous m'aimez, je crois? » interrogea Leonora.

— « Ah! c'est vrai, et quand couronnez-vous mes feux? » fit le marquis avec une désinvolture jouée; « cela ne se voit pas, mais je brûle en dedans. »

— « Attendez donc, vous avez deux feux : un pour Corysandre, l'autre pour moi. Comment s'accommodent-ils? »

— « Facilement, le bien et le mal. »

— « Merci. »

— « Si je vous disais que vous représentez le bien? Que diriez-vous? »

— « Si je vous disais que vous représentez l'ennui? »

— « Je dirais oui. Ma vie est celle de tout le monde. Je suis quelconque; j'ai bien un nom à l'état civil, mais dans l'existence, je suis le matin au Bois, le soir aux premières, une utilité, un figurant du Vaudeville parisien. Quand je mourrai, un anonyme, un joueur de whist, membre de cercle, meneur de cotillon, parieur de courses, s'en ira... Si vous m'aviez aimé, j'aurais fait quelque chose. »

— « Oh! Lysiclès, je ne prends pas la peine d'une Aspasie; mais j'y songe, vous deviez être mon Loret; je suis plus mal servie que la duchesse de Longueville qui avait les mains sales, au dire de Tallemant. Voyons, je vous écoute, monsieur de Bachaumont. »

— « Oh! plus cela change, plus c'est... Côté des femmes, des adultères sans amour, peut-être sans plaisir. Côté des hommes, des soupers, des paris et des filles. La seule nouvelle, c'est la *Nouvelle France* qui prend un essor extraordinaire; avez-vous souscrit à cette œuvre légitimico-cléricale qui doit aboutir dans la pensée de Marcoux, au retour d'Henri V? »

— « Vous savez mon opinion sur le comte de Chambord; ensuite les Aryens sont nés mauvais banquiers; c'est de constatation historique et ethnographique. »

— « Pardon, princesse, les Aryens dont vous parlez, ne sont pas certainement les sectaires d'Arius?... »

— « Oh! monsieur de Narsannes, quand je pense que vous me faites la cour : faites vos classes d'abord. Comment voulez-vous que j'accepte l'hommage d'un homme avec qui je ne pourrais pas causer? »

— « Vous êtes une femme savante. »

— « Instruite seulement. »

— « Le jour où la femme aura la science, » s'écria M. de Narsannes, « et connaîtra messieurs les Aryens, je m'enfuirai chez les Hottentots, car babil refera Babel et la confusion des sexes et de leurs prérogatives amènera un 93 des mœurs. »

— « Son Excellence le duc de Quercy, » annonça le valet.

Le marquis eut un geste mécontent et sortit en échangeant un froid salut avec l'arrivant.

— « Je suis en retard, volontairement. »

— « Asseyez-vous, » fit-elle, « pour affirmer les résolutions que vous avez prises. »

— « J'ai résolu d'en finir avec cette torture. »

— « Une torture, duc, et je suis le bourreau ; vos imprécations sont préparées, déchargez-en votre rate. »

— « Princesse, vous m'avez fait m'encanailler dans la démocratie et j'ai signé les décrets, moi un Quercy. »

— « Tout homme qui plie devant le caprice d'une femme, fût-ce pour une futilité, est un lâche ! Qu'est donc celui qui renie son Dieu, et que peut-il attendre en retour, si ce n'est le mépris, au lieu de la reconnaissance dont il se flatte? »

— « Vous me méprisez. »

— « Absolument. »

— « Au nom du ciel, pourquoi m'avez-vous poussé? »

— « Parce que. Cette raison suffirait, en voici deux autres moins bonnes : d'abord, avoir un ministre à ma dévotion pour nuire à ceux qui me déplaisent et servir ceux que j'estime Ensuite, j'ai fait mon métier de désœuvrée. La femme qui aime exige au nom de la passion qu'on lui immole tout, l'honneur y compris. La femme qui n'aime pas l'exige également, pour la seule satisfaction de son orgueil. Folle qui communique sa folie, ou raisonneuse qui rend fou, le résultat de la femme c'est l'aplatissement de l'homme. »

— « Vous êtes un monstre. »

— « Probablement. Mais vous êtes un inerte, c'est pire. Il vaut mieux le mal qui veut que le bien qui ne sait pas vouloir ; la passivité de l'homme est plus honteuse que toute perversité de femme. »

— « Vous êtes un monstre, mais vous avez raison. Que feriez-vous à ma place ? »

— « Je disparaîtrais, » dit simplement la princesse.

— « Le suicide, soit, vous serez mon assassin, Altesse ! »

— « Duc, vous ai-je dit que je vous aimais, que je vous aimerais ? Vous ai-je jamais donné le moindre espoir ? Vous m'avez dit : faites de moi ce que vous voudrez, j'ai fait. Oh ! j'ai cassé des pantins plus précieux que vous, sans même m'amuser. »

— « Vous êtes bien de la race de Lucrèce Borgia. »

— « C'est mon aïeule, le désir qu'on m'exprime m'insulte et je m'en venge. »

— « *Ave moriturus*, » fit le duc, dans une grande surexcitation. Il lui prit la main et en la baisant il laissa tomber des larmes, puis sortit lentement.

La princesse regardait, avec un sourire singulier, ces rmes se sécher sur sa main.

Sarkis souleva une portière.

— « J'irai dire au duc que vous l'attendez prochainement. »

— « Et pourquoi ? » fit Leonora avec hauteur.

— « Parce que, » prononça Sarkis, « Machiavel enseigne que la princesse ne doit pas commettre de crimes... inutiles ! ! »

XVI

CIRCÉ

Il est des ambitieux qui fomentent les passions du peuple, les chauffent, les exaspèrent, pour s'en faire des chemins au pouvoir, et qui, arrivés, laissent toutes les fureurs qu'ils ont lancées aller leur cours de crime et les hommes qui les ont portés sur le pavois, échouer au bagne.

Il est d'atroces docteurs, savants cyniques qui par une hygiène métaphysique font éclore le goût du crime, en des cœurs honnêtes, et qui, la scélératesse artificielle obtenue, condamnent, comme jurés, ceux qu'ils ont créés criminels par étude perverse.

Il est, dans les hautes classes, des femmes désœuvrées et continentes qui s'amusent à exciter les sens de ceux qui les courtisent. Elles affolent en eux la Bête qui se rue aux assouvissements de la prostituée, insouciantes du cours d'ordure dont elles sont la source.

L'ennui pourpré de sang des empereurs essayait les poisons sur les esclaves. Le corps de l'homme tordu par la serre de la mort leur paraissait un spectacle digne de leurs yeux ; mais l'un des douze *spleens* de Suétone découvrit que la torture morale devait être un régal supérieur, et le spectacle de l'âme rongée par une passion, de plus haut goût. Il fit venir un affranchi. « Trouve, dit-il, une flagornerie idéalement vile. Ne m'appelle pas Dieu : tous les Césars sont Dieux. Invente un mot, un geste qui réveille ma vanité blasée ; donne-

moi une bouffée d'orgueil et je t'associe à l'empire. »
Voyez-vous ce que l'affranchi cherchera, essayera,
trouvera? Voyez-vous le tyran souriant avec dédain à
toutes les inventions de l'affolé de pouvoir. Une grande
dame qui s'ennuie surpasse Caligula.

L'empereur ne peut donner que l'empire, la femme,
grâce au mysticisme sacrilège et fou de la poésie
moderne, peut se dire l'infini et se donner pour
l'absolu.

Cette conception apothéotique de l'amour sexuel,
est tellement dans les livres et les esprits, que rien qu'à
se laisser désirer, une femme est toute-puissante sur
l'individu comme un César sur Rome. Elle n'a qu'à dire
au désir :« tu es vain; » aux efforts, « vous êtes inutiles »
et sitôt elle possède l'attrait de l'impossible et l'attrait
de l'absurde, les deux aimants les plus attirants pour
cette humaine Bêtise que S. Jean appelle « la Bête. »

Passive, passionnée, absolue, injuste, la femme n'admire la grandeur que par espoir d'en obtenir le sacrifice. Elle aime les chastes pour les corrompre; les forts
pour les asservir; les indépendants pour les avilir. Idole
comme Civa, son culte c'est l'hécatombe. Cléopâtre a
fui, à Actium, afin de voir son amant abandonner le
combat et l'empire du monde pour suivre sa galère.
Toutes les femmes, dans la mesure de leur destinée,
essayent la fuite de Cléopâtre, et celui qui ne leur fait
pas litière de tout, est un monstre.

Grande dame, synonymie de grande comédienne, la
désœuvrée ne s'occupe pas de ce platonisme du salon
bleu d'Arthémie dont notre époque hâtive n'a pas plus
le goût que le temps. Selon un mot célèbre elle joue de
sa feuille de vigne comme d'un éventail, mais en honnête dame, non en diva des bouffes. Sa toilette irréprochable de décence est un poème d'obscénité où ce
qu'elle cache apparaît plus que ce qu'elle montre. Elle
rend lubrique même l'insignifiante nudité de son
poignet. Imaginez la Torpille de Balzac, dans la pose

d'une Maintenon. Aphrodisiaque de l'orteil au cheveu, elle l'est d'une sorte à la fois si insaisissable et si ignoble que décrire par le détail, cette suprême dépravation serait donner leçon de vice et y instruire même les expertes. On la dirait toute imprégnée du suc de la plante attractive de Van Helmont. Elle fascine les reins et l'on sent qu'elle ne se donnera jamais, même en menus suffrages.

Concevez le désir physique le plus fou, entretenu, aiguisé, exaspéré; placez-le devant le respect qu'imposent une réputation où la calomnie n'a pu mordre, le prestige du nom et du milieu; ajoutez chez le soupirant la certitude absolue que tout est vain qui tente de franchir un dédain sans recours; et figurez-vous l'englué au cœur bon, au tempérament ardent, à l'esprit court, qui ne peut se reprendre, revient plus couchant à chaque malmenée, mettant deux ans à s'apercevoir que l'ange est démon : vous aurez le comte de Kerdanes, corybante de la princesse d'Este.

Le malheureux taonné par cette comédie de luxure s'affole. Ses nerfs se tendent à rompre ; ses tempes battent à s'ouvrir, son sang bouillonne, sa raison se dissout dans le rhombe érotique où Circé le fait virer jusqu'au délire. Le prêtre éteint le feu du corps à la source mystique; mais l'homme du monde, sans autre religion que des pratiques routinières, que fera-t-il des désirs furieux qui le torturent? Il les satisfera et le retour du même état d'excitation amènera le même moyen de dépression.

Le comte de Kerdanes, en sortant du palais Malatesta, allait droit rue Prony et la princesse pure, calme, ennuyée, sans accorder un baise-main, épuisait de corps son platonique amant.

Depuis deux mois, on ne l'avait plus vu et la princesse l'oubliait.

Dans son atelier, montée sur un échafaudage, elle brossait avec vivacité un grand panneau décoratif où, dans un paysage tourmenté, une femme tombait épuisée, hagarde, les cheveux épars, tandis que, devant elle, bondissante, la chimère qu'elle poursuivait, la défiait de ses yeux ironiques.

Pour plus d'aise, elle avait quitté son peignoir de soie orange; et en pantalon de batiste, n'ayant à son buste qu'une fine chemisette, bras nus, elle plaquait avec entrain des tons de mousse sur les rochers.

— « M. le comte de Kerdanes est là, votre Altesse, » vint dire le valet.

Elle fit un « oh! » d'ennui. « Enfin, faites le monter ici. »

— « Princesse, je vous dérange, » dit le comte en entrant dans l'atelier dont la chaleur de serre lui fit monter le sang aux oreilles.

— « Mais non, voyez, je ne m'interromps pas. »

— « Je vais vous regarder peindre. »

— « Ah! » pensa Leonora en songeant à la légèreté de son costume, « il me regarderait longtemps ainsi, sans se plaindre. »

Au bout d'un moment elle se retourna pour prendre une vessie et vit le comte si changé, le regard fébrile, les traits décomposés, le teint terreux, en proie à un visible ramollissement de la moëlle épinière.

— « Mon pauvre comte, qui vous a mis en cet état? »

— « Vous, » dit-il simplement.

— « Et comment, je vous prie? » demanda-t-elle réellement étonnée.

— « Si vous voulez me laisser vous l'expliquer. »

— « Dites, » fit elle intriguée et posant sa palette, elle s'assit sur l'échafaudage, les mains sur les cuisses, balançant avec grâce ses jambes longues.

— « Vous m'avez épuisé, » commença le comte.

Elle sourit et étendit le bras vers l'esquisse.

— « Cette chimère aussi a épuisé cette femme! Est-ce la chimère qui a tort d'être chimérique, ou bien la femme de poursuivre l'insaisissable? Tant pis pour celui qui veut celle qui ne veut pas. Femme et chimère ne sont point tenues de livrer leur croupe à qui les désire. »

Le comte fit un geste comme pour écarter ces paroles qui embrouillaient son intelligence devenue lente.

— « Je suis sans colère, Altesse Quoique vous m'ayez détruit, j'admets que moi seul aie tort et que vous ne vous êtes point jouée de mon désir, en l'exaltant; mais, en bonne foi, en sortant de vous voir, comme vous êtes, par exemple. »

Il s'arrêta, ne trouvant pas le mot convenable.

— « Vous n'allez pas dire, » protesta la princesse, « que je vous ai fait l'honneur de me déshabiller pour vous recevoir; mais puisqu'il est nécessaire d'être vêtue.... »

Elle se pendit des mains, ce qui fit saillir sa gorge et sauta avec une agilité de page. Remettant son peignoir et le croisant, elle vint s'asseoir en face du comte

— « Que vous soyez de fourrure ou de gaze couverte, vous produisez le même effet, vous avez le génie de ça, et tenez... »

Son regard montra une jambe qui se voyait par l'écartement du peignoir.

Alors elle s'en enveloppa comme d'un pagne.

— « C'est pire, » fit le comte.

— « Ah! » dit-elle, « *omnia munda mundis.* »

Il reprit : « En sortant d'ici, où croyez-vous que je puisse aller logiquement? en sortant d'une excitation. »
Il chercha et dit, « on va à une satisfaction. »

« Le sens littéral de ces mots en *tion ?* » demanda la princese.

— « Le voici. Depuis deux ans, chaque fois que je sors de chez vous, je vais chez une fille et je me demande qui est plus méprisable de la fille qui satisfait des désirs qu'elle n'a point sollicités, ou de celle qui les sollicite et ne les satisfait pas? »

— « Mon cher comte, quand on n'est pas OEdipe, on n'interroge pas le sphinx. Toute audace qui avorte est une témérité et les témérités sont logiquement punies. Je ne me sens, du reste, aucune pitié pour l'homme maîtrisé par ses sens, et forcé de les satisfaire vitement et vilement. Il fallait fuir. Le désir qu'on m'exprime m'insulte et je m'en venge en l'exaltant. Sachez-le, pour vous consoler, je ne m'accorde pas plus à moi-même qu'aux autres. »

Le comte hocha la tête.

— « Soit! toujours est-il que je suis perdu. La syphilis... »

— « Se guérit radicalement, » interrompit la princesse, « et il serait moral que les gens assez orduriers pour en être atteints... »

M. de Kerdanes alla à la porte comme pour sortir et poussa simplement le verrou.

A ce mouvement, Leonora se leva plus blessée dans son orgueil qu'effrayée et s'approcha d'une panoplie.

Le comte avait croisé les bras, paraissant bien sûr d'avoir le loisir de ce qu'il voulait, riant d'un mauvais rire qui secouait son corps énervé et sans autre force que celle de la fièvre qui escarbouclait ses yeux agrandis.

— « Vous me l'avez donnée, Altesse, je vais vous la rendre. »

Leonora se haussa et prit une épée à lourd pommeau.

— « Oh! je ne veux pas vous violer, une morsure me suffit, » dit-il.

Leonora ôta vivement son peignoir pour être plus dextre; le comte vint sur elle : ne voulant pas ensanglanter son palais, elle prit l'épée par le milieu de la lame et en asséna le lourd pommeau sur la tête du comte qui vacilla, assommé, s'accrochant aux meubles et les entraînant dans sa chute.

Posément, elle alla ôter le verrou et sonna.

Au valet qui parut

— « M. de Kerdanes vient de se trouver mal, portez-le dans sa voiture. »

Le domestique chargea le comte inerte sur ses épaules.

Sarkis le vit traverser ainsi l'atrium où il se récitait de l'Eschyle. Il monta vivement. Sur le palier, nu bras, nu cou, dans son déshabillé inquiétant, la princesse, appuyée sur son épée, avait l'air d'un page qui quitte un duel. Elle lui expliqua la scène.

— « Voilà ce que c'est que de jouer avec la Bête, » dit Sarkis.

Sans répondre, la princesse coupait deux bouts de papier de couleur différente et les mettant devant Sarkis.

— Ecrivez sur l'un « comte de Kerdanes », sur l'autre « premier secrétaire », l'adresse « comte de Rochenard, second secrétaire de l'ambassade française à Rome ».

Elle sonna.

— « Cette lettre, tout de suite. »

— « J'ai peur de comprendre, » fit Sarkis.

— « C'est simple. Je promets à Rochenard de le faire nommer premier secrétaire, s'il tue Kerdanes. »

— « Vous avez donc le culte du crime inutile. Machiavel... »

— « N'était pas femme. »

— « Heureusement. Le traité de la Princesse est à faire... »

« — Je le pratique. C'est mieux. »

— « Non, » appuya Sarkis, « la théorie du Mal m'amuse, mais l'acte me fait tirer mes chausses... J'ai fait connaissance avec un kabaliste qui prétend que le crime poursuit le criminel. »

— « Vous radotez, Sarkis. »

— « Les Kaldéens... »

— « Vous habitez la Kaldée, moi je suis une Italienne de la Renaissance, élève du signor Sarkis. »

— « Eh! Altesse, la Renaissance et Sarkis se sont peut-être trompés. »

— « Il faut aller jusqu'au bout de son erreur, par dignité. »

— « C'est une opinion. »

XVII

L'ANDROGYNE

La princesse s'habillait pour sortir.

— « Van der Neer est là, » vint dire Sarkis. « Il y a plus d'un an qu'on ne l'a vu, ce sentimental banquier qui, aux fameux clairs de lune de son ancêtre, a fondu des millions en offrande à votre beauté, comme si vous étiez la reine des tulipes. »

— « Je le recevrai. Ce magot a toujours été d'une adoration délicate et je lui ai fait gaspiller trop d'argent peut-être. »

— « Peut-être est joli! Vous l'avez ruiné « pour le plaisir », comme disent les grisettes. Oh! les femmes! »

— « Je ne suis pas *les*, je suis la princesse d'Este. »

— « C'est-à-dire un milliard de fois pire, mais toujours femme, et la preuve c'est que vous lui savez gré d'avoir été insensé. Inspirer des folies, c'est là le grand triomphe de la femme. »

— « Vous n'avez jamais fait de folies, Sarkis? »

— « J'en ai regardé faire toute ma vie; cela m'a suffi. »

— « Vous n'avez pas aimé? »

— « *Si, signora.* »

— « Et qui? »

— « Vous ! »

La princesse, qui mettait ses boucles d'oreilles, en resta les bras en l'air, ouvrant de grands yeux sur Sarkis impassible, qui jouait avec un gland de coussin.

— « Je ne m'en suis jamais aperçue ; vous êtes très fort. Et maintenant ? »

— « Si ce n'était pas passé, vous l'aurais-je dit ? A quarante ans, aimer une petite fille et princesse, cela arrive ; le lui laisser voir, cela ne doit pas arriver. »

— « J'y songe maintenant ; vous me faisiez si bien entendre qu'il était indifférent que je fusse habillée ou déshabillée devant vous. »

— « C'est tout ce que j'ai sur la conscience. »

— « Je vous donne l'absolution. »

Elle rejoignit le Hollandais au salon, et lui tendit la main, qu'il ne prit pas.

— « C'est à moi de vous la tendre, » fit-il. « Je suis ruiné. »

— « Comment cela ? »

— « Par vous. Oh ! je sais votre fortune, et que vous n'avez accepté de moi que quelques toiles de mon aïeul ; mais vos fantaisies ! Cette forêt de Gentilly où je vous donnais des chasses, ne l'ai-je pas brûlée pour vous donner un spectacle d'incendie ? Je ne veux pas avoir l'air d'un réquisitoire ; mais vous avez oublié le soir où vous aviez froid aux pieds et où je vous les réchauffai avec un feu de chèques. »

— « Mon cher Néerlandais, quand vous faisiez cela, je pensais que vous le pouviez faire. Vous êtes habile, et je vais vous donner cent mille francs pour recommencer votre fortune. »

— « Ah ! » fit Van der Neer, « vous me donneriez cette somme ? »

— « Tout de suite, » fit-elle en cherchant de quoi écrire.

Il l'arrêta d'un geste ému.

— « Merci ; j'ai voulu voir si vous aviez du cœur. Tout

ce que je vous demanderai, c'est votre portrait en Lucrèce. Je retourne à La Haye. Dans cinq ans je serai riche, et je vous dois ce que nul or ne paye : des souvenirs poétiques. »

— « Vous emporterez le tableau et mon estime, Van der Neer ; écrivez-moi les progrès de votre nouvelle fortune. Je m'y intéresse. »

Elle lui tendit la main, qu'il baisa, et sans pouvoir parler, à reculons, heurtant sa corpulence aux meubles, il sortit lentement, ayant à chaque pas la douleur de s'éloigner de son rêve.

Van der Neer parti, la princesse monta dans son coupé qui s'arrêta rue Notre-Dame des Champs.

— « Promenez les chevaux une heure, » dit-elle.

Et elle frappa à une grande porte marron, au-dessus de laquelle un moulage des Parques s'encastrait.

— « Il y a modèle, » cria-t-on.

La princesse gratta d'une certaine façon. Il y eut un bruit d'escabeau renversé et la porte s'ouvrit.

— « C'est vous, » fit Antar, presque impoli, « entrez. »

Et au modèle :

— « Habille-toi ! »

— « Non, mademoiselle, un instant encore, je vous prie. »

La princesse s'avança vers l'estrade où une juive à la tête presque laide, montrait dans sa nudité de belles proportions.

— « C'est pour une Junon, » dit Antar.

— « Eh! bien! » fit la princesse après un moment d'examen silencieux, « malgré le *convensus* et l'engouement de la Renaissance qui dure encore, la plastique grecque est une synthèse trop large. Le détail, le morceau n'y est pas aussi parfait que chez les modernes ; les pieds et les mains sont médiocres et lourds Il n'y a pas une statue antique qui ait la beauté d'attache d'un Pradier. Le beau grec, c'est le beau animal et typique. Nous avons sublimisé la ligne, spiritualisé le modèle, c'est quelque chose cela ! Remarquez que tout le charme de la femme est dans l'impudeur ou la pudeur ; or, les statues antiques ne sont ni pudiques, ni impudiques. La Vénus de Milo me représente plutôt une belle femme mariée que la déesse de la passion. — Merci, mademoiselle, fit-elle à la juive. — Tenez, Antar, une idée d'Arsène Houssaye à réaliser en marbre, les Muses modernes ; au lieu du poncif, quelque chose d'aussi fiévreux que Carpeaux, d'aussi élégant que Pradier, avec plus de style. Vous autres, vous vituperez la pensée dans l'œuvre d'art, l'art littéraire est votre formule de mépris. Disons l'art lyrique. Une statue doit être une ode. Le sculpteur doit mettre dans son marbre ce qui vibre en lui, la chanson de son âme, comme dit Shakespeare. »

La juive rhabillée était sortie. La princesse changea de ton.

— « Savez-vous, maître tailleur de pierres, que vous me recevez singulièrement ? »

— « J'ai un remords, » murmura Antar en s'asseyant.

— « De m'avoir mal reçue ? Non ? De quoi que ce soit, vous êtes plus riche que moi. »

— « De ne pas vous avoir étranglée avant de vous connaître. »

— « Avant, c'eût été injuste et difficile ; mais maintenant ?... »

— « Je voudrais, » interrompit-il, « qu'il y eut un enfer rien que pour avoir la satisfaction de penser que vous y grillerez pendant l'éternité. »

— « Vous m'aimez donc toujours ? »

— « Je vous hais. »

— « Ça se ressemble, et comme conséquences cela se vaut. »

— « A propos, princesse, j'avais du génie. »

— « Vous n'en avez plus, qu'en avez-vous fait ? »

— « Vous me l'avez pris. Pervertir est odieux, mais pervertir un artiste ! Rendez-moi mon génie serein comme l'antique, sévère comme Michel-Ange. Rendez-moi la pudeur des fronts, la chasteté des draperies, la noblesse du nu, la conscience austère que je m'étais faite à la chapelle Médicis. Rendez-moi l'honnêteté de mon ciseau qui maintenant souille le marbre. N'est-ce pas assez, bon Dieu ! de la corruption de la chair ? L'art est une vertu ; malheur à l'homme et à l'époque qui en font un vice ! »

Et s'exaltant : « Mes mains sont impures, la glaise que je pétris vous ressemble, vous m'avez dévoyé. »

— « *Paulò minora,* » dit la princesse, « J'ai eu pour vous la même condescendance que la princesse Borghèse pour Canova. J'ai posé, nue, votre *Perversité*, date de votre réputation. »

— « Eh ! je le sais bien ; les boucs lettrés ont savouré cette plastique abominable. Oh ! vos formes damnées ! Oui, votre corps est un vice, le pire. En le modelant, je me suis sali les doigts pour toujours. L'androgyne, ce cauchemar des décadences, me hante et me poursuit. »

« Tenez, » cria-t-il en arrachant le torchon mouillé qui couvrait la maquette, « vous avez vu le modèle ; voilà comment mon pouce le traduit. Voyez-vous les gracilités, les aigreurs, les acidités de forme, l'élancement maigre des lignes, les seins presque pectoraux ; le ventre et les hanches effacés, la croupe petite. J'avais fait un Jéroboam, je l'ai piétiné, vous l'auriez loué, cet éphèbe juif. Oh ! mes œuvres me font peur ! Vous avez débauché ma main, et je ne parle pas de l'amour douloureux que j'ai pris à vous voir sans voile. Oh ! l'obsession de l'Androgyne ! »

— « Je vous ai laissé dire, Antar. Que mon corps soit androgyne et l'androgynat le vice plastique, je ne le conteste pas. Mais rêvez-vous de la béatification du Fiésole ? vous ne pouvez pas vous isoler de votre temps, il vous faut le devancer ou le suivre. »

— « Ma conscience, » commença Antar...

— « Pour un sculpteur, vous êtes atteint d'une maladie bien mystique : le scrupule »

— « J'aurais besoin, » reprit-il, « de faire quelque chose d'élevé, de religieux. »

— « Eh bien! » s'exclama la princesse, « avec cet androgynisme que votre pouce ne peut désapprendre, faites un archange. L'ange est sans sexe, synthèse du jeune homme et de la jeune fille. Faites un saint Michel piétinant Satan ; mettez-lui aux mains l'épée flamboyante, et son acte viril et son nimbe sauveront la plastique perverse. »

En écoutant, l'irritation d'Antar s'était calmée ; il avait entrevu un chef d'œuvre, et saisissant un crayon, sur le mur blanchi à la chaux il dessinait déjà violemment, oubliant la princesse qui sortit doucement, sans qu'il levât la tête.

XVIII

UN MARDI AU NOBLE FAUBOURG

Aujourd'hui, la princesse d'Este est visible pour tout le monde. Les portes de bronze du palais sont grandes ouvertes. Dans la cour en hémicycle, les pilastres corinthiens semblent tristes et les fresques ternes, sous le ciel d'un gris fin. Les équipages au vernis étincelant tournent géométriquement sur le sable qui grince.

Auprès de la cheminée monumentale où flambe un tronc de chêne, la princesse tenant droit son buste long a grand air sous le ciborium de sa cathèdre. Une robe aux manches bouffantes, à plis multipliés, l'enveloppe d'une de ces adorables et fragiles teintes violâtres et burgeautées que donne l'aniline. Ceux qui ont vu le palais Sciarra pensent tout de suite à Modestie et Vanité. C'est bien d'après ce Vinci qu'elle est habillée et qu'elle se pose. Vingt cathèdres semblables à la sienne alternées d'escabeaux forment un fer à cheval. Aux murs tendus de couleur feu, s'aligne le bahut architectonique de la Renaissance. De casques retournés et montés sur des pieds d'ægypan, sortent des fleurs rares. Les quattrocentisti, les divins primitifs étonnent les yeux.

La princesse aime à recevoir là, non par ostentation ; mais elle s'amuse à voir les gens les plus rompus à la désinvolture mondaine, rendus gauches par des meubles qui les raillent.

Les femmes, avec leurs toilettes de mode, leurs petits gestes vifs et fréquents ; leurs visages, des minois ; leur beauté sans style, mal à l'aise, semblent des pages déguisés, non de grandes dames.

Les hommes d'une distinction banale, à travers leur effacement physique laissent voir leur effacement moral. On dirait les hypocrites d'un vice niais et protestant.

En culotte courte, en livrée bleu ciel galonnée d'argent et d'or alternés, un valet annonce d'une voix parlée. La princesse va au-devant de chaque femme d'un pas lent qui a l'air empressé. Elle serre leurs mains gantées, avec des félineries de geste, ayant des mots coupés et ravis, enfantins d'affection.

Il y a du monde déjà. Cependant la conversation est discrète. Chacun dit un mot, presque à son tour, un mot mesuré et vide. Toutes les trois minutes, on croirait à un de ces silences qui gèlent les contenances. Point. Tous sont trop de leur faubourg pour être maladroits au jeu de dire, avec suite et méthode, les vacuités d'une réception. Dextères, ils se renvoient le volant : information puérile, insinuation perfide, remarque sotte, idée nigaude, mot cafard. Le langage est là d'une simplicité de temple huguenot. Aucun néologisme de tour, aucune de ces hardiesses d'expressions qui frappent la médaille d'une pensée. Cela coule comme l'eau distillée d'un discours de M. Doucet; seulement cela est beaucoup mieux dit. Au faubourg Saint-Germain, tout le monde est un peu de l'Académie et aussi de la Comédie. La prononciation atténue les consonnances viriles, élude les liaisons vigoureuses. Les noms propres sont desossés de leurs consonnes. A force de camaïeu et de choix dans les vocables, l'insignifiance du dire double celle du penser. On dirait d'un orchestre de sourds qui jouerait du violon sans que l'archet touchât les cordes. Par moment, le pizzicato d'un demi-rire de femme chatouillée par un mot vif dit à voix basse et tout redevient aphone.

Le palais Malatesta tranchait sur tous les hôtels de la rive gauche, comme un Titien sur des Carrache. La princesse parlait en homme et l'on rencontrait chez elle des gens de pensée et d'art qui effarouchaient ce monde; mais moins toutefois que le quintuple blason de céans ne l'émerveillait.

Des femmes honnêtes causant avec des viveurs, leur demandant toujours des renseignements sur les filles, dans le but précis d'ajouter à leur coquetterie et de s'instruire au mal. On parlait de la Nine, la maîtresse officielle du prince de Courtenay.

— « Faites-vous inviter à un de ces mystérieux soupers du dimanche, » disait Mme de Chamarande à Nonancourt.

— « Impossible, » fit-il, « il n'y a que seize Dominicaux comme il n'y a que quarante académiciens. C'est une franc-maçonnerie. De notre monde, il n'y a que le duc de Nîmes qui ment et de Quéant qui se tait. »

— « Il doit s'y passer des choses affreuses, » minauda Mme de Semys.

— « Mais non, » observa de Sennevoy, « il n'y a qu'une femme, et en homme. »

— « Vous connaissez la Nine, M de Chaumontel? » demanda-t-on.

— « De vue, tout le monde la connaît. Autrement, à peu près personne. »

— « Je ne conçois pas, » dit la duchesse de Noirmoutier, « qu'on puisse aimer une femme qui semble un homme. »

— « Mais, c'est pour cela qu'on l'aime, » observa la princesse.

Le vicomte de Plélan entrait.

— « Eh bien! M. de Rastignac, » lui dit Leonora, « vous devez savoir du nouveau vous qui êtes dans les pompes de Satan... »

— « Satan, Altesse, ne se réédite plus. Vous êtes l'index de ses œuvres complètes. »

La princesse sourit, ni flattée, ni froissée.

— « Son Altesse Royale Monseigneur le Prince de Courtenay. »

Elle se souleva.

— « Oh! princesse, vous vous levez pour moi. »

— « Dites, cousine, nous sommes les seuls ici qui portions *de France*. »

Derrière le prince venait un gros homme courtaud, à la vive physionomie.

— « Cousine, je vous présente M. Marcoux, directeur de la *France Nouvelle*, un banquier conspirateur, dévot à sainte Aristocratie et qui veut ramener le Roy, à coups de Bourse. »

— « Monsieur, être présenté ainsi, c'est être le bienvenu, mais j'accueille votre personne, non votre entreprise. »

— « Tant pis, » fit Marcoux avec un geste rond, « c'est le contraire que j'aurais voulu. »

— « Votre entreprise, » commença la princesse, en lui indiquant un escabeau en face d'elle, « m'apparaît d'abord avec le danger de revêtir un caractère catholique et royaliste, avant le succès. Si vous ne réussissez pas, l'insuccès retombe sur le parti dont vous aurez pris les couleurs. Or, notre réputation d'incapacité est assez bien établie, sans nous risquer à la justifier pareillement. »

Marcoux fit un geste pour protester qu'il n'était pas un agioteur vulgaire

— « Je veux croire à ce que l'on m'a dit, Monsieur, » continua-t-elle, « que vous êtes un rêveur financier; mais si cela vous hausse comme homme, cela vous diminue comme banquier! Vous êtes un de ces latins qui veulent tout conquérir, parce qu'ils se sentent les derniers d'une race qui s'énerve et finit. Cependant, savez vous pas que le méridional, apte à faire des chefs-d'œuvre et des lois, ne l'est pas aux chiffres ? Question de race ! La Banque appartient aux Sémites et ils ne laisseront pas prospérer une grande banque aryenne.

— « Race d'usuriers-nés, les Juifs n'ont jamais su que faire suer l'or, » dit M. de Genneton.

— « Ils ont fait la Bible et la Kabale, la plus belle poésie, la plus haute métaphysique. Vous êtes un ignorant, M. de Genneton, » répondit sèchement Léonora.

— « Voilà qu'elle montre que ses bas sont bleus, » fit à mi-voix Mme de Breuvannes.

— « Princesse, » dit Marcoux en se levant, « je regrette que vous ne soyiez pas des nôtres. Moi, je crois en mon idée, et croire en son idée, a dit quelqu'un, c'est là le génie. »

Il salua très bas et sortit.

— « Vous l'avez démonté, » observa Courtenay.

— « Croyez-vous donc que j'allais flatter cette nouvelle sorte de folie? »

— « Mlle Corysandre d'Urfé, » annonça le valet.

— « Bonjour marraine, » fit la jeune fille à la princesse ; et au prince :

— « Mon parrain, Mérodack, que j'ai forcé à m'accompagner, ne veut pas entrer, il est resté à causer avec Sarkis dans l'atrium. »

— « Dites-lui que je tiens à le voir, Corysandre. »

— « Vous croyez qu'il m'écoutera, marraine ? »

— « Mérodack, » dit le prince, « est fort sauvage et déteste le monde. »

— « Il y a monde et monde, » fit Mme de Chamarande, née Sophie Durand.

— « Oh ! » reprit le prince, « son grand monde à lui, c'est le monde surnaturel. »

— « Il est spirite ? sorcier ? » s'écria-t-on dans une curiosité soudaine.

— « Non, magicien, » dit Courtenay, « mais s'il savait que je vous l'ai dit. »

— « Cousin, » fit la princesse, « faites-moi l'amitié de l'aller quérir, dites-lui que je le dispense même de me saluer. »

Le prince sortit et rentra au bout d'un moment, donnant le bras à un jeune homme, dont l'aspect étonna l'assistance.

Ses cheveux longs et ondulés voilaient le front sous leurs volutes, comme des lierres le sommet d'une tour, formant autour de sa tête un nimbe noir. Presque démesurés, ses yeux lents à regarder, fixaient désagréablement malgré leur douceur. Sous le nez à la courbe judaïque adoucie, la bouche sanglante éclatait dans le jais de la barbe en deux pointes. Un mac-farlane enfourreautait sa sveltesse, avec une allure de froc.

Il tenait à la main un feutre de puritain et n'avait pas de gants.

— « Monsieur, » accueillit la princesse, « il faut qu'un prince vous vienne chercher. »

Il s'inclina sans répondre et salua Mlle d'Urfé.

Léonora lui désigna une chaise.

Il ne dépare pas les meubles, celui-là, au moins, pensa-t-elle, en le voyant s'asseoir.

— « Votre nom, » dit-elle, « ferait croire que vous descendez de ces rois assyriens, antérieurs à Nimroud, dont on a fait des dieux. »

— « Messieurs, » proclama M. de Courtenay, « nous ne sommes tous que des manants ici. »

— «Princesse,» dit Mérodack d'une voix grave, « cela est possible ; mais quelle pâture à mon orgueil que la valeur d'aïeux incertains?»

Ce mot qui visait l'assistance l'atteignit et la blessa.

— « Il n'y a pas de plus haute satisfaction que de descendre de grands ancêtres, » lança M de Montessuy.

— « Oui, » répliqua Mérodack « si on les continue; si je descends des premiers rois d'Assur et que je les vaille, bien ; mais si je ne les vaux pas !... »

— « Le prestige de la noblesse..., » s'exclama M. de Plélan.

— « Tout esprit cultivé le subit, » interrompit Mérodack. « Qu'on annonce M. Bouillon, je pense au restaurant ; qu'on annonce M. de Bouillon, je songe aux croisades. Mais si M. de Bouillon est médiocre, ce descendant des croisés me paraît plus infime et plus inexcusable de l'être que le restaurateur. Oui, les nobles sont habillés avec des pages d'histoire ; seulement ce costume veut être porté ainsi..., » fit-il en désignant Leonora. «Noblesse oblige, et celui qui l'oublie que son écu soit penché à gauche et le lion de ses armes diffâmé : il est pis que bâtard, félon. »

— « A quoi la noblesse est-elle obligée sous une République? » demanda M. de Genneton.

— « A la renverser, » répondit Mérodack.

— « C'est si facile, n'est-ce pas?» s'exclama Nonancourt.

— « Rien n'est facile, monsieur, pas même le bilboquet, pas même la philosophie allemande... »

— « Le jour où la noblesse a accroché son épée aux panoplies, elle a abdiqué, » jugea Courtenay, et il se répandit en amertumes sur le comte de Chambord.

— « On ne juge pas le roi, » s'écria la duchesse de Noirmoutier qui avait le mysticisme légitimiste d'un Blanc de Saint Bonnet.

Mérodack sourit.

— « Je suis monarchiste parce que je suis hiérarchiste ; mais la couronne ne me cacherait pas les oreilles d'âne. Un roi qui ne fait pas son métier de roi ou qui ne sait pas le faire faire, on le dépose doucement... Trône quitté, trône attendu, sont trônes perdus. Il y a le Jacques II, avant la lettre. Ah ! celui à qui la Providence a mis dans la main un principe et qui croit à ce principe, celui-là doit triompher ou mourir. Aux rois il faut de la pourpre ; et si on la leur refuse, qu'ils s'en fassent avec leur sang. Aux rois il faut de l'histoire et si les événements s'y opposent, de leur inutile épée qu'ils écrivent du moins une page, celle de leur mort. »

Il y eut un grand silence après cette tirade.

La duchesse de Noirmoutier le rompit.

— « Etre le premier honnête homme de France, c'est être digne de régner. »

— « A chacun les vertus de son état, » répliqua Mérodack. « Etre bon père, bon époux suffit au citoyen ; le roi est le père d'un peuple et l'époux d'une nation. Ses devoirs envers le pays priment ceux individuels. Que le roi soit royal, ou je le considère comme vous me considérez, Madame. »

— « *A fortiori,* » insinua malicieusement la princesse, « le noble qui ne fait pas acte de noblesse, n'existe pas à vos yeux. »

Mérodack opina de la tête.

— « En quoi faites-vous donc consister l'Aristocratie ? » demanda M. de Chamarande.

— « En aristocratie d'intelligence et en aristocratie de dévouement. Se sacrifier à une idée, à une cause, au prochain, c'est imiter le Sauveur ; et manifester une pensée en une œuvre c'est prouver l'âme. La noblesse est tête ou cœur, vertu ou chef-d'œuvre. Qui niera que le B. Labre est plus noble qu'un Bourbon ? »

Il y eut des protestations.

— « Prenez garde, » fit-il, « l'Église l'a béatifié, il

est ennobli pour l'éternité. Et croyez-vous encore que tous les princes d'Italie pèsent un Dante ? »

— « C'est la première fois, » s'écria Mme de Noirmoutier, « qu'on entend cela au faubourg Saint-Germain ! »

— « Tant pis pour le noble faubourg, madame, c'est faute d'avoir compris cela que la noblesse n'est ni au cœur de Paris, ni au cœur de la France, mais au faubourg au propre comme au figuré. »

— « Moi, » dit la princesse, « qui n'ai ni la vertu de Labre, ni le génie de Dante... »

— « Vous avez toute la perversité de votre race, qui n'a été que perverse, vous continuez vos ancêtres. »

Leonora très amusée riait.

— « Faites-moi la grâce d'un peu d'horoscope puisqu'on vous dit sorcier... »

— « M. le comte de Rochenard. » annonça le valet.

L'air ému, il salua sans sourire.

— « Princesse, mesdames, vous voyez un homme navré. Ce pauvre comte de Kerdanes m'a provoqué... »

— « Et s'est enferré dans votre épée, » interrompit Mérodack.

Le comte se retourna vivement.

— « Vous avez la main fatale, » dit le jeune homme.

— « Voudriez-vous l'éprouver ? »

Mérodack sourit sans répondre.

— « C'était un gentilhomme quoique tombé, » fit le prince.

Il y eut des phrases hypocritement apitoyées sur M. de Kerdanes.

— « Voilà mes mains, » disait la princesse à Mérodack, « dites-moi une chose du passé, une chose du présent, une chose de l'avenir. »

Mérodack se leva, prit les mains de Léonora et les examina avec immobilité :

— « Vous n'avez pas aimé, vous n'aimez pas, vous aimerez un prêtre, » prononça-t-il.

Leonora se prit à rire.

— « Vous êtes meilleur penseur que vrai sorcier. »

Mérodack la salua comme pour sortir.

— « Attendez, seigneur d'Assur, j'ai une proclamation à faire qui vous concerne ; je donne un grand bal paré, le lundi gras, et je tiens à vous y avoir. »

Mérodack allait tourner poliment un refus, quand la marquise de Trinquetailles, entrée depuis un instant s'écria :

— « J'arrive au plus intéressant, et costume au choix! »

Un vicaire de Saint Tomas-d'Aquin parut, empêchant qu'on l'annonçât.

— « Je n'ai rien entendu, » fit-il.

— « Ah! l'abbé, » interpella la princesse, « vous, avec votre soutane, vous êtes tout déguisé. »

— « Altesse, pourquoi plaisantez-vous. »

— « Mais vous n'êtes pas un dogme, vous êtes un de ceux qui perdent les dogmes. »

— « Je suis donc un mauvais prêtre ? »

— « Oui, vous êtes un prêtre mondain. »

— « Eh! altesse, si nous n'allions pas au monde, le monde ne viendrait pas à nous. »

— « *Noli ire, fac venire*, » dit Mérodack.

— « Je vous présente, l'abbé, un Assyrien, le seigneur Mérodack qui nous a dit sa pensée sur la noblesse et qui ne vous amuserait pas, s'il la disait sur le clergé. »

— « Monsieur est libre penseur ? » hasarda le prêtre.

— « Je suis le fils soumis de l'église catholique, apostolique et romaine ; mais le dogme et le clergé sont deux. C'est Saint-Christophe portant Jésus et je trouve qu'il le porte mal, ce clergé qui n'est même pas une clergie et qui croit son devoir accompli, quand le bréviaire est lu. »

— « Que voulez-vous donc ? » demanda l'abbé.

— « Qu'il soit assez savant pour confondre l'erreur et assez saint pour museler la calomnie. »

— « Eh ! monsieur, » fit le vicaire, « il ne peut pas y avoir que des saints et des savants, que des Saint Vincent de Paul et des Saint Thomas. »

— « Tous ceux qui ne sont ni intelligents, ni saints, qu'ils quittent le froc, ils sont médiocres, donc nuisibles. »

— « Mais où recruteriez-vous le clergé nécessaire ?... »

— « L'Eglise serait plus l'Eglise avec deux saints, l'un pour dire la messe, l'autre pour la servir, qu'avec la cohue de médiocrités qui engangue le catholicisme. »

— « Vous avez votre paquet, l'abbé, » fit la princesse, et au jeune homme : « votre parole rappelle le fléau d'armes que tiennent vos aïeux, aux bas-reliefs de Korsabad. Mais dans la vie comment faites-vous ? »

— « Je vis à l'écart. »

— « Quelle est votre position? » demanda Mme de Trinquetailles.

— « Et la vôtre, madame, qu'elle est-elle ? » répliqua-t-il.

— « Moi, » fit-elle étonnée, « je suis marquise. »

— « Princesse, merci de votre accueil, il est méritoire. »

— « Du tout, j'ai quelques-unes de vos prétentions, c'est de me dire votre alliée... je vous attends à mon bal. »

— « Peut-être, » fit Mérodack, qui salua Corysandre, erra la main à Courtenay et sortit.

— « C'est quelqu'un, cet Assyrien... »

— « De bien mauvaise compagnie, » observa M. de Rochenard.

— « Mais de bon œil, » dit la princesse en le regardant singulièrement.

XIX

LE BAL

Un bourdonnement de fête, par la baie étincelante de l'atrium, venait jusqu'à la cour, où les équipages défilaient sans bruit, sous la neige tombante.

Sarkis, en Cassandre, causait avec Mérodack. Svelte, en haut-de-chausses, justaucorps et maillot noir, un manteau de Valois à l'épaule, une épée à coquille au côté, l'étrange jeune homme semblait mi-partie Hamlet et Méphistophélès. De ses cheveux, qui lui couvraient le front de boucles lourdes, perçaient deux petites cornes d'or.

— « Vous avez l'art de vous faire des ennemis, » disait Sarkis. « Le mardi où vous êtes venu, je suis entré au salon après votre départ. Ils vous dépeçaient. Vous aviez un avocat pourtant, la princesse. Que lui avez-vous donc pronostiqué, qu'elle aimerait un prêtre ? »

— « Je l'ai lu dans sa main. »

— « Entre nous, » demanda Sarkis, « vous croyez à la chiromancie ? »

— « Comme à toute science d'observation et d'analyse. » Et lui prenant la main : « Vous croyez occuper le port, vous qui avez tant voyagé ? vous voyagerez encore. » Et réfléchissant : « Cela se lie à l'amour sacrilège de la princesse. »

— « Si vous la connaissiez comme moi, seigneur Mérodack, vous ne prononceriez pas le nom de l'amour et le sien ensemble ! »

— « Il y a un ananké passionnel pour tous, les initiés exceptés. »

— « J'ai lu Jamblique, » fit Sarkis à demi ironique.

— « Vous savez alors, » commença Mérodack, « que l'épreuve suprême et vingt-deuxième consistait à résister à des femmes vêtues de gazes, après festins, musique et parfums. L'épreuve porte sur la chair seulement. Les hiérophantes pensaient-ils que la tentation sentimentale n'existait pas pour le néophyte arrivé à ce degré ; ou bien la conception de l'amour sentimental était-elle encore inconnue ? L'initié moderne doit subir l'épreuve sentimentale. »

— « En matière de péché, je crois saint Liguori, la victoire c'est la fuite, » observa Sarkis.

— « Fuir, c'est craindre ; la crainte appelle la défaite. Affronte ! dit la magie ; « affronter, c'est croire à la victoire et la forcer. »

— « Dangereux, cela ! » dit Sarkis.

Ils entrèrent. Dans l'immense salle aveuglante de lustres, une féerie avait lieu. Aux trilles des rires, le froufrou des soies, le craquement des chaussures étroites se mêlaient en un bruissement d'un charme indescriptible. Les bras, les épaules nues, les maillots précis fascinaient les reins ; subtile et dominant les parfums, une odeur de peau de femme, de peau moite caressait imperceptiblement la narine.

La princesse d'Este, en pèlerine d'un départ pour Cythère s'appuyait d'une main sur un bourdon enrubanné, de l'autre bénissait d'un geste ironique les arrivants. Ses pieds nus s'étalaient sur de hautes sandales, pour le baiser des yeux.

— « J'ai joué votre *Orgie*, » disait-elle à Cadenet ; « vous avez débauché la musique, vous avez créé le catinisme des sons. » Et apercevant Mérodack :

— « Que Dieu bénisse le diable ! Préoccupée de votre pronostic, j'ai pris le bourdon. »

— « Toucher aux symboles est une témérité, » fit le jeune homme.

— « Esprit sombre, voici du rose, » répondit la princesse en lui montrant la marquise de Trinquetailles en amour de Grévin, aussi nue de gorge et de dos que possible. Riante, elle vint à Mérodack.

— « Votre cou est joli, » dit-elle ; et la princesse remarqua la beauté et la pâleur du cou de l'Adepte, resté silencieux.

— « Je vous fais un compliment, » reprit la marquise « et vous ne me dites pas comment vous me trouvez ? »

— « Obscène, » dit le jeune homme.

— « Oh ! le vilain diable qui aurait besoin que je lui reboute les idées. »

— « Parlez, j'écouterai comme on écoute les femmes, avec les yeux. »

— « Et votre Marestan ? » demanda la princesse à la marquise.

— « Marestan ? » interrogea vivement Mérodack.

— « Vous le connaissez ? » demanda à son tour Mme de Trinquetailles.

— « Un bronze indo-provençal, poète mystique. »

— « C'est bien le signalement. »

— « Comment le connaissez-vous vous-même, marquise ? »

« — Oh ! » fit la princesse, « elle le connaît *in cute*. »

— « Tant pis, » s'exclama Mérodack.

— « Pour qui ? »

— « Pour lui ; un poète ne doit pas être pris comme donneur de sensations, et je le relèverai d'où il est tombé. »

La princesse se mit à rire.

— *La chute en est jolie, amoureuse...*

— « Pour un peu, vous me menaceriez de me le prendre, » fit la marquise avec un mauvais rire. « Seriez-vous le Socrate de cet Alcibiade ? »

Mérodack ne daigna pas répondre ; il s'adossa à une colonne et croisa les bras.

Dans le beau décor Renaissance, la mêlée des costumes éveillait des souvenirs de tous les temps, de tous les peuples. Le prince de Courtenay, en Louis XIV, se piétait comme si la postérité l'eût vu, entouré de mignons, de raffinés, de frondeurs, de mousquetaires, de gardes du corps, en un pastiche de cour, où des incroyables apportaient leur joli ridicule. Quéant en Pierrot amusait de ses grimaces tout un troupeau de bergères des Alpes, du Lignon, de Trianon. Le nombre des travestis étonna Mérodack. Toutes les femmes minces de taille étaient en pages, en petits ducs, en Déjazet. Antar passait, la corne dogale en tête.

— « Cela vous a frappé, vous aussi, » lui dit-il.

— « Quoi donc ? mon cher Buonarotti. »

— « Quoi ! mais le chérubin, l'éphèbe, l'androgyne. Tenez, cette ode à Bathylle qui passe, cette Maupin ! — Ah ! fit-il — voilà qui vous fait bon œil au milieu des turpitudes du collant ; voyez là-bas Corysandre en Ophélie ! Quelle pudeur ! cette chair rosée sous la gaze parle à l'âme ; tandis que ces pieds nus : un monde de perversité dans chaque orteil. Il y a bien de la peau à l'air ici ; tout disparaît devant l'impudeur de ces pieds... Vous êtes bien heureux de ne pas vibrer à l'érotique ; cela me détraque, moi, et mon cerveau s'embourbe ! La voici qui vient à nous ; comme sa démarche ondule ; vous voyez, je m'emballe pour des... Ah ! cette fatalité qui n'épargne pas même la main de l'artiste ! »

— « Seigneur Mérodack, quel discours plastique vous tenait-il ? »

— « Sur vous. »

— « J'entends ; mes plis sont-ils bien ? statuaire. »

— « Ils ont les cornes de Mérodack ! »

— « Oh ! des plis qui ont des cornes, c'est à vous les faire. »

Elle prit le bras de Mérodack.

— « Vous vous ennuyez ? »

— « Non, j'observe. »

Ils traversèrent les groupes qui s'écartaient, les regardant avec curiosité.

— « Princesse, je viens d'entendre « enfin voici l'homme ! »

— « Qui a dit cela ? »

— « Ce Buridan. »

— « Monsieur de Chaumontel, » appela la princesse. Celui-ci s'approcha.

— « Voilà l'homme et voici la bête, » en inclinant deux fois le bourdon.

—« Il faut que je change de costume. Voulez-vous me tenir compagnie ? »

— « Volontiers, » dit le jeune homme.

Cela fut proposé et accepté avec une simplicité indescriptible. Seulement, ils échangèrent un regard en-dessous : « nous allons voir » disaient les yeux de la princesse ; « vous verrez » répondaient ceux de Mérodack, et ils sortirent du salon en adversaires qui se sont défiés. Sans qu'un mot eût été prononcé, ils arrivèrent au salon de toilette, où des pièces de costumes s'étalaient sur les meubles. Elle congédia ses cameristes d'un geste de princesse à valetaille, non de maîtresse de maison à domestique.

— « Vous allez me tourner le dos pour faire face aux exigences de ma pudeur, » dit-elle en poussant un fauteuil où le jeune homme s'assit gravement.

— « Ne vous retournez pas, » dit-elle, « je me dévêts. »

Devant Mérodack, une glace montait du sol au plafond ; il y vit la princesse dévêtue qui l'observait, il baissa les yeux, en souriant de défi à ce sourire déjà ironique de la tentatrice. Le duel commença, entre l'impudeur désœuvrée et l'impassibilité hermétique.

Tout un long quart d'heure de silence, la princesse,

les yeux sur la glace, exécuta la symphonie aux mille notes de chair du déshabillement de la femme, sans que l'impavidité de l'initié se démentît. Il demeura immobile et comme hypnotisé par une rosace du tapis.

— « Je finirai bien par l'émouvoir, » se disait-elle, « et alors par un seul clin d'yeux je lui ferai payer les peines que j'ai prises Pas un regard, même furtif. Il sent, il entend cependant qu'il a devant lui une femme presque nue et quelle femme ! *moi.* » Puis, haut :

— « Vous vous ennuyez ? »

— « Mais non, je songe. »

— « A quoi donc ? »

— « Aux cinquante portes de lumière. »

— « Ah ! je vais compliquer votre supplice, il faut que j'aille à la glace, et je suis... pouvez-vous fermer les yeux. »

— « Parfaitement. »

Elle le frôla, heurtant à dessein son épée.

Il sourit : « vous fermez donc les yeux aussi ? »

— « Votre fourreau de velours noir ne se distingue pas. »

Le prélude de l'orchestre arrivait en murmure rêveur dans la chambre ou s'évaporait, alourdissant l'atmosphère, un grand flacon de parfum que la princesse venait de renverser par une apparente maladresse.

Elle continuait sa toilette devant lui, l'effleurant d'attouchements imperceptibles et troublants.

— « J'ai peur que vous ne dormiez, » fit-elle, « voici un Balzac. »

Il prit le volume et le feuilleta, la vue trouble de sa cécité d'un moment.

— « *La duchesse de Langeais,* admirable étude, » prononça-t-il, « il y a mieux et pis en ce genre, mais malheur à qui osera le peindre ! »

— « Au fait vous gagneriez le strabisme à ce maintien, regardez et ne péchez pas. »

Elle était en maillot d'un ton de chair juste ; au buste,

rien qu'une chemisette, et ses bras nus croisés, elle regardait le jeune homme avec un pli au front.

« Avait-il tué la Bête en lui, peut-être n'avait elle jamais existé » et son amour propre blessé eut voulu se prouver cette hypothèse.

— « Maintenant, conseillez-moi, le costume grenat ou celui gris d'argent? »

— « Celui gris d'argent. »

— « Serait-ce abuser que de vous prier de me corseter? »

Et le ton de cette demande raillait. Mérodack lui laça son corset sans empressement ni maladresse.

Alors elle fut troublée de ne point le troubler et elle s'assit afin que l'œil du jeune homme plongeât dans sa gorge.

Mérodack lui présenta le justaucorps. Elle se leva dépitée, passa les manches.

— « Agraffez-moi, » demanda-t-elle.

Comme Mérodack évitait de toucher sa peau.

— « Non, il faut prendre en-dessous, » et le jeune homme subit au dos de ses doigts le contact caressant et moite Puis il lui ceignit l'épée, lui passa son collier et lui présenta sa toque.

Elle était devant la glace arrangeant ses cheveux :

— « Venez que je vois notre contraste. »

— « Prenez-moi la taille, » dit-elle en entourant celle du jeune homme.

Mérodack obéit comme si elle lui eût dit : « tenez donc mon éventail. »

Dans une sollicitation de la hanche et du sein elle se colla à Mérodack, inclinant la tête sur son épaule, au point que leurs joues se touchèrent.

Elle le fixait dans la glace, lui ne fixait que la glace.

— « Narcisse, » fit-elle, « vous n'avez d'yeux que pour vous, regardez-moi un peu, par politesse. »

Elle le crut troublé. Les yeux de Mérodack eurent une

sorte de détente et son regard éclata, si violent, qu'elle fit un « Ah ! » comme à une secousse.

Il la fixait maintenant, avec un sourire de force aux lèvres.

— « Mais vous me magnétisez, je crois ? » demanda-t-elle, la tête subitement congestionnée et elle fit un mouvement pour se dégager sans que Mérodack fît celui qu'elle attendait pour la retenir.

Alors, elle parcourut la chambre d'un pas rapide et revenant sur Mérodack qui avait croisé les bras :

— « Qu'êtes-vous donc ? » s'écria-t-elle.

— « Je suis mage, » dit-il.

— « Que pensez-vous de moi ? » demanda-t-elle, sans s'arrêter à cette qualification singulière.

— « Je pense que votre orgueil n'a d'égal que votre perversité. Habituée à allumer le désir, mon indifférence vous a piquée au vif, et votre perversité, si elle a perdu ses peines, ne les a pas épargnées. »

La princesse ne cachait plus sa préoccupation.

— « Il faut que je rejoigne mes invités, vous rentrerez dans le bal par la bibliothèque. »

— « Cela semble une intrigue d'amour, » fit-il, railleur mais toujours grave.

— « Vous ne croyez pas à l'amour ? » demanda-t-elle.

— « Non. »

— « Vous serez cependant beaucoup aimé. »

— « Oui, *parce que* je n'aimerai pas. »

Ils avaient quitté le salon de toilette et descendaient l'escalier monumental.

— « Croyez-vous au plaisir physique ? » demanda-t-elle encore.

— « Non. »

Alors elle le regarda bien en face, et d'un ton de menace :

— « Je vous garde une valse. »

— « Je ne danse jamais ; j'ai trop d'idées dans la tête,

et mon respect pour elles m'empêche de les faire sautiller. »

— « Vous changerez. »

— « L'ange qui a six ailes ne change jamais, » répondit-il.

« Invincible, » se disait la princesse en rentrant dans le bal ; « mais moi-même n'ai-je pas vu le moment où j'étais tentée par la tentation qui le laissait indifférent. »

« Ma paupière m'a obéi, » pensait Mérodack, « mais mes doigts ont hésité au contact de sa chair. »

Et sa victoire ne lui parut pas complète. Ce qui le satisfaisait cependant, c'était la scène de la glace ; là il l'avait prise à son piège.

Il traversa la bibliothèque. De petits salons discrets et solitaires se suivaient en enfilade. Au dernier, il se jeta sur un divan. Aussitôt un froufrou de soie lui fit lever la tête. C'était Corysandre.

— « Vous êtes gentil, Mérodack, » dit-elle, la voix altérée, en jetant sur une console, la paille mêlée de fleurs de la folie. « Vous n'êtes pas même venu me saluer. »

— « Je vous avais vue à dix heures. »

— « Hier, » fit-elle d'un ton de reproche.

Elle s'assit à côté de lui, et toute balbutiante :

— « Vous allez dire que ce ne sont pas mes affaires, mais qu'avez-vous pu dire une heure durant avec la princesse ? »

Mérodack fronça le sourcil devant cette jalousie prête à pleurer, et lui prenant la main :

— « Il faut qu'on vous ait fait un gros chagrin, Corysandre. »

Elle le regarda, les yeux troubles de larmes retenues, et par un mouvement de peur se serra contre l'initié, toute pleurante. Le visage de Mérodack se couvrit de tristesse.

Elle pleura longuement la tête sur son épaule.

— « Si on vous a offensée, Corysandre, je vous vengerai. »

Elle dit, très bas :

— « Toujours, toute la vie, vous serez là pour me consoler. »

— « La vie est incertaine, mais autant qu'il dépendra de moi je serai toujours votre chevalier. »

Elle releva la tête, rassérénée. Mérodack lui essuya doucement les yeux. Elle était encore secouée par ces hoquets qui suivent les pleurs, et sa gorge battait la soie de son corsage.

— « Que vous a-t-on fait, Corysandre ? Dites-le moi. »

— « C'est le marquis de Donnereux. Il est venu derrière moi et m'a soufflé dans l'oreille : « Votre galant est dans la chambre de la princesse. » J'ai changé de place, il m'a poursuivi avec de semblables paroles ; je ne l'ai pas dit à mon tuteur, qui l'aurait soufleté. »

— « Je le châtierai, sans soufflet, et tout à l heure. Quant à son insinuation, imposture. La princesse m'est indifférente ; et puis nous ne sommes que frère et sœur. »

— « Ah ! » fit Corysandre qui pâlit.

— « Retournez au salon, Corysandre, je vais vous y venger. »

— « Oh ! vous êtes bon, » fit-elle.

Et avec un embarras rougissant, elle tendit son front que Mérodack effleura à peine :

— « Je vous obéis, mon chevalier, » et elle s'en alla, retournant gracieusement la tête.

Mérodack fronça les sourcils : « Rien n'y manque, » pensait-il ; « après l'épreuve charnelle, l'épreuve sentimentale. On porte son mal, mais en faire à autrui !... Elle mourra de m'aimer... Courtenay a eu tort de nous mettre en intimité journalière... Son dessein est que je l'épouse !... Est-ce que Hamlet épouse Ophélie ?... Je vais donc briser ce lys !... »

Son œil rencontra une glace, il s'étonna de sa pâleur et sa pensée descendit dans le passé.

XX

MÉRODACK

Poète inconsolable de n'être pas un génie, mystique désolé de n'être pas un saint, son vain effort vers la perfection de l'esprit et du cœur, dès quinze ans, assombrit sa pensée.

Embourbé un moment dans la fange passionnelle, il s'en dégagea avec la fureur d'avoir été trompé par la chair et volé par l'amour, il s'enfuit dans la foi; et tiède, impuissant à créer, impuissant à aimer, renversé de toutes ses chimères, il fut piétiné par elles.

Avant d'apercevoir le sphynx de l'initiation, il s'était jeté dans une lecture, à esprit perdu; pour supporter son infériorité, il se dépaysait de lui-même; mais privé de cette mémoire sans laquelle le savant est impossible, il eut beau, sans relâche, verser en sa tête, comme dans un tonneau-Danaïde, le Verbe écrit, les sciences ne faisaient qu'y passer. Le livre lui gâta la vie; l'archaïsme de ses préoccupations le ferma à la contemporanéité. A s'isoler du siècle, il contracta l'habitude de la vie artificielle rétrospective, et comme son corps d'éphèbe jurait avec l'habillement actuel, ses cogitations portèrent toutes des dates lointaines.

Comme tous les esprits à vol d'aigle, qu'ils produisent une œuvre à leur taille ou avortent dans une complication stérile, vont aux sphinx et leur arrachent des lambeaux de mystère, Mérodack avait été conduit à l'hermétisme par la métaphysique.

D'une enfance pieuse il gardait une grande foi catholique, s'étayant de sa science kabalistique, il souriait de Kant et d'Hegel, fous qui ne pouvant éclaircir le mystère humain l'ont nié, téméraires qui de leur inautorité de décadents ont biffé la tradition universelle, y substituant leurs hypothèses de songes creux.

— « Je suis un mage, » avait-il dit à la princesse, et ce mot dont le sens est perdu, l'expliquait tout entier.

La Providence lui permit, par une de ces fortuités aux conséquences décisives, de rendre un léger service à l'auteur des *Harmonies de l'être*, qui le remercia en lui demandant la date et l'heure de sa naissance et en lui envoyant son *thème de nativité* : un carré de papier où les douze signes du zodiaque, rangés dans les douze maisons du soleil, représentaient l'état du ciel à sa naissance. Au verso ceci : « le livre de la destinée n'est écrit que pour être déchiré, » et l'indication du *Miroir Astrologique* de Junctin et de l'in-folio de J. Morin, l'astrologue de Richelieu. Il avait donc à faire le commentaire de son thème ; il y réussit au bout de trois mois d'études et resta confondu : son passé était écrit jusqu'en ses mystères et l'avenir s'annonçait effroyable. Le carré zodiacal n'était qu'une voix *combuste*, ou la moindre des menaces astrales pouvait se phraser ainsi : assassin par amour.

« A quoi servirait de prévoir, si on ne pouvait éviter ? » pensa Mérodack : changer ses passions n'est ce pas changer ses destinées ? Il connaissait déjà le Livre de la Formation, ce Zohar qui n'a qu'une page et dont les commentaires chargeraient un chameau ; il invoquait Dieu par celle des dix splendeurs qui correspondait à l'objet de sa prière. Tâtonnant à la recherche de l'initiation, il demanda leurs lois aux nombres, aux lettres leur ésotérisme. Il savait l'explication médicale que Chevillard a donnée du spiritisme et ne s'y arrêta pas. Il ouvrit les grimoires, mais il les referma avec dégoût, quand il sut que le chevreau à égorger, de la

Goëtie, était un jeune enfant. Il s'écarta de ces œuvres de ténèbres où les chauves-souris de l'hallucination volant en zigzags énervent et dépriment le cerveau par le contact du velours humide de leurs ailes. « Restons dans la Théurgie, » se dit-il, « le Bien ne peut manquer de moyens d'action quand le Mal en a tant ! » Enfin, comme un arc-en-ciel, dans son anxiété, lui apparut le dogme primordial : LA VOLONTÉ. Il composa cette fameuse *Théorie* que Balzac le Grand avait conçue intuitivement ; mais plus heureux, il put déchirer le voile isiaque des vingt-deux arcanes de la doctrine absolue, dans leur triple rapport avec les trois mondes. La voie trouvée, le premier pas, c'était... la continence absolue.

Les hiérophantes ne sont plus là, pour ouvrir la porte de bronze du Grand Sphinx au postulant, et il faut cependant dompter les quatre éléments ! Perplexité de Mérodack ! « me jeter dans la Seine du Pont des Arts, être pompier, être Nadar et Hanlon Lee pour un temps, non... Je veux la Puissance métaphysique, il me faut dompter les sept éléments du Mal, les sept péchés capitaux ! »

Pour l'Orgueil, le soufflet reçu publiquement et gardé sans représailles lui parut l'extrême humilité. Sitôt, il fut d'un cercle, choisit le plus doux et le plus faible qu'il irrita, afin que la jactance de la provocation et sa gratuité augmentât son humiliation. Un soir où il y avait beaucoup de monde, il insulta tellement l'individu doux et faible, que celui-ci pris d'une terrible colère d'agneau, le souffleta magistralement. Mérodack crut s'évanouir ou sauter sur le souffleteur, mais il eut la force de rester assis et immobile, il eut aussi la force de demeurer là une heure durant, sous le mépris des regards, tandis que le mot rouge, la « muleta » qui fait l'homme furieux « *lâche* », se répétait et avivait le stigmate rouge de sa joue ! Il but la honte, rubis sur le front, se disant : j'ai vaincu l'orgueil ; une glace lui montra ses yeux étincelants de superbe. Il connut là que l'orgueil est tout l'homme, que le réduire c'est abdiquer son entité : il fait luire les clous du cilice, l'humilité n'est qu'une de ses formes, au lieu de le combattre, il faut l'exalter vers le Beau. Puis de ses six mille livres de revenu, il en donna trois aux pauvres ; ce qui le gêna fort dans les frais de son initiation.

Considérant la continence comme une habitude maintenue au corps par l'esprit, et la lubricité comme un pli du corps laissé sur l'esprit, il troubla à regret les formes pures de son atmosphère astrale ; mais il fallait impérieusement dompter la Luxure, ce vice si universel et si agissant que le psychologue a le droit de faire de la Bête un personnage de ses études passionnelles, personnage qui contient le déterminisme de presque tous les autres ; car rien n'est vivant et vibrant que la Bête dans la moitié des hommes.

Mérodack vit des femmes nues et il ne fut point tenté ; il s'ingénia pour contempler des déshabillés, des toilettes, des levers, des couchers, des bains, des sommeils. Il lut toute la littérature de la chair de Martial à Meursius et à de Sade. Il considéra toute l'obcénité de l'art, depuis les Phallus, les Lingams, les Baphomets jusqu'aux albums sans nom de Belgique et d'Espagne. Il remplit sa lumière astrale de reflets lubriques et subit douloureusement l'obsession de tout cet immonde qui bourdonnait à ses oreilles, qui papillotait à ses yeux, qui hantait sa pensée.

Le vice brutal contient une nausée qui en éloigne, il se tourna vers l'érotisme prestigieux du grand monde. Il résista à l'impudeur, cette magie des reins. S'il eût connu en ce temps, la princesse d'Este, il aurait défié cette Circé, torturé peut-être mais irréductible dans son vouloir. A ce jeu que la Fable même n'oserait prêter à Hercule, il tomba dans un état fébrile, et sans interrompre par des dépressions, les excitations qu'il s'imposait, il risqua mourir de congestion cérébrale.

Il lui fut simple d'inspirer des caprices patriciens, où

la volupté s'héroïsait du cadre d'or, et où l'orgueil était aussi flatté que les sens, par cet accessoire du péché qui le rend délicieux ou banal. Il s'assit sur le sopha des excitations, mais ne le quitta que pour s'enfuir. Derrière lui, les orgueils blessés criaient l'injure de la femme trompée dans son désir. L'ammoniaque qui le dégrisait de l'ivrognerie sexuelle, c'était le souvenir demeuré aigu des lendemains de possession de son temps libertin : ce dégoût qui finit le plaisir, comme la mort finit la vie, il l'avait si profondément gravé en lui, qu'à l'évoquer, il faisait fuir les obsessions charnelles.

Il alla à ces femmes bêtes, souvent laides, que le vice de beaucoup d'hommes a aimantées de volupté ; il alla jusqu'à l'extrême bord du péché et n'y tomba pas. Ce fut là le dernier effort de sa prophylaxie à la Mithridate. Mais comme il disait, il n'y a qu'un moment à Sarkis, l'initiation moderne doit porter aussi sur cet amour sentimental qui transfigure la volupté au point qu'elle semble la suprême vertu, dans la cécité passionnelle.

Magnétiseur, il dédaigna les philtres, se servant toutefois de la plante attractive de Van Helmont pour accélérer ses victoires et hâter son temps d'épreuves.

Il se fit aimer de pures jeunes filles, il vit la pudeur s'offrir, les cœurs vierges recéler son image. Il put se dire comme Don Juan : « je suis l'*absolu* de cette âme; » mais il saigna des larmes qu'il faisait couler. Une entre toutes et réunissant tous les prestiges, celui du nom illustre et de l'extrême jeunesse, lui ouvrit son balcon, à la campagne. Il avait par devers lui une continence monstrueuse; et personne au monde n'eût échappé à une pareille tentation de Paradis. Il lui soufla sur le front ; n'eut de caresses que des passes magnétiques, la porta sur son lit et s'assit au pied. Il la veilla jusqu'au chant du coq, la réveilla avec un souffle froid et s'enfuit, saluant l'aurore qui se levait, tandis que naissait en lui la conscience d'une force nouvelle.

La Bête était vaincue dans tous ses protéïsmes, il fallait la chasser. Il eut plusieurs jours de délire, de fièvre, et deux mois durant fut obsédé des fantômes lubriques dont il purgea enfin son atmosphère astrale.

Quoique le génie et la sainteté seuls lui parussent enviables, il vécut un temps pour autrui, aidant à la prospérité, à la réputation de tous ceux qu'il rencontrait, donnant des lois aux savants, des idées aux écrivains, mettant son intelligence au service de tout venant.

Il se créa des habitudes de mets exquis et de vins rares, se mit ensuite au pain et à l'eau, resta deux jours sans boire, ce qui fut horrible et trois jours sans manger.

Même il cessa de fumer ; et ce fut là un grand effort.

L'épreuve de l'orgueil comprenait celle de la colère; par acquit de conscience et amour du nombre sept (Sabbaoth), le nombre de Dieu, il surmonta la paresse.

Selon sa méthode de se créer une obsession de ce qu'il voulait vaincre, il se fit de l'oisiveté une habitude. Puis brusquement lut dix huit heures par jour, et écrivit trois cents pages métaphysiques en un mois, — et ce fut fini, enfin!

Un bien-être ineffable descendit en lui, il se sentit investi d'un pouvoir sans borne. Maître de lui, il le serait des autres quand il voudrait. Il lui sembla que son âme subtilisée avait rejeté un peu de son lest de chair.

Les attractions sont proportionnelles aux destinées; aussi, le hasard apparent d'une messe entendue à Saint-Jacques du Haut-Pas, lui fit rencontrer le rabbin Sichem, le dernier Kabaliste, qui fut son Josué, lui donna les pentacles suprêmes et lui communiqua le secret arcane qui ne s'écrit jamais.

Dès lors, il scinda sa vie en une existence extérieure qui cachait l'autre toute à l'occultisme.

Présenté par Antar au prince de Courtenay, celui-ci

subit le charme du Mage, la sympathie invincible qu'il inspirait, au point qu'oublieux des idées de caste, il songea tout de suite à lui donner Corysandre, et l'attira sous des prétextes de leçons, à l'hôtel de Courtenay.

Ce bal était le premier auquel assistait Mérodack, il y regrettait ses soirées de méditation, fatigué des lassantes épreuves qui se dressaient d'instant en instant devant lui, et qu'il franchissait sans peine, mais avec l'ennui d'une déperdition de force oiseuse.

— « Ne vaudrait-il pas mieux, » pensait-il en concluant, ce ressouvenir de son passé, « aimer cette adorable enfant qui m'idolâtre, et vivre heureux de cœur, dans l'ombre douce d'un sentiment pur ? » Mais il sourit bientôt de se découvrir ces pensées. « Mon rêve dépassera toute réalité, toujours. La déception est le plafond où toute exaltation se fêle et s'assomme ; on se lasse d'un ange : J'ai le cœur à la tête, je suis le fiancé des idées, un chevalier de Malte du Mystère. J'ai trop dépouillé de l'homme pour m'absorber en une passion. »

Une larme glissa sur sa joue pâle et s'accrocha un instant comme une perle dans sa barbe frisée: « tais-toi, mon cœur, » fit-il avec ironie.

Il reprit son masque d'impassibilité douce. En rentrant dans le bal, il songeait à ce tendon que toucha l'ange dans sa lutte avec Jacob : lui, boitait du cœur.

Il avait détruit la dualité de son être, dans un effort surnaturel qui, le haussant au-dessus du bonheur, le laissait au niveau des souffrances : car les larmes sont des ablutions saintes ; elles contiennent le sel qui empêche la corruption de l'homme.

XXI

MARESTAN

Dans la bibliothèque, Drouhin et Spicq, en manteaux vénitiens, causaient.

— « Il n'y a pas de génération spontanée, les dates sont toute l'histoire de l'art. Pietro della Francesca, annonce Léonard. »

— « Comme Rotrou, Corneille ! Parti pris ! » répliquait Drouhin. « La rengaine du *genuit*. Giorgion a engendré Titien qui a engendré Van Dyck, qui a engendré Vélasquez, qui... »

Un personnage maigre gesticulait avec quelqu'un de l'Institut :

— « Archéologues du Nord, vous êtes tous les mêmes. Parce que dans votre pays on a bâti en bois jusqu'au xe siècle, vous niez les monuments en pierre mérovinges et karolinges du Midi. Comment pouvez-vous prétendre que de Constantin au xie... »

— « Voilà le Léonard, » disait Antar à Marestan, habillé en majo, et le laissant devant la toile pour aller serrer la main à Spicq.

A mi-corps, une dame rousse, aux yeux chimériques, au sourire diabolique, presque raide dans sa robe d'un rouge violent, croisait ses deux mains étroites sur sa poitrine dans une contemplation ironique de sphinx.

Marestan, fasciné par le chef d'œuvre, tira un carnet et se mit à écrire vivement, regardant le tableau par brefs coups d'œil, comme s'il dessinait

— « Votre ami, » dit Spicq à Antar, « croit que c'est un Vinci, c'est un Salaïno. »

— « Un Luini, ou plutôt un Beltraffio, » et ils discutèrent l'attribution.

— « Pendant qu'en misérables ergoteurs nous discutions l'auteur probable et la matière de l'œuvre, le poète en a saisi l'esprit, » dit Antar. « Il a vu de la poésie, là où nous n'apercevions que de la couleur, et le chef d'œuvre s'est prouvé en lui inspirant une ode. »

— « Lisez-nous cela, Marestan. »

— « Ces messieurs ignorent sans doute le provençal, » observa ce dernier.

— « Nous savons l'italien, » fit Drouhin.

— « L'italien c'est bien, mais le provençal c'est mieux, » remarqua Marestan avec assurance. « Dante voulut d'abord écrive sa *Divine Comédie* en provençal : ce n'est que par patriotisme qu'il adopta le dialecte toscan... Au reste je vais traduire : »

RITTRATO MVLIEBRE

I

Plus pâle que l'aube d'hiver, plus blanche que la cire des cierges,
  Ses deux mains ramenées sur sa poitrine plate,
  Elle se tient très droite dans sa robe, rouge
  Du sang des cœurs qui sont morts à saigner pour elle.
  La Perversité niche aux coins de sa bouche;
  Ses sourires sont empennés de dédain;
  Dans ses yeux pers, diamants céruléens
  Qui fixent de lointaines chimères,
  Sa pensée file le rouet des impossibilités.

II

Faire éclore la grenade sur ses joues, entr'ouvrir ses lèvres

Pour le baiser; détourner ses yeux des visions, beaucoup l'ont tenté.

Ils sont morts damnés; elle est restée pâle,
Les lèvres fermées sur son secret.
L'Amour qui n'est que l'amour, la vertu sans le crime,
Elle n'en a pas voulu.
Cesar Borgia et Saint-François d'Assise en un, elle eût aimé;
Mais le monstre n'est pas venu et sa pensée a continué
A filer le rouet des impossibilités.

III

Dans l'attente du Bien-Aimé, elle n'a point eu d'amants.
Elle l'eût pressé, étouffé peut-être, sur sa poitrine plate.
La grenade eût fleuri à ses joues, sa lèvre se fût ouverte au baiser,
Si Saint-Michel eût pu être aussi Satan, si Satan eût été aussi Saint-Michel.
Léonard, le maître subtil, l'a éternisée sur ce panneau.
Et jusqu'à ce que la solide peinture s'écaille comme un serpent qui perd sa peau,
On la verra aussi vivante que quand elle vivait: Dans ses yeux de mer
Grands et clairs, froids et calmes — sa pensée
Filera toujours le rouet des impossibilités.

Toi qui as refusé ta lèvre au baiser profane, qui as repoussé la cyathe
Bourbeuse de la passion; et qui es restée dans ta continence de sainte,

Fidèle à ton vice monstrueux, O Fille du Vinci, Muse

Dépravante de l'esthétique du mal, ton sourire peut s'effacer sur la toile.

Il est facsimilé dans mon cœur, où, ainsi que la pierre jetée au gouffre,

Il décrira des remoux circulaires, grandissants et qui élargiront

Jusqu'à ma mort ton désir des Amours impossibles, — le Mien.

Chimère, ta vue m'altère de cette soif du Beau Mal, Que tu es morte sans assouvir.

O sœur de la Joconde, ô sphinx pervers je t'aime!

— « C'est d'un sentiment moderne exquis et raffiné. On dirait du Pétrarque d'une poésie dont Baudelaire serait le Dante, » jugea Drouhin.

— « Hélas! pour le poète; hélas! pour son temps, » s'écria Antar. « Je suis décadent comme vous, comme tous, mais je vois où nous allons... C'est la fin de la poésie d'une race. La lyre latine tord ses cordes, sous l'inspiration de la folie et si ses accords sont si pénétrants, c'est qu'en elle la moitié, la meilleure du cerveau d'Occident se fêle et se détraque. »

— « Vrai ! » dit Marestan, « je ne sentais pas ainsi à Arles. A Paris, j'ai pris cela dans l'air. »

— « Vous aussi, » fit Antar en lui posant la main sur l'épaule, « vous étiez né pour l'Art pur et la décadence vous a emporté dans sa ronde de sabbat. Oh! l'imagination moderne dit la Messe Noire... » Et brusquement, il prit sur un pupitre un grand album relié en velours bleu et l'ayant ouvert sur une table.

— « Ecrivez vos vers avec la traduction. La princesse les appréciera; » et il sortit.

Marestan écrivit, sa pensée flottant ailleurs. Quand il eut signé, il releva la tête; seul dans la bibliothèque aux boiseries d'ébène, il se sentit triste.

Mal à l'aise dans ce grand monde, dont le scintillement lui fatiguait l'œil ; à respirer comme à penser, il faisait effort, étourdi de parfums, énervé par la perception de vices subtils. Le bruit du bal lui arrivait comme un bourdonnement confus de ruche en joie. Il se surprit à regretter sa vaste maison d'Arles, le calme des grandes salles aux plafonds hauts, la rue silencieuse aux gros pavés herbeux, et cette sérénité de l'esprit faite de la quiétude du cœur et de l'habitude des belles pensées.

Il avait mordu au fruit impermis et déjà l'amertume lui faisait plisser la lèvre.

Il se repentait presque d'être venu dans « la capitale » comme on dit là-bas. Le plein air, le plein soleil, le plein ciel lui manquaient. Il regarda son poignet brun et quitta ses gants blancs qu'il trouvait froids.

Avec les *crescendi* de l'orchestre une autre musique l'impressionnait dans un doux vague, celle que font pour les reins, les pieds dans les brodequins craquants, les gorges dans le tassement du corsage, le bras dans l'agitation de l'éventail et la respiration vive et retenue du désir qui se tait... Ah ! ce n'étaient plus les sauteries en plein champ, au son du galoubet, ni les filles d'Arles au buste droit et sans corset, qu'on embrassait à pleines lèvres sous le soleil ; et dans une farandole de rêve, toute la poésie de sa chère Provence défilait.

Avait-il à se plaindre ? Une lettre de Mistral lui ouvrait toutes les portes, reçu chez la princesse d'Este, amant de Mme de Trinquetailles. Cette marquise était l'occasion de ce retour au passé ; pris dans le tourbillon parisien, c'était son premier regard en arrière, regard de regret... Il ne l'aimait pas ! Il s'était grisé d'un préjugé de là-bas « la Parisienne » ; cette union des corps, sans celle des âmes, l'écœurait. Exutoire d'une femme lubrique, il y consentait, car ses sens naissaient à la triste aurore de l'habitude du péché... Etait-ce sa faute ? Lorsque Cadenet l'avait présenté, la marquise l'avait retenu à sou-

per, et au coin du feu, sur l'étroite causeuse, cela avait
été son premier péché mortel selon la chair. Des détails
grotesques de cette heure lui traversaient le souvenir.
Son étonnement de voir la complication d'un déshabillage, les nœuds aux lacets, les agrafes prises dans les
dentelles. Qu'il préférait les fichus étagés des Arlésiennes qui tiennent par des épingles dont la piqure fait
ride et qui enlevés un à un, dénudent par assises leur
buste de statue.

Ses croyances se froissaient à de continuelles ironies.
La première fois qu'il avait entendu nier Dieu, il avait
demandé pourquoi l'on n'enfermait point les fous à
Paris, et on avait eu beaucoup de peine à lui persuader
que ces fous étaient communs. A chaque pas, le naïf
Provençal avait des étonnements, des effarements indescriptibles qui faisaient la joie de la galerie. Artistes
et écrivains l'écoutaient parler, le regardaient agir avec
ce sourire mi-parti de pitié et de regret qu'ont les
vieillards devant les belles ignorances de la jeunesse.

C'était la page chantante de leur vie qu'ils relisaient,
cette page où l'âme bat de l'aile vers le Beau, comme
l'oisillon vers le ciel, où toute vierge elle a toutes ses
fleurs ; où le cœur a toutes ses pudeurs, l'esprit ses
naïvetés, le corps ses ignorances ; où l'on n'a d'yeux
que pour les mirages, d'oreilles que pour les illusions,
d'ardeur que pour les chimères ; page lumineuse où est
écrit le rêve de l'adolescence que, le temps ironique
effacera, rêve de génie, de charité, de gloire ; épanouissement de tout ce qu'il y a d'ange dans l'homme
et de Dieu dans l'âme.

Comme cette princesse chinoise de Heine mettait sa
joie à déchirer de ses ongles de jade les soies rares et à
voir les lambeaux s'envoler, épars et flétris ; ainsi ces
corrompus, aux griffes tachées d'une encre où il entre
de la boue sinon du sang, déchiraient la merveilleuse
trame des illusions du poète. Au vent froid de leurs

ironies, les illusions s'envolèrent, blanches colombes qui ne reviennent pas.

Marestan vit les poètes sans cœur, les écrivains sans idée, les peintres sans dessin, les architectes sans style, tous sans morale. Le vertige le prit au bord du vice parisien, en face de cette prostitution de la pensée et du corps, il entendit en lui-même : « Fuis, tu es perdu sinon, le mal où tu tomberas ne te donnera pas le plaisir douteux qu'il donne aux autres, car tu es bon, et le remords te torturera, mais, hélas sans te purifier ». Il trouva des sophismes : ne fallait-il pas voir le mal pour mieux aimer le bien et connaître le laid, ce verso du Beau ? Il resta, mais il souffrit.

Sa lâcheté molle de méridional le faisait flotter à demi inconscient, au gré des choses sans prévoir, ni réfléchir. Le bruit des voitures et des négations l'assourdissait. Dans tous les milieux qu'il traversait, ce dormeur enveillé accrochait les convenances au passage et mettait les coudes sur la table, mais avec une si belle ingénuité que personne ne lui en voulut. On le prit d'abord pour le poétereau qui vient conquérir la capitale ; mais à la première conversation, ce rêveur apparaissait savant ; ce poète auquel les cigales avaient appris l'hymne ensoleillé de Cybèle, savait aussi ce qu'enseignent les livres. Il avait la double supériorité d'un long recueillement de pensée et de la lecture exclusive des chefs-d'œuvres.

A Saint-Trophime, pendant la semaine sainte, on l'avait toujours vu avec un gros livre.

A Paris, il lisait encore le bréviaire. Cadenet l'ayant vu sur sa table crut à l'oubli d'une visite de prêtre ; persuadé il s'étonna. — « C'est de la grande poésie, » répondit simplement Marestan.

Comme Euphorion, le fils d'Hélène et de Faust symbole de l'enthousiasme, il voulait s'envoler dans l'éther des puretés, ayant sur la dualité de l'homme les idées du moyen-âge, mais la Bête de ses griffes le rivait à la terre.

Avant la marquise de Trinquetailles, il pouvait répondre comme le Silvio de Musset à la demande du duc Laërtes, non que sa vie arlésienne eût été d'un cénobite ; les soirs d'été, on le voyait aux Alyschamps, au milieu d'un cercles de *chatos* et de *caliñaïrés*, improviser des vers que le vent emportait avec les accords de sa guitare.

Marestan « lou réï déï félibré » disait-on, en Arles. Ses noëls et ses canzones étaient sur toutes les lèvres ; et bien fière celle qui l'avait pour cavalier dans les fêtes. Les chattes auraient griffé qui eût dit du mal de « Moussu Marestan », elles l'aimaient avec une familiarité respectueuse, l'appelant « nœtro poèto ». Les vieilles femmes à croppetons devant leur porte cherchaient un sourire dans leurs rides quand il passait.

Un soir d'été, il allait aux Alyschamps où l'attendait un grand cercle, sur l'herbe, apercevant une jeune fille qui pleurait.

— « *Chatounetto*, qu'as-tu ? » fit-il.

— « Constantin ne veut plus de moi, il me trouve laide... »

Marestan s'émut de cette petite Fadette : « Viens, » lui dit-il, et arrivé au milieu des auditeurs, il se fit montrer Constantin qui en contait vivement à une belle fille. Alors il prit par la main la délaissée, la conduisit au milieu du cercle et saisissant sa guitare, improvisa une ode aussi célèbre dans Arles que l'*Intermezzo* dans le monde ; « Vos aïmé, ô poulido laïdo » « je vous aime, ô belle laide. »

Le chant de Marestan tenait de la psalmodie et de la déclamation rythmée. Quand la première strophe s'éteignit dans les pizzicati, Constantin ne s'occupait déjà plus de sa voisine.

On recherchait l'honneur d'être au milieu du cercle, et de jouer ainsi le rôle de la Muse inspiratrice. Marestan se surpassa. La pauvre délaissée était laide en effet, mais elle avait grand cœur, et comme par magie, aux accents de l'aède, elle se transfigura.

Au dernier refrain « je t'aime, ô belle laide » tout le monde pleurait et Constantin s'élançant vers sa promise, la tenait embrassée.

Marestan se trouvait seul; il parlait divinement la langue d'Arles; mais à Arles nul ne parlait la sienne. Une après-midi d'août, il s'énivrait du stridement des cigales, se récitant les vers qu'il faisait, quand derrière lui, une voix scanda : « *Tityre...* »

— « *Tu patulæ,* » répondit Marestan en se soulevant et il vit un jeune homme, entièrement vêtu de blanc et d'une beauté toute orientale.

— « Qui sait le latin sait le français, » dit l'inconnu. « Si nous causions ? »

Marestan montra l'herbe à côté de lui, du geste dont il eût offert un siège.

— « Vous êtes Marestan, je connais de vous des chefs-d'œuvres, » fit l'inconnu.

— « Et vous aussi vous êtes poète ? » demanda le provençal.

— « Oui, mais sans lyre, comme un rossignol qui a passé le temps de ses amours. »

— « Votre nom ? »

— « Mérodack, votre élève ès-provençal, si vous voulez. »

Et ils furent amis. Mérodack passa l'été avec l'Arlésien, puis il lui dit :

— « Je retourne à Paris, travailler à un grand dessein auquel je t'associerai plus tard. »

— « Emmène-moi, » disait Marestan.

— « Non, plus tard. Attends que je puisse être Mentor. Tu as du génie, cela t'ôte le droit de brûler au feu d'enfer de là-bas, tes ailes. »

— « Le beau me guiderait, » insistait Marestan.

— « Le beau est un phare tournant sous le souffle incohérent d'une époque et qui n'éclaire que de minute en minute. La minute d'ombre suffit à faire sombrer. Attends. »

Les lettres de Mérodack exhortaient Marestan à rester à Arles, mais ces objurgations exaspérèrent son désir de voir *la capitale* et il partit. Merodack venait à ce moment de déménager sans donner son adresse et le Provençal depuis un an songeait à son ami ; il entendit Antar parler de lui, mais aucun ne put lui indiquer sa demeure, car pendant des semestres entiers, ce jeune homme semblait disparaître.

La tête dans ses mains, les yeux sur l'album, le poète arlésien pensait : « Ah ! si Mérodack était là » quand une main se posa sur son épaule. Il se retourna, eut une hésitation et poussant un grand « ah ! » de bonheur, il se jeta au cou de son ami.

— « Boudeur, » fit Mérodack, « te souviens-tu de notre première rencontre ; les cigales chantaient, tu étais vautré dans l'herbe et je te retrouve écrivant tes vers sur l'album de la princesse d'Este » et il les parcourut.

— « Avec cela elle peut se mettre dans la tête de te la faire perdre. Ne te fie pas plus à cette femme qu'à un tigre. »

La princesse apparut brusquement sur le seuil.

Un peu de charité
Ou tout au moins, monsieur, un peu d'honnêteté.

— « Vous êtes un péril pour Marestan ; » — « Je l'avertis, » dit simplement le mage. « Le génie n'est pas un jouet de princesse. »

— « Et si la princesse voulait ? »
— « Le mage ne le permettrait pas. »

La princesse se mit à rire.

— « Un initié ne s'abaisse pas à prouver sa force ; mais je veux tuer vos sourires italiens. Vous savez l'escrime, je n'ai pas une minute de salle. Dégaînez, je vous défie. »

— « Je ne veux pas la mort d'un mage. »

— « Moi je veux la confusion d'une princesse. Ce n'est pas une passe d'armes que je vous propose, je vous offre ma poitrine pour *faire un mur*, car je ne parerai pas. »

— « Voyons cela, » dit la princesse offensée de ce défi; elle tira sa fine épée.

Mérodack dégaîna la sienne en appuya le pommeau à l'épigastre et en dirigea la pointe vers la main droite de son adversaire.

— « Quand vous voudrez, altesse. »

— « Du sang ici, non, » fit-elle.

— « Vous êtes naïve, » s'écria le mage.

Alors elle étendit le bras et sentit comme un vent invisible qui écartait sa lame ; elle se fendit dans le vide ; ses oreilles devinrent rouges ; elle pointa la poitrine vainement, Mérodack semblait rire. Furieuse, elle le chargea; mais son bras faiblit, trembla, hésita, et peu à peu s'engourdit et retomba inerte, laissant traîner l'épée.

Mérodack dirigea la pointe de la sienne sur la main de la princesse qui se crispa sur la garde.

— « Posez donc votre flamberge, beau page. »

Elle ne put pas avec sa main libre ouvrir sa main fermée.

— « Je vous laisserais ainsi, mais j'ai quelque chose à vous demander et je vous fais grâce. »

Il lui prit la main et la démagnétisa avec quelques passes ; elle put lacher l'épée, ayant encore quelques instants le bras comme mort.

Pleine de rage et silencieuse, elle lui dit brusquement :

— « A quelque prix que ce soit, voulez-vous m'apprendre vos sortilèges? »

— « Ce sortilège n'est que le magnétisme animal : je

vous ai engourdi le bras et crispé la main. Je ne vous apprendrai rien, parce que l'initié tue l'initiateur. »

Marestan, que tous deux oubliaient, s'avança.

— « Voilà donc le fruit de ces études mystérieuses que tu ne voulais pas m'expliquer. »

La princesse lança une œillade singulière au Provençal.

— « J'y suis toujours pour vous, monsieur Marestan. »

— « Mon ami, va au bal, je t'y rejoins ; je t'expliquerai... »

— « Avez-vous peur que je le magnétise ? » demanda la princesse, quand le poète fut sorti.

— « Il s'agit de Corysandre. »

— « Celle que vous aimez ou qui vous aime, lequel ? »

Mérodack continua, sans paraître avoir entendu :

— « Le marquis de Donnereux la poursuit de propos infâmes qui la font souffrir. « Votre galant est avec la princesse », lui a-t-il dit.

— « La brute, » s'exclama-t-elle.

— « Vous devriez le mettre à la porte, dès tout à l'heure. »

— « Oui, à une condition : vous consacrerez une après-midi à répondre à toutes les questions que je vous poserai sur la magie. Vous me le promettez ? Eh bien ! surveillez le marquis, prenez-le *flagrante* et je le chasse séance tenante. »

— « Marché conclu, » fit Mérodack et il offrit son bras, que la princesse prit avec un regard d'en-dessous traduisible par : « Je vous piétinerais avec bien du plaisir. »

XXII

PERSÉE ET ANDROMÈDE

Deux heures et demie du matin : le bal resplendissait. Mérodack passant à côté du marquis de Donnereux lui chantonna sous le nez : « Vous mourrez de la main de quelqu'un que je sais. »

Le vieux libidineux crut à une facétie sans réalité.

— « Puisque nous sommes au spectacle, » disait l'initié au provençal, « je vais te faire mettre les noms sur les costumes par ce pierrot qui vient. »

— « Seigneur de Quéant, je vous présente mon ami le poète Marestan, qui vous serait obligé de lui déshabiller l'assemblée. »

— « Volontiers, » fit le pierrot ; « mais gagnons un mur, afin de n'avoir que nos oreilles derrière nous. »

— « Le sexe faible d'abord, » commença-t-il. « Dieu a fait autrement ; mais nous, les claqueurs de la *Belle Hélène*, nous sifflons la création, cette féerie manquée, où les changements ne sont pas assez à vue. Croyez-vous à la vertu, monsieur le poète, à celle des femmes ? »

— « Surtout à celle-là, » répondit Marestan.

— « Ce surtout est héroïque ; vous ne professez pas le blasement, rareté. Oui, il y a autant de vertu ici qu'à… et leur vertu n'est pas sotte. C'est la tête qui entraîne dans le péché et toutes ces têtes blondes, brunes et châtaines se divisent en deux communions : les fidèles du Louvre et les dévotes du Bon-Marché ; ce sont les religieuses du chiffon. — Vous nous citiez, Mérodack, un adage latin que j'ai retenu en français : « le corps peut être facilement maintenu, quand l'imagination ne le sollicite pas. » La maîtresse de céans est un problème insoluble ; son imagination la sollicite certainement et elle grise autour d'elle sans que jamais la tête lui tourne. Les peuples heureux et les femmes honnêtes n'ont ni histoire ni roman, et c'est par dévouement pour ces deux formes littéraires que peuples et femmes cascadent dans le mal ; car roman, histoire, qu'est-ce sinon un récit de vice, de crime, avec quelques bribes de vertu pour le contraste ?... La vertu a la première condition de la beauté qui est la rareté ; tandis que le vice, où la médiocrité ne doit pas plus être admise que dans les vers, devient de jour en jour plus banal. Ce Cupidon, la marquise de Trinquetailles, libertine supérieure ; son costume ne vous donne pas une idée de sa facilité à se déshabiller. Elle a eu plus d'hommes qu'une fille, mais elle conserve le décorum dans sa vie de cascade aux innumérables chutes, dont aucune n'a entraîné celle de sa considération... »

Marestan avait pâli.

— « Vous calomniez, » fit-il.

— « *Cujus pars fuisti,* » dit de Quéant, « mettons que je n'ai rien dit. Cette grosse dame en paniers, la comtesse de Prébaudet, une vieille qui achète l'amour, mais on ne lui livre pas toujours la marchandise. Plélan qui avait beaucoup reçu, vingt mille livres je crois, n'a rien donné. Avez-vous remarqué que les jeunes gens de Balzac qui arrivent, sont tous des entretenus. Lucien de Rubempré, un personnage sympathique, est entretenu par une actrice, une fille et un forçat... Au reste, quand on ouvre sa robe, on peut bien ouvrir sa bourse. »

— « L'or, » dit Mérodack, « est tellement devenu le symbole du mal, que par une alchimie mystérieuse, il souille ce qu'il touche. Aurifier un sentiment, c'est le carier. »

— « Ce hennin, derrière les pierrettes, à côté de Montessuy en prévôt des marchands, c'est la vicomtesse de Gournay, un Don Juan féminin, chercheuse, gamme Sand. Regardez cette Marguerite et ce débardeur, la baronne de Stains, la blonde, et la brune, Mme de Montmagny. La première est tombée dans les bras de la seconde parce que, délaissée de son mari, trompée et compromise par ses amants, elle n'a pu trouver que dans le saphisme, la passion sûre qui convient à sa nature voluptueuse et paresseuse... »

Quéant s'était esquivé à un signe de Mlle de Chamarande la cadette; Marestan avait rejoint la marquise; Mérodack, dans une immobilité de cariatide embrassait la fête d'un regard ennuyé. La tirade de Jacques le mélancolique lui revenait à l'esprit. On eût dit que chaque siècle, chaque pays avait député un personnage de son acte dans l'humaine comédie, et des fresques, des cadres, des personnages de l'art semblaient aussi descendus.

Le salon bruissant avait le style grandiose d'une cella de temple, avec ses vingt-quatre colonnes doriques, ses dix grandes baies à plein cintre, ses marbres luisant à l'éclat des torchères, ses statues des douze entre-colonnements qui émergeaient d'une frondaison de plantes exotiques changeant le socle en tertre fleuri; ses hautes glaces à large biseau reflétant des parties de tableaux et le va-et-vient de ces nobles qui retrouvaient quelque chose de l'accent de leur race sous les costumes de leurs aïeux.

Pas de chlamyde ni de peplos, des vertugadins, des paniers, tous les éléments du mensonge plastique dont le triste corps de la femme moderne a besoin. Mme de Chamarande et ses filles étaient très admirées en pagne égyptien, avec leur pschent dont l'ureus dardait sa langue mécanique à chaque mouvement. Quelques Japonaises étaient très entourées; mais, comme l'avait remarqué Antar dans sa perception d'halluciné, le travesti, la femme en jeune homme, l'androgyne triomphait.

Du nu des bras, du nu des nuques, du nu des épaules, du nu des seins jaillissant des corsages, du nu des dos qui faisaient deviner les reins, de tout ce nu s'irradiaient des rayons de chair blanche, de chair rosée, de chair rousse, de chair brune, et de toute cette peau à l'air, une buée parfumée s'élevait.

Tandis que les unes montraient le buste, les autres, pires avec la gaucherie lubrique de leurs petits pas pressés, et l'indécence du bedonnement dans l'érotique haut de chausses que Grévin dessine, achevaient une complète provocance par toutes les formes de la femme montrées ou subtilisées.

A ceux de ce monde, cela ne devait point apparaître si intense ; pris à ce charme, ils le savaient correct et ne s'inquiétaient pas de plus. Mérodack avec son acuité d'impression de continent, sentait sous la distinction et la retenue, la mise en œuvre de l'esprit de luxure uni à celui de perversité. C'était là une débauche de désir, de vice, de délectation, d'effleurements, de flairements, mais si réelle que la conclusion de l'initié fut celle-ci : « Fêtes du monde, fêtes de la Bête. »

— « Je demande, » disait le duc de Nîmes, en capitaine Fracasse au prince des Baux, en surcot Charles V, « ce qu'une décadence a le droit de demander à ses prêtresses, de l'esprit dans le mal et de l'art dans le vice. »

— « La phrase est de Beauville, » dit de Quéant qui revenait ; « il ne lui manque plus, à ce Falstaff maigre, que de cacher un sténographe avec une lampe de mineur sous la table dominicale, pour se fournir de « verbe pervers, » un mot qu'il vous a pris. »

Mérodack, le sourcil contracté, ne répondait pas. Le marquis de Donnereux avait réussi à s'approcher de Mlle d'Urfé et penchant vers elle son ignoble face lui parlait, tandis qu'un flot de sang montait aux joues et au front de la jeune fille.

Mérodack alla vivement à la princesse.

— « Voyez, » fit-il.

La princesse s'avança vers le marquis et lui dit à voix basse, sans cesser de sourire :

— « Sortez. »

Il semblait ne pas comprendre.

— « Je vous chasse. Est-ce clair ? » reprit-elle.

Livide, le marquis s'inclina dans un petit rire fourbe de théâtre, regarda la princesse, Mérodack, Corysandre venimeusement et, tournant sur ses talons avec assez d'aisance, sortit posément du salon.

A peine avait-on remarqué cette courte scène que nul n'eût pu s'expliquer.

— « Merci, princesse, merci, Mérodack, » dit Corysandre. « Ah ! cet homme est méchant ; j'ai le pressentiment qu'il me fera du mal. »

— « Ne suis-je pas là ? » répondit l'initié en la rassurant d'un regard affectueux.

Il arriva avec peine jusqu'au prince.

— « Sire, je vous emprunte votre voiture pour une heure. »

— « Bien, » fit M. de Courtenay en lui serrant la main « et à dimanche ; vous nous manquiez beaucoup la dernière fois ; vous êtes le sel de l'orgie, puisque vous êtes un sage. »

A la marquise de Trinquetailles qui passait :

— « Monsieur de Cupidon, qu'avez-vous fait de Marestan ? »

— « Monsieur le diable, qu'en voulez-vous faire ? »

— « L'emmener et le dissuader de vous. »

La marquise, sentant qu'il ne plaisantait pas, se mit à rire mauvaisement.

— « Seriez-vous le Corydon de cet Alexis ? »

Merodack eut un léger mouvement d'épaules.

Marestan venait avec Antar.

— « Viens nous-en, » dit l'initié.

— « Attends que j'aie salué la marquise. »

— « Inutile ; un semblant de froideur l'enflammera. Nous avons beaucoup à nous dire et j'ai bien des lanternes à t'allumer. »

— « Je ne vois plus où je vais, » avoua Marestan.

— « J'y verrai pour toi ; mais pourras-tu regarder par mes yeux ? » dit Mérodack songeur.

XXIII

LA NINE

La Nine n'avait pas de hanches : la Nine n'avait pas de gorge : la ligne de sa taille se continuait verticale à ses cuisses étroites, ses seins n'étaient que des pectoraux abaissés. De son sexe, ni les flancs larges de la fécondité, ni les saillantes mamelles de la maternité, mais le charme de chatte et la grâce du mouvement félin.

Aggravant à dessein l'hybridation de son aspect, elle portait la tête rase.

Son teint pâle, ses yeux gris métalliques d'éclat, son nez mince, sa bouche rouge, son menton entêté donnaient à son visage cette beauté plus déplaisante que la laideur dont Léonard s'est servi pour ses têtes de démons où les traits admirables séparément, réunis forment un ensemble si inharmonique et discordant que la laideur morale semble transparaître.

Son costume, toujours d'homme, augmentait le trouble détestable que sa vue causait aux pervers.

Elle était, consciemment, l'androgyne pâle, vampire

suprême des civilisations vieillies, dernier monstre avant le feu du ciel.

Fille d'une portière de la rue Saint-Antoine, elle glissa, dès cinq ans, de la loge au ruisseau où des gamins lui apprirent de vilains jeux. Au cinquième de la maison habitait Gadagne, dans un monceau de bouquins. Trouvant l'enfant malicieusement précoce, il l'attira chez lui et lui montra à lire et à écrire par passe-temps. Son écolière docile et assidue lui fit prendre plaisir à cette pédagogie bénévole.

A peine nubile, la petite Claire fut vendue par sa mère au marquis de Donnereux. Un jour que Gadagne se plongeait dans l'*Ethique* de Spinosa, la fillette entra chez lui toute frémissante, et, la parole brève, le lui raconta avec des termes qui devenaient sinistres à des lèvres si jeunes. Gadagne, qui ne se passionnait guère que pour des transcendances, s'indigna pourtant au point d'effrayer son chat, angora gris, sphinx ironique, détenteur probable des solutions que cherchait son maître.

— « Il fallait crier, te débattre, griffer... »

La petite haussa les épaules et s'assit sur une pile d'in-quartos.

— « Si je m'étais défendue, maman m'aurait assommée... Cela m'a fait moins de mal tout de même que des coups de pique-feu sur l'os des jambes... Et puis c'eût été pour un autre jour... »

— « Alors, » fit Gadagne, navré de ce raisonnement, « tu te fais à l'idée d'être toute ta vie, le joujou des vieux !... »

— « Oh ! que non, » dit-elle avec un éclair dans ses yeux gris. « Ecoutez, c'est pour de l'argent qu'on m'a vendue, et si je m'enfuyais il faudrait me vendre aussi pour manger... Alors... voilà ce que j'ai pensé : avoir de l'argent... Combien avez-vous ? »

— « Trois mille francs de rente, » répondit Gadagne que la question étonnait.

— « Combien cela fait-il en tout, ces rentes-là ? » interrogea-t-elle encore.

— « Au cinq, soixante mille franc. »

— « Alors, » s'écria Claire, « il ne me manque que cinquante-six mille cinq cents. »

Gadagne la crut folle, mais elle sortit de son corsage un portefeuille plein de lettres et en tira trois mille cinq cents francs en billets.

— « Tu as volé cela ? »

— « Il m'a bien volé autre chose, » fit-elle avec un rire déjà pervers.

Elle remit les billets dans le portefeuille et le jeta sur une bibliothèque,

— « C'est caché, » cria-t-elle.

— « Tu me choisis pour ton recéleur, vaurienne ? »

— « Puisque c'est pour ne plus être vendue. Vaudrait-il mieux le rendre au vieux ou le donner à maman ? »

Gadagne resta sans réponse.

— « Elle a découvert, » se dit-il, « que l'or est le Panthée des sociétés modernes. Mauvaise, irréductible, je la sauverai du moins de la médiocrité dans le mal. »

Assidue aux leçons de Gadagne, liseuse de livres pernicieux, la gamine décrassée par l'éducation devint une drôlesse et mit le marquis sous ses pieds, le faisant plier à ses caprices qui tous étaient d'argent. Elle le battit, il l'adora, si bien qu'à seize ans, Claire se trouva posséder quatre-vingt mille francs, mi-parti volés et soutirés.

— « Vous avez de quoi épouser un honnête garçon, » disait Gadagne.

Elle riait.

Un soir que le marquis la promenait, s'arrêtant devant un petit hôtel de la rue de Lorraine, elle dit, avec son parler gamin : « Je veux ça, tu ne m'auras que dans ça », et ramenée dans son appartement de la rue de la Cerisaie, lui ferma la porte, sans plus un mot.

Le lendemain, le marquis se présenta avec un bail

de trois ans, elle le lui jeta au nez ; « Je veux être propriétaire ! » Et elle le battit. « Dis merci, » fit-elle. Il dit merci. « Et maintenant ne reviens qu'avec l'acte d'achat en mon nom. » Et comme il la menaçait de sa mère, elle le menaça de sa femme, qui cherchait à ce moment les motifs d'une séparation judiciaire.

Quand l'hôtel fut acheté : « Meuble, mon chéri, et vieux style. » Il meubla.

Enfin, radieux, il lui remit les clefs avec une certaine grâce. Ils visitèrent. Claire insista pour le mener voir le marteau qu'elle voulait mettre à la porte, et arrivée au seuil le poussa dehors violemment, tira les verrous, et remontant vivement se mit à la fenêtre en s'esclaffant de rire. Le marquis, furibond, alla chez la mère Pitau, qui prit sous son tablier le pique-feu, son martinet La bonne de Claire ouvrit à la mégère qui entra, brandissant son instrument ordinaire de correction. Claire, qui était près du feu, saisit pelle et pincettes. Une lutte singulière s'engagea. La fille eut un poignet luxé, la mère s'en alla presque assommée, n'osant s'adresser à la police comme elle en menaçait et jurant de tordre le ventre, un soir, à sa fille.

Claire reçut le marquis, à raison de mille francs l'heure, jusqu'à ce qu'elle eût dix mille livres de rente sur le Grand Livre, puis elle le chassa ; et dès lors parut au Bois, aux courses, aux premières, partout où va le tout-Paris, et toujours seule, en redingote sur une jupe noire étroite, monocle à l'œil.

La première fois que le marquis l'aperçut à l'orchestre, il se précipita vers elle : « J'ai, lui dit-elle, des lettres qui serviraient à votre femme pour obtenir séparation..., et vous êtes marié sous le régime dotal. Donc, pas un mot que vous m'avez eue. »

Le marquis se tut, n'ayant pas même l'espoir que la misère ou la gêne la lui ramènerait.

On se préoccupa de cette androgyne, et lettres de pleuvoir rue de Lorraine.

Par amour-propre de fille de portière, fière de la grammaire qu'elle sait, elle répondit d'abord à toutes les épîtres par d'impertinents petits billets où elle avait soin d'accumuler les participes passés, heureuse de faire montre de son orthographe.

Gadagne était le type du théoricien pervers, à l'existence débonnaire, incapable non seulement d'un crime, mais d'une indélicatesse pour son propre compte, il professait en revanche le machiavélisme le plus épouvantable à qui voulait l'écouter. Par aberration, il se complaisait à l'esthétique du mal, admirant les monstres de l'histoire, trouvant de l'envergure à l'égoïsme que rien n'arrête dans sa satisfaction. « Un vice extrême vaut mieux qu'une vertu moyenne, » pensait-il, et la conscience en sécurité, il se fit le conseil de Claire Pitau et apporta, dans cette étrange direction spirituelle, le soin minutieux d'un esprit habitué à manier les nuances métaphysiques. Claire obéissait comme un soldat prussien, se sentant grandir sous cette pensée de haut politique qui la guidait dans sa vocation de fille. Elle devint lettrée, instruite même, capable de conversation élevée.

Aucune visite n'était reçue; toutes dames léonardes éconduites, mais les lettres pleuvaient et beaucoup de femmes. La plus flambante série de ces épîtres était signée : Simone : « ... O toi qui as le corps céleste des séraphins, envoie ta photographie que je puisse baiser ton image. Voici pour la faire faire. » Et cinq mille francs étaient joints.

Claire envoya sa photographie. Sitôt elle reçut ce billet laconique : « Puisqu'il faut t'acheter pour t'avoir, ton prix. » Claire, amusée et croyant débouter ce désir, répondit : « Quarante mille. » Un mois s'écoula. Elle n'y pensait plus, lorsque quatre plis de dix mille francs chacun lui furent remis avec le mot : « Quand ? » — « Voyons-en la fin, se dit Claire : « Demain minuit, » écrivit-elle aux initiales indiquées poste restante, rue Saint-Dominique. A l'heure exacte, une femme du plus grand air et envoilée de noir entrait chez Claire avec des tremblements de page au premier rendez-vous d'une châtelaine. La fille reconnut avec stupeur la jeune et belle baronne de Stains, dont la lorgnette, au spectacle, restait toute la soirée braquée sur elle. Ne connaissant que les répulsives caresses du vice vieillot, Claire se plut aux baisers lesbiens, et quand la baronne la quitta, au petit jour, pour un rien elle lui eût dit : « Revenez. »

Par un phénomène de vibrations dans l'atmosphère astrale, les épîtres saphiques redoublèrent, avertissant invisiblement les désireuses et les enhardissant. La nuée des corbeaux à cent lieues flaire la charogne, et les vices attentifs pressentent par les courants fluidiques que leur convoitise se possibilise.

Claire n'en resta pas à la baronne, sans s'avouer qu'elle s'engluait à cette bourbe infâme, se persuadant ne céder qu'à la cupidité seule, elle subit la contagion. Le petit hôtel fût plus assiégé que celui d'une fille et par les filles même, qui y apportaient le butin conquis par la sexualité. Déjà l'habitude ancrait ses crocs barbelés dans la chair de Claire, déjà une rumeur s'élevait de suscipion. Deux femmes se rencontrant dans le petit hôtel s'y arrachèrent jusqu'au dernier vêtement, Un moment encore, et Claire était perdue de corps et de renommée, quand Gadagne arriva furieux :

— « Monstre, incapable d'un vice élevé ! Tu restaures le temple de la Bonne Déesse !... Fille brute, ce qui t'attend ce sont les moxas, puis la consomption !... Satan te fait la grâce d'un tempérament froid !... Choisis entre ma direction ou tes chiennes... »

— « C'est tout choisi, » fit-elle. « Je pars demain pour l'Italie ; venez, Gadagne. »

— « Je n'ai pas d'argent, » dit le métaphysicien.

Elle rougit, sentant qu'il ne voulait rien lui devoir :

— « Comme secrétaire, vous n'avez pas à sonder

mon passé : vous me servez, je vous paye, et même vous me faites un reçu. »

— « Soit, » dit Gadagne.

Ils partirent. A Pise, en visitant le Campo Santo, ils rencontrèrent un jeune lord, et Claire sut lier la conversation et la prolonger jusqu'à la nuit : le lendemain, le lord se trouvant à la même place, devant le *Triomphe de la Mort*, Claire y vint seule comme à un rendez-vous tacite : et ce fut ainsi plusieurs fois. Peu à peu, le jeune Anglais perdait de sa raideur, faisait des confidences coupées par la petite toux sèche des poitrinaires. Sans famille, un million de revenu, phtisique, les médecins ne lui donnaient pas trois ans de vie : ce fut tout ce qu'elle écouta, et sitôt, changeant de costume, elle abandonna son allure garçonnière. Comme on apprend un rôle, elle passait une partie de ses nuits à étudier les femmes de Shakespeare, convaincue que l'idéal d'un Anglais devait être là.

Gadagne, voyant le jeu de Claire, partit pour Rome, sans un mot d'explication.

— « Je suis très embarrassée, » dit-elle au jeune lord, « M. Gadagne, mon professeur, se sent malade et retourne à Paris ; me voilà forcée de renoncer à poursuivre mon voyage. »

Le lord hésita longtemps et finit par s'offrir pour chaperon.

— « Une Anglaise refuserait, » dit-elle, « mais moi je crois à votre loyauté. »

Ils passèrent un mois à Florence, en causeries émues, en épanchements des âmes ; ils se donnaient une poignée de main, le matin et le soir.

Lord Astor, comme le Valentin de Balzac, risquait sa vie à satisfaire son désir, et l'existence lui apparaissait maintenant désirable près de cette jeune fille qui, graduellement, devenait la réalité de l'idéal qu'il lui dépeignait. Claire ne pressait point l'instant de la Bête, elle laissait l'imagination opérer sa *cristallisation*. Ce fut à Venise, en gondole, qu'elle se fit posséder, et le gondolier qui rêvait sur sa rame, à la secousse, dit entre ses dents : *Ardore d'etico.*

Ils traversèrent l'Autriche et les Pays-Bas et s'allèrent installer au château de Killiet, en Ecosse. Claire mit tout son génie de femme perverse à enchanter lord Astor et elle l'enchanta, modérant son ardeur, afin qu'il vécût les trois ans qu'elle voulait ; celui-là prit cette sollicitude pour de l'amour et en fut si touché qu'il lui dit : Nous nous marions le mois prochain. « Mais je suis de basse naissance, avoua Claire. — Vous m'avez donné le bonheur, répondit-il, que m'est le reste ? » Le clergyman du district unit lord Astor à la fille illégitime de la portière Pitau. L'hiver venu, milady fut présentée dans les salons de Londres et accueillie.

— « Pourquoi mettre le monde entre nous ? retournons à Killiet » dit elle, quand sa vanité fut satisfaite. Elle lui donna tout le bonheur qu'on peut faire avec de l'amour, elle l'emparadisa, au point que le crachement de sang s'arrêta et que la toux se raréfia. Elle lui fit, enfin, trois années de bonheur plein, non sans efforts. Tandis qu'elle soupirait des sentimentalités qui délectaient son époux, des mots obscènes lui venaient aux lèvres, et elle avait besoin de se faire violence pour ne pas les crier. « Je joue les chimères à des millions d'appointements, c'est à peine payé, » écrivait-elle à Gadagne.

Enfin elle eut vingt et un ans, elle était majeure, et comme son mari ne semblait plus songer à mourir, elle eut des accès de lasciveté qui firent réapparaître la toux et le crachement. Alors elle feignit un remords. « J'adore mon bûcher, » répondit lord Astor.

Soixante-sept jours après la troisième année révolue (elle les compta), lord Astor expirait entre ses bras, dans un spasme.

Elle affecta toute la douleur nécessaire à montrer, avec le réel regret de s'être hâtée, commençant à se plaire aux caresses de cet agonisant, aux extases de son rôle d'Empuse, cette réalité de la superstition.

— « Je reviens dans un mois, » écrivait-elle à Gadagne, « ne préparez pas d'homélie. Mourir après trois ans de bonheur parfait, dans les bras même de sa chimère, qui ne souscrirait à cette destinée? »

— « Elle a retrouvé, » pensa Gadagne, « cette science des anciens, aujourd'hui perdue, l'*Euthanésie*, l'art de la mort attrayante »

— « Milady Vampire, » lui dit le philosophe, quand elle vint le voir en débotté, « qu'allez-vous faire maintenant? »

— « Je viens vous le demander! »

— « Faites pénitence. »

Milady s'assit comme autrefois sur un tas de livres.

— « Donnez aux pauvres votre fortune acquise par un assassinat et entrez en religion. »

— « Dois-je rester lady, » fit-elle sans aucune attention aux exhortations du métaphysicien, « ou reprendre l'androgynat? »

— « Reprenez, » dit Gadagne.

Et dissimulant son immense fortune, elle se lia avec les écrivains et les artistes, allant partout avec eux en homme.

Un soir, au foyer de l'Opéra, elle vit passer quelqu'un de si grande mine qu'elle demanda son nom.

— « Son Altesse Royale Monseigneur le Prince Robert de Courtenay, ayant droit au trône, » dit Gadagne.

— « Allons donc, » dit milady, « il y a droit? »

Gadagne lui expliqua la généalogie depuis le septième fils de Louis le Gros.

Elle resta pensive :

— « Un roi! » fit-elle, et ses traits se tendirent comme si elle prenait une grande résolution.

XXIV

MONSEIGNEUR LE PRINCE ROBERT DE COURTENAY

« ... La funeste merveille de cette maison qui dans un si long espace n'a pu produire un seul sujet dont le mérite ait forcé la fortune. » Cette phrase de Saint-Simon était la chape de plomb que le prince de Courtenay portait dans la vie. L'impuissance de sa race et la sienne propre, à montrer la force de son droit, le torturait. Il eût fait l'impossible, l'insensé, et levier de tout, pour relever son blason et le hausser à la gloire. Depuis vingt ans il attendait un événement où jeter le grappin de sa rageuse et stérile ambition, et les circonstances ironiquement se dérobaient sous sa main fiévreuse, qui aurait pu du grand, car il eût donné sa vie pour que le nom de Courtenay, effacé de l'histoire, y reparût réécrit ne fût-ce qu'une fois.

En 1870, l'invasion teutonne sembla l'exaucer. Il ceignit l'épée des empereurs de Constantinople, équipa un régiment et en obtint le commandement. Soit malveillance, soit conséquence stratégique, sa division resta longtemps sans donner. Enfin dans la déroute de X..., il reçut l'ordre de charger. Sitôt, il mit l'épée au fourreau et tenant quelque chose de roulé autour d'une hampe, en travers de sa selle, il alla prendre place à vingt pas en avant.

Là, déployant son drapeau blanc aux fleurs de lis d'or, il le brandit, criant : « Montjoie et Saint Denys. »

Le moment, celui de mourir, ne permettait pas aux

soldats de réfléchir à l'étrangeté de leur colonel, ils ne virent que son courage magnifique et furent « emballés. »

En apercevant ce cavalier d'héroïque jactance, le général allemand crut que c'était Henri V venant chercher pour sa race, un glorieux trépas. La haine de la gloire française inspira un dessein étrange à l'officier teuton. A ce dernier Bourbon s'avançant à la mort historique comme à une parade, il dit en pensée : « Non, Roi de France, les lys ne mourront pas dans l'épanchement de leur sang d'azur. Tu viens à la mort pour le regard de la postérité, eh bien ! roi sans trône, tu seras aussi sans histoire. » Il fit passer l'ordre d'ouvrir les rangs devant le cavalier et de le laisser traverser l'armée impunément.

Arrivé à une portée de voix des Prussiens, Courtenay poussa son cri et donna de l'éperon.

Soudain les rangs ennemis s'ouvrirent et son cheval affolé par la fusillade traversa comme un javelot la colonne allemande. Le prince, malgré lui, avait fermé les yeux, attendant la mort. Quand il les rouvrit, il était seul ; devant lui la campagne déserte où il pouvait fuir. Il se retourna, dans un épais nuage de fumée, la forêt de casques pointus, huit mille Allemands, où son régiment entier s'était englouti. Il n'hésita pas et revint au galop sur l'armée ennemie. Le général le suivait d'un œil ironique.

« Place, canaille, » hurlait le prince, s'élançant de nouveau à travers l'armée ; et les Bavarois rêveurs, les lourds Berlinois et les étudiants de Gœttingue qui étaient là, pensaient aux héros des *Niebelungen*, aux personnages des légendes du Rhin. Courtenay sortait des lignes teutonnes, quand il aperçut aux mains d'un officier le drapeau du régiment, il fondit sur lui, le lui arracha, et dégainant l'épée à lame large et plate des Josselin qui rayonna de revoir le soleil, d'un coup formidable, irréel, fantastique, il coupa en deux l'officier, comme un bûcheron eût fait d'un tronc d'arbre. En un clin d'œil, Courtenay fut enveloppé. Maintenant, il ne voulait plus mourir : colonel, il devait sauver le drapeau de son régiment, et le paladin réapparut en lui ; d'un bras formidable il maniait l'épée impériale, et fendant les crânes, abattant des bras, il put s'enfuir au crépitement des balles qui fauchaient des brins d'herbe sous les sabots en l'air de son cheval. Quand il n'eut plus à craindre d'être rejoint, il se reprocha de tourner le dos à huit mille fusils et il leur fit face ; il resta plusieurs minutes dans une gloire de balles sifflantes, élevant ses deux étendards. Il semblait ainsi l'âme de la noblesse personnifiée, mettant son honneur à servir son pays et la gloire de son nom à faire celle de la France.

Revenu au camp, il ne raconta pas son fait d'armes, on ne croit plus aux preux, nul témoin ne pouvait témoigner que le premier noble de France en était aussi le premier brave. Son héroïsme de pair karolingien resta ignoré, on lui refusa un autre régiment, à cause de son drapeau fleurdelisé. Alors on vit un beau spectacle, ce prince royal endosser le sac du mobile, abdiquant sa fierté plutôt que de rester loin du combat. A l'enlèvement d'une position, il osa seul, sous une pluie de feu, planter le drapeau, et le lendemain, quand le commandant du corps lui présenta la croix d'honneur, il la jeta loin de lui, disant : « on ne décore pas les rois. »

Quand l'armée allemande entra dans Paris, qu'il la vit défiler sous l'Arc-de-Triomphe, une écume blanchâtre floconna à ses lèvres, et ceux qui le virent eurent peur et pitié de cette royale douleur. « Si le peuple eût pu le voir à cet instant, » disait Mérigneux, « il l'eût acclamé. La colère d'Achille me parut de la contrariété toute simple, auprès de cette rage blanche de monarque moderne. Il écumait littéralement, car il aimait la France, avec fureur, jalousement, comme sa fille, comme sa chose, et chaque pas de la botte allemande lui pâlissait la joue. »

Crucifié par le déni de justice des siècles et du sien à ce qu'il croyait son droit, après avoir monté vainement à la tribune, comme il était allé vainement au combat, il en vint à un morne désespoir où le vice pouvait venir; l'inaction lui ouvrait la porte.

Il devint maniaque; seul, dans son immense chambre tendue de France et dont il avait fait une sorte de petite salle du Trône, il s'enfermait pour lire les parchemins et remuer les épées des ancêtres. « Oh! pensait-il, si j'étais à la place d'Henri V ! » Il se sentait la force de conquérir son royaume.

Lorsque Napoléon III monta sur le trône, le prince envoya son secrétaire Mérigneux qui lut au souverain étonné, une hautaine protestation, et pressé d'expliquer sa démarche, récita ces lignes de Saint-Simon : « Le prince de Courtenay présenta au Régent une parfaitement belle protestation, forte, prouvée, mais respectueuse et bien écrite, pour conservation de leurs Etats et droits, comme ils ont fait à tous les renouvellements de règne. »

— « Je ne savais pas que la France eût ses ducs de Medina Cœli ? Que veut votre maître ? »

— « Le trône où vous êtes indûment. »

Napoléon trouva « très crâne » cette demande « énorme » faite d'un ton doux.

— « Si le prince veut rabattre un peu de ses prétentions ? »

— « En rien. »

— « Pourquoi cette démarche, alors ? »

— « Pour la protestation du droit, » et Mérigneux sortit avec solennité.

Quand la République fut déclarée, le secrétaire demanda s'il fallait protester.

— « Une république n'existe pas! et je ne veux pas encanailler mon héraut d'armes ! »

Son parti était pris. Le descendant des Josselin, empereurs de Constantinople, des Robert, archevêque de

Reims, s'éteindrait banalement. Toutefois, ouvert sur un pupitre s'étalait constamment un in-8° carré de 1662, n'ayant que onze feuillets et pour titre : *Protestation de M. le Prince de Courtenay faite entre les mains du Roy pour la conservation des droits de sa maison;* « ... la maison de Courtenay, de même que celle de Bourbon, tire son origine du roi Louis VI du nom, surnommé le Gros, et descendant de deux de ses enfants, celle de Bourbon, de l'aisné, et celle de Courtenay du puîné... Les puînés des rois prennent les surnoms des maisons alliées ou de celles de leur femme; ainsi les descendants de Robert, comte de Clermont, l'un des fils de saint Louis dont V. M. est descendue, ont retenu celui de la seigneurie de Bourbon que sa femme lui avait apportée en mariage. Suivant cet usage, le dernier des fils du roi Louis le Gros avait épousé l'héritière de l'ancienne maison de Courtenay et prit le surnom et les armes... Ne pouvant altérer en ma personne la loi salique... la maison de Courtenay est la seule capable de succéder à la couronne, après la maison de Bourbon. » Parmi les livres traitant de ses ancêtres que le dernier descendant de ce Pierre de France qui épousa Ysabeau de Courtenay avait collectionnés, traînait sur les tables à cette époque, une pièce S. L. N. D. *Mort et trépas de Monseigneur le Prince de Courtenay, par la malicieuse sorcellerie d'une misérable sorcière qui depuis fut exécutée.*

XXV

SÉDUCTION

La première fois, qu'à un dîner d'artistes, Milady Astor lui fut présentée, le prince ne put cacher son émotion devant une beauté si subtilement perverse; mais charmé, il se raidit contre le charme.

Le Courtenay de la Protestation à Louis XIV, avait eu une occasion de forcer la fortune.

Mazarin voulait lui donner une de ses nièces : « *Pour l'éprouver à loisir et par lui même, le Ministre le mena dans son carrosse de Paris à Saint-Jean-de-Luz, pour les conférences de la Paix des Pyrénées. Le voyage était à journées et il fut plein de séjours. Il passa tout son temps avec les pages du Cardinal...* » Cette phrase de Saint-Simon explique le trouble du prince en face de Milady Astor pour ceux qui croient aux phénomènes de l'hérédité.

La race des Courtenay avait eu une floraison hâtive, puis était tombée dans un noble gâtisme, pour produire, en son dernier rejeton, un homme de volonté et de mérite, condamné par les circonstances à une inertie de catholique. La Renaissance de ce sang royal, en avortant, donna carrière aux ferments impurs qui devaient logiquement décomposer cette volonté et dévoyer cette intelligence.

Milady Astor, conseillée par Gadagne, avait pris pied dans le monde parisien d'une façon qui intriguait les observateurs. Dès qu'on la revit avec son col droit, sa redingote d'homme et son monocle, on se rappela l'avoir vue, mais nul ne se souvint des bruits qui avaient un instant circulé sur la petite maison de la rue de Lorraine. On s'informa à l'ambassade anglaise et l'on apprit qu'elle était bien légalement, Milady et Comtesse. A la voir se déclasser par plaisir, s'entourer d'écrivains et d'artistes sans célébrité, presque sans œuvre, on s'étonna. La nouvelle courut que Saint-Meen et Talagrand, deux poètes bizarres, écrivaient pour elle une pièce qui tenait de la *Sarrazine* de Balzac et de la *Fragoletta* de Latouche. Des invitations toutes nominales furent envoyées pour l'unique représentation de NINO-NINA, au théâtre des Menus Plaisirs, hors d'exploitation et loué pour cette soirée. Soit que les quatre cents invités prissent plaisir à agacer la curiosité du public, soit qu'ils fussent sincères, le lendemain ils s'exclamèrent en jaculations admiratives. Par mot d'ordre mystificateur, les journalistes invités traitèrent la pièce de chef-d'œuvre, l'actrice de divine, et plaignirent l'humanité; car cette merveille ne devait jamais être ni rejouée ni imprimée, et suivaient des réticences étoilées de points suspensifs, qui sont la collection de balais la plus propre à faire chevaucher l'imagination du lecteur au sabbat.

Le prince avait été le premier prié à cette singulière représentation, et, le rideau tombé dans un tonnerre de bravi, il alla la féliciter dans sa loge.

Elle ne se déshabillait pas, gardant son costume de pifferare du dénouement. Des journalistes demandaient quel nom lui donner dans le feuilleton.

— « Mais, » dit l'un, « le nom du rôle, la... NINA. »

— « Me voilà baptisée, » fit-elle, sans prévoir que le nom devait lui rester. Elle parut plus sensible aux louanges du prince qu'à toutes les autres et l'invita au souper qui eut lieu en son hôtel du boulevard de Courcelles.

Comme le jour pâlissait et que tous les convives

étaient partis, Courtenay, après une fausse sortie, revint au moment où elle passait dans sa chambre. Elle l'avait prévu.

Sans lui rien dire, le prince lui prit les mains et la regarda dans les yeux d'un regard désireur qui disait : « Voulez-vous ? »

Par une inspiration géniale et qui le frappa délicieusement dans son immense et souffrant orgueil, elle s'abattit sur sa poitrine, en murmurant : « On ne résiste pas au Roy! »

A midi, Courtenay se réveilla amoureux. Ils ne se levèrent que le lendemain. Avec cette grâce royale qui devait donner tant de prix au moindre mot aimable d'un Louis XIV, il lui dit en un grave baise-mains : « Milady, je me tiens pour votre chevalier. »

En rentrant à son hôtel, le prince trouva le marquis de Donnereux, qui furieux de n'avoir pas été invité à NINO-NINA, et informé par l'inquiétude de Mlle d'Urfé, avait tout deviné, avec son flair de vicieux. Il amena la conversation sur la première de l'avant veille ; et hypocritement, sans malice apparente, raconta au prince par le détail, comment il avait acheté Claire Pitau, les tours qu'elle lui avait joués, donnant le numéro des garnis où il l'avait euè, et celui de la concierge Pitau, mère de Lady Astor.

Courtenay écouta tout, l'oreille fiévreuse, l'air détaché ; dès que le vieux débauché fut parti, sans prendre le temps d'embrasser sa pupille, il courut au 173 de la rue Saint-Antoine. Il attendit une heure dans l'allée la portière qui faisait ses provisions. Quand elle arriva, il lui mit des louis dans la main et l'interrogea. Outrée d'avoir été assommée par sa fille et de n'en tirer que douze cents francs de pension, elle se déchargea la rate et sa diatribe concorda exactement avec le récit du marquis.

— « Comment votre fille a-t-elle épousé lord Astor ? » demandait-il.

La mère Pitau ne savait pas : « ce devait être une menterie pour mieux enjôler les hommes. »

— « Il y a, » grogna-t-elle, « Monsieur Gadagne qui habitait ici au cinquième, et qui est maintenant au 10 de la rue de Turenne. Il donnait des leçons à la garce, il vous renseignera peut être mieux que moi, mais je vous avertis qu'ils sont amis tous les deux. »

Le prince monta les six étages de Gadagne et trouva un homme perdu dans un monceau de livres où se promenaient des chats.

— « Monsieur, » fit-il, très aise de rencontrer un savant, au lieu de l'être interlope que lui avait fait entrevoir la portière. « Connaissez-vous Lady Astor? »

— « Pardon, » fit Gadagne, « c'est vous que je ne connais pas ! »

— « Je suis le prince de Courtenay et je vous demande comme un service de me dire si Claire Pitau et Milady Astor sont bien la même personne. »

— « La même ! » déclara Gadagne.

Le prince sortit vivement. « Oh ! » pensa le philosophe, « qu'est-ce cela ? »

Tandis que Courtenay rentré chez lui, écrivait à la Nine une lettre plusieurs fois recommencée, Gadagne allait boulevard de Courcelles et entrant brusquement.

— « En quoi importe-t-il au prince de Courtenay que Lady Astor et Claire Pitau soient ou non la même personne ? »

Elle pâlit, au bref récit du philosophe.

— « Seul le marquis pourrait... et j'ai des lettres que sa femme... »

— « La marquise de Donnereux est morte pendant que vous étiez à Killiet. »

— « C'est ce monstre ! alors, » s'écria-t-elle.

— « Je crois que j'ai été sage à vous dissuader du grand monde : votre chute eût été lourde, » observa Gadagne.

— « Elle peut l'être encore, » fit-elle; » laissez-moi réfléchir. »

Les coudes aux genoux, la tête dans ses mains, elle étayait en pensée l'édifice croulant de ses rêves.

Une lettre arriva du prince qui était longue. Elle la relut plusieurs fois et répondit ce billet :

Vous dites m'aimer, Monseigneur! Et vous m'accusez quand vous devriez me plaindre. En quoi vous ai-je trompé? M'avez-vous fait aucune question, et le moment où nous étions ensemble, était-il celui d'une confession générale? Vous n'avez eu qu'à me désirer et je me suis donnée. Vous êtes mon obligé. On vous a dit que ma mère m'avait vendue! Celle qu'on vend est-elle à incriminer ou à plaindre? Pour les calomnies du marquis, je n'y répondrai pas. Libre à vous de renoncer à ce que vous appeliez une passion bien heureuse : vous m'avez trop blessée pour que je puisse vous mander autre chose que mon étonnement d'une conduite qui n'est pas digne du Prince charmant que j'ai cru plus noble encore de cœur que de race.

Lord Astor m'aima assez pour m'épouser et Votre Altesse semble rougir d'une nuit d'amour qu'elle peut oublier comme on oublie un rêve.

La Nine.

A cette lecture, le prince entra en une grande perplexité. Il s'attendait à une négation hardie ou à un acquiescement cynique, et cette retenue de grand goût le confondit. C'était bien une passion durable qui s'était levée dans sa chair; il écrivit une lettre d'excuse où il ne s'expliquait pas sur l'avenir, laissant incertain ce qu'il avait résolu. La Nine ne répondit pas.

Au bout de cinq jours, il n'y tint plus, et au sortir de l'Opéra, s'achemina vers le boulevard de Courcelles, d'une marche tantôt fiévreuse, tantôt ralentie et comme attiré malgré lui par un magnétisme invincible. Plusieurs fois il revint sur ses pas, passa et repassa devant l'hôtel, suant et les oreilles bourdonnantes de sa lutte intérieure. Puis tout à coup il sonna. La femme de chambre lui ouvrit, sans un mot. La bouche sèche d'anxiété et de désir, il entra dans la chambre où une veilleuse luisait. Du lit de dentelles, une voix à la fois caressante et reprocheuse sortit.

— « Voilà cinq nuits que je vous attends. »

Il écarta d'un geste les bras tendus de la Nine, et les jarrets coupés d'émotion il s'assit comme en visite.

A ce préambule, la Nine d'un mouvement brusque qui releva sa chemise, rejeta les couvertures et se trouva assise à demi-nue, au bord du lit.

— « Prince, » fit-elle, « c'est lady Astor qui vous gêne dans la Nine. Comme comtesse je vous parais douteuse, mais comme fille je vous agrée, je crois. Eh bien ! je serai la Nine tout court, l'entretenue du prince de Courtenay, veux-tu ? »

Le prince balbutiait quelque chose : d'un saut qui leva tout à fait sa chemise, elle fut sur ses genoux :

— « Je t'aime, voilà ! »

Courtenay la porta dans le lit.

« « Sot, » pensait-elle, « qui sait gré à la carpe de son retour à la bourbe. »

XXVI

LES PERVERS

— « Il est englué, » disait la Nine à Gadagne, « et se passerait plus de pain que de moi. »

— « Vous l'aimez quelque peu ? »

— « Je n'aime que moi... et encore ! Mais il ne m'est pas corvée ; il me flatte en deux endroits, à l'amour-propre et à l'amour malpropre ? J'en oublie les caresses du mourant mon mari,... « compère Guillery, » — chantonna-t-elle.

— « Il m'a fait prendre goût aux pompes de la chair. Puis, il a l'air d'un de ces grands premiers rôles que j'admirais à la Porte-Saint-Martin, étant petite. Il est Lagardère, D'Artagnan, Masque de fer, Don César de Bazan ; il me gante au juste. Ça, que j'arrange ma vie !... En triant sur le volet les génies avortés de ma connaissance et les originaux de la sienne, car ses intimes sont « non d'épée, non de robe, mais d'esprit, » je formerai une cour que la princesse d'Este n'a pas... »

« Vous aviez raison, Gadagne, les écrivains qui écrivent, les artistes qui produisent, se vident dans leur œuvre et n'apportent dans la fréquentation que le rebut de leurs pensées. Mais vive les avortés pour la flirtation ! ils parlent ce que les autres font... »

« Voici un calame, je dicte ma maison intellectuelle ; écrivez au moins comme vos chats. Nous allons procéder à la séparation des bons et des méchants, nous ne garderons que les pires... Commençons ! côté prince ! »

« Mérodack, en tête, il représente cette grande enfuie, cette belle inconnue, cette éternellement absente, la vertu, et il est plus intéressant que le vice, cas extraordinaire et unique. J'ai voulu l'emprunter à la petite d'Urfé. Ah! Ouitche!... »

Elle arrêta sa confidence, et reprit :

« C'est le seul Méduseur que je connaisse, » dans ce mot il y avait une admiration si grande, qu'elle faisait taire un dépit d'orgueil.

« Cadenet, en second... l'Orphée des boucs... »

« Antar, qui m'appelle son *Vice II*, la princesse d'Este étant son *Vice I*. »

« Quéant le préfacier, et le duc de Nîmes toujours à la rescousse d'une perversité qui le fuit. Total : cinq et le prince, six. »

— « Maintenant, côté Nine : Ma cour manque un peu de tenue, mais cela ne l'empêche pas d'être raide... »

« Erlon, mon peintre ordinaire, pour me gouacher des demi-nus titillants... »

— « Pouancé, mon docteur, capable de poudre de succession s'il devait hériter, mais d'un savoir cosmétique merveilleux!... — Beauville, le philosophe de l'inconscient, l'homme du « tout est permis, tout est louable. » A la dernière Dominicale, il soutenait que tout désir a droit à sa satisfaction ; tous de trouver les corollaires du théorème, et le plafond n'a pas croûlé! »

« Ligneuil, le technicien des *Métiers étranges;*... Tisselin, le Machiavel en disponibilité;... Iltis, le chiffonnier du vice parisien, l'hyène calme des turpitudes sociales;... Saint-Meen, l'élégiaque dépravé;... Talagrand, une lyre sans corde que celle de ses habits qui se voit et l'autre de pendu qu'il porte toujours en attendant qu'elle le porte... Enfin, Rudenty, l'homme des foules, l'ambitieux de la borne et du club, le seul capable d'un attachement de bête et d'un dévouement de niais. J'oubliais Mérigneux, le secrétaire du prince, un grand « ça m'est égal en action. »

« Récapitulons : Erlon, mon peintre ordinaire; Pouancé, mon médecin; Beauville, mon chapelain; Ligneuil, mon dictionnaire; Tisselin, mon ministre des affaires étranges; Iltis, mon préfet de police; Talagrand, mon porte-veine; Saint-Meen, mon troubadour; Mérigneux, mon *Quoheleth* à rebours : huit et nous deux dix. — Report 6. — Seize, les seize, au moins nous ne plagions pas Balzac. Point d'objection, mon conseiller intime. Une fois... deux fois... adjugé à la Nine ! » et elle lança ses mules au plafond dans un mouvement qui montra ses jambes.

Lorsque Milady Astor revint de Killiet, son premier soin avait été de se chercher un hôtel. Elle acheta pour un demi-million celui que l'Américain Clyston avait donné à Emma Lytt, cette Renée Mauperin du vice, morte d'une façon si inexplicable.

A l'instigation de Gadagne elle fit du rez-de-chaussée, un portique au figuré où s'attablèrent pendant un temps toutes les nuits, une clique de déclassés : réédition de la salle rouge de la rue des Dames, où un vin chaud perpétuel arrosait des paradoxes à faire tomber la foudre.

Elle avait eu la curiosité des gens célèbres, mais dès l'abord, elle les avait trouvés si inférieurs à leur œuvre, qu'elle se rabattit sur l'élite intellectuelle des avortés, ces singes qui seuls montrent vraiment, la lanterne magique de l'Esprit.

En dehors des musiciens que l'on joue, des auteurs qui s'impriment, des artistes qui exposent, il y a le monde des inédits, devant qui la notoriété s'est dérobée ou qui se sont dérobés à l'effort : romanciers qui ont squarante ans et pas d'éditeurs, peintres connus de seuls juifs, musiciens qui ont besoin de dix mille exécutants, philosophes compétentement fous, savants dont l'érudition est un habit d'Arlequin ; et puis, et surtout, des êtres sans rubrique possible, sur lesquels aucune étiquette ne va, boulevardiers de la pensée qui traînent comme une savate leur conception ; la cour des Miracles du cerveau.

Presque tous ont pris leur parti, une marotte et le moyen d'un *minimum ;* les autres gardent une rancune huguenote aux hommes, aux choses et à eux-mêmes. Profondément trempés dans les Styx du mal, retour du vice et peut-être du crime, ils n'ont plus de sensible que l'orgueil, cet éternel talon d'Achille, où le calus ne pousse que sous l'effort mystique. Ils ont aimé à en mourir, un péché, une idée, une femme, un art, un rêve, et ils n'en sont pas morts : Rêveurs entêtés des impossibles, et cloués au « bêbette » de la vie ; jeûnant de tout, nés pour être, n'étant pas. A l'un, la santé ; à l'autre le pain, ou une vertu, ou un vice ; à tous a manqué ce levier qui hausse le vouloir à l'acte et la conception à l'œuvre. Des passions honteuses souvent, excessives toujours, ont été les chancres de leur virtualité.

Avortement d'une entité, krack d'un destin, ces grognards de la décadence latine se sont dévirilisés aux griffes des sphinx dont ils ne savaient pas les énigmes en les affrontant. Mutilés, un prestige mauvais leur reste de tous les Waterloo où la Force a encloué leurs illusions et dispersé leurs rêves. De ces ardeurs étouffées, de ces élans arrêtés, de ces ailes coupées, de ces esprits tournés à l'aigre, de ces pensées tournées au mal, sort une Poésie singulière de Manfred, sans glacier. Ignorant les lois métaphysiques, et privés de la volonté qui intuitivement s'en empare, ils ont plus manqué aux circonstances qu'elles ne leur ont manqué ; ces hommes sans œuvre, parlent comme le génie exécute, c'est la vie même et ses fortuites qui timbrent leurs pensées de ce prestige des explorateurs aux pays étranges ; ils racontent, en effet, l'inconnu de leur âme mauvaise, revenus de l'enfer plus démons que damnés.

Au contact intellectuel de ces chenapans spéculatifs qui n'aiment du mal que ses abstractions et ses théories, Milady Astor s'éprit du verbe pervers.

L'esthétique du mal, ce vice surnaturel dont l'apparition sonne le glas des décadences, la séduisit et développa en elle-même ce que l'Eglise appelle l'Esprit de Malice.

Qu'on nie Satan! La Sorcellerie a toujours des sorciers, non plus des bergers noueurs d'aiguillettes, envoûteurs de fermiers et jeteurs de sort aux bestiaux ; mais des esprits supérieurs qui n'ont pas besoin de grimoire, leur pensée étant une page écrite par l'enfer, pour l'enfer. Au lieu du chevreau ils ont tué en eux l'âme bonne et vont au sabbat du Verbe. Ils s'assemblent pour profaner et souiller l'idée. Le vice qui est, ne leur suffit pas, ils inventent, ils s'émulent dans la recherche du *Mal Nouveau*, et s'ils le trouvent, s'applaudissent. Où est la pire, de la Sabazie du corps ou de celle de l'esprit. de l'action criminelle ou de la pensée perverse ?

Raisonner, justifier, héroïser le mal, en établir le rituel, en démontrer l'excellence, est-ce pas pis que le commettre ? Adorer le démon ou aimer le mal, terme abstrait ou concret du fait identique. Il y a de l'aveuglement dans la satisfaction de l'instinct, et de la démence dans la perpétration du méfait, mais concevoir et théoriser exigent une opération calme de l'esprit, qui est le *Vice Suprême*.

Admettre l'erreur philosophique, n'est-ce pas faire du blasphème son acte de foi? N'est-ce pas dire la Messe Noire?

Milady Astor avait eu quelque peine à former un zain pervers de bonne compagnie et que le prince ût accepter. Greaulx, Malaucène et Vertaizon furent liminés pour leur manque de gants, au figuré. Quoique entiché d'idées nobiliaires, Courtenay préféra cette société étrange aux ennuyeuses gens de son monde;

d'autant qu'il était flatté du respect réel ou feint que lui témoignaient ces prêtres de l'irrespect. Quand la Nine les avait avertis de leur amphitryon ; Talagrand avait répondu : « j'aime autant dire « Altesse » que « ma vieille. » Cela leur plut tout de suite de reconnaître dans l'intimité uu roi, que régnant ils auraient sifflé. Ils l'appelèrent « Sire. » Etonné d'abord, le prince leur fut reconnaissant de cette couronne idéale, qui, comme une belle chose, n'existait pas.

— « Esprits évangéliques ! notre orgie sera dominicale ! » avait dit la Nine.

Singulier fut le soir de la présentation. Le prince craignait de s'encanailler avec les neufs habits noirs, graves et ironiques, et pour leur faire sentir la tenue qu'il exigeait d'eux, il les gratifia de ce « de » qu'on regarde en France comme un titre.

La Nine nommait ; Courtenay phrasait un accueil préparé ; le dominical, après un salut, faisait une passade, comme au théâtre.

— « M. Gadagne, mon Père Spirituel, » disait la Nine.

— « M. *de* Gadagne, » faisait le prince, « la présentation est inutile pour vous, ne suis-je pas votre obligé ? »

— « M. Erlon, mon peintre ordinaire qui ne l'est pas ! »

— « M. *d*'Erlon, j'ai pris de vos œuvres pour des Rops, c'est le plus que je puisse dire. »

— « M. Pouancé, mon docteur. »

— « M. *de* Pouancé, vous êtes le médecin des grâces ; ne soigner que la beauté, c'est plus que de la science, de l'esthétique. »

— « M. Beauville, dit l'inconscient. »

— « M. *de* Beauville, le sophisme, cette faculté de rendre vrai le faux, prouve en vous l'âme libre et immortelle. »

— « Monsieur Ligneuil, mon dictionnaire. »

— « M. *de* Ligneuil, n'est-ce pas encyclopédic qu'il faudrait dire ? »

— « Ils sont tous nobles ? » demanda de Quéant à Mérigneux.

— « Aucun, » répondit-il, « il les ennoblit pour frayer avec eux, sans déchoir. »

La présentation continuait·

— « Monsieur Tisselin, Machiavel II. »

— « Monsieur *de* Tisselin, je voudrais bien avoir besoin de vous. »

— « Monsieur Saint-Meen, mon poète extraordinaire. »

— « Monsieur *de* Saint-Meen, vous avez fait pleurer l'orgie, c'est la réhabiliter. »

— « Monsieur Talagrand, mon porte-veine. »

— « Monsieur *de* Talagrand, être talismanique, c'est être à choyer. »

— « Monsieur Rudenty, mon hydre de la Révolution. »

— « Monsieur *de* Rudenty, nous changerons l'hydre en hydrie, n'est-ce pas ? »

— « Monsieur Iltis, seigneur des Beaux, de Bachaumont et autres lieux.

— « Monsieur *d'*Iltis, notre échotier, alors ? »

Maintenant fit la Nine et désignant aux neuf personnages, ceux groupés près du prince :

— « M. Mérodack, sphinx de son état ; M. de Quéant qui fait mieux les préfaces que M. Nodier et qui en fait plus que Sainte-Beuve, mais dans le sens de « nous ne lûmes pas plus avant ce jour-là ; » M. le duc de Nîmes, pervers par vocation, vertueux par disgrâce de Dieu ; M. Cadenet, musicien obscène ; M. Antar, sculpteur anti-physique malgré lui ; M. Mérigneux *As you like it...* »

On s'assit, les seize habits noirs se replièrent dans les seize fauteuils bleus.

La Nine éclata d'un rire qui la travaillait depuis un moment.

— « Vous n'avez pas l'air de Robert de Courtenay,

Sire, mais de Robert, chef de brigands, à l'époque de Rocambole. »

Un sourire aigu fit le tour du salon.

— « Mais, » hasarda Rudenty et sa voix forte sembla un vacarme dans le silence coupé de craquements de bottines, et de plastrons qui gondolent et qu'on tape, « mais, le duc de Valentinois était un chef de brigands ; »

— « Mandrin et Cartouche ne sont point vulgaires, » hasarda Ligneuil. Peu à peu ils sortaient leurs idées comme des lames du fourreau, et quand on annonça que son Altesse était servie, ils avaient déjà bouleversé le duc de Nîmes. Jusqu'au dessert, il y eut quelque gêne.

— « Les fluides se pénètrent, » dit Mérodack. A trois heures du matin, l'ivresse du paradoxe avait fêlé tous les jugements. Talagrand parlait en vers à sa corde de pendu. Le duc de Nîmes, qui n'arrivait pas à se griser, ramenait à chaque instant, son jugement qui lui échappait.

Le prince se plut vite dans son étrange cour ; il y avait deux ans que le dîner dominical avait lieu et une intimité faite de mésestime mutuelle s'était établie.

Tous ces êtres, trop supérieurs pour ne pas percer réciproquement leur cuirasse, d'un accord tacite avaient désarmé.

On eût dit des tigres, rentrant leurs griffes pour jouer entre eux.

— « Laissons notre fiel à la porte, » avait dit Beauville, « nous le reprendrons en sortant. »

Le prince et la Nine, Antar et Cadenet étaient trop en vue, pour qu'on ne jasât pas sur ces réunions. Beaucoup tentèrent d'y être admis, unanimement, on refusa: un dix-septième convive eût peut-être rompu la chaîne sympathique.

Une légende se forma ; pour un peu, on les eût accusés de manger des petits enfants nouveau-nés au dessert. Ils n'en avaient cure ; sans mot d'ordre une solidarité les liait plus qu'ils ne croyaient eux-mêmes.

— « Nous nous sommes mis seize hommes, » disait un soir Gadagne.

— « Eh ! je suis une femme, » réclama la Nine.

— « Quinze hommes et une androgyne, » reprit-il, « pour tuer le temps un soir par semaine et nous y arrivons. »

— « Et dire, » concluait Talagrand, « que les races futures qui seront plus ennuyées que nous, étant plus vieillies, n'auront pas ce courageux exemple consigné par écrit, et qui mériterait d'être chanté en vers Banvillesque, avec des rimes de platine, l'or étant un métal tombé dans le commun. »

Satisfaite d'être la première hétaïre de Paris, la Nine consolait le prince de ses ambitions déçues, en jouant la sujette même au lit, lui prodiguant les plus serviles voluptés, exultant enfin son orgueil par une admirable comédie de Lavallière dépravée.

XXVII

L'ORGIE

Tous les dominicaux étaient arrivés ; à la vue de Marestan qui venait derrière Mérodack, ils s'entreregardèrent étonnés. Amener un dix-septième convive, le prince lui-même eût hésité à l'oser.

— « Sire, Milady, Messeigneurs, je vous présente mon ami Marestan, poète provençal que j'aime. J'ai pensé que pour qu'il eût de tout ici, il y fallait quelqu'un de pur. »

— « Merci pour le duc de Nîmes, seulement, » fit le prince.

— « Qui prétend ici au brassard blanc des communiants ? »

— « On ne refuse rien aux mages ; monsieur Marestan, vous êtes des nôtres, » déclara Courtenay.

Marestan remercia :

— « Je n'eusse jamais osé... C'est Mérodack qui a voulu. »

— « Vouloir c'est sa science, » dit Tisselin.

— « Celle qui vous manque, monsieur de San Casciano ! Aujourd'hui le bien et le mal ne se font plus, ils se parlent. L'action est morte. »

— « On écrit trop pour agir, » remarqua Beauville.

— « *Tace*, » dit Mérodack, « un livre, une fresque sont des actions qui durent toujours, puisque dans mille ans elles détermineront des actes. Plutarque est le manche du couteau de Charlotte Corday. »

— « Je l'aime cette femme, » interrompit la Nine.

— « Je la blâme, » dit Pouancé, « elle a encanaillé le couteau. Pour Marat, l'acier est trop noble, la corde trop digne, le coup de poing trop honorifique ; il ne méritait pas même le maillet de l'équarrisseur. »

La Nine en habit noir, la tête rase semblait la Diotama de Platon, modernisée par Rops.

— « Vous marchez comme Hérodiade dansait, » lui dit Saint-Meen en sortant du salon.

La salle à manger tendue de Gobelins, meublée de bahuts Renaissance chargés de majoliques, était presque sévère d'aspect, avec ses seize fauteuils à haut dossier, tous semblables et rendus plus significatifs par le siège disparate ajouté pour le nouveau dominical.

— « Premier service, » lui disait Mérodack, « tu vas entendre le chiffonnier du vice parisien. »

Iltis avait dans sa maigreur l'élancement phonétique de son nom. Certains doigts de sa main étaient fuseautés comme ceux des diplomates et des espions ; les autres d'une spatule active qui le faisait continuellement pétrir une boulette de pain ou jouer avec son couvert. Nul souci d'art, de poésie, de la fin de l'homme et de la sienne, mais le génie et la manie de l'observation. Sa vie se passait à fouiller celle des autres, heureux de découvrir du satanique et du sans nom. Flore et Faune du mal étaient les seules sciences dont il eût souci. Sans fortune, il vivait à l'aise par divers moyens. Deux fois la semaine il racontait du de Sade à de vieux magistrats et vendait aux échotiers des informations sans initiales, d'une discrétion de prêtre quant aux personnes. Quand on touchait à la chronique scandaleuse devant lui, son sourire faisait dire à M. de Narsannes : « Il tient donc toutes les chandelles de France. » Pour lui surtout, le souper dominical était un bonheur. Chaque dimanche soir, sur la nappe étincelante de cristaux, il vidait sa hottée d'ordures, choisissant les plus infâmes. Sa voix, d'une stridence aiguë, avec des éclats de cristal heurté faisait un bris de vitres quand il riait.

— « Or sus, monsieur le dispensateur des documents humains, êtes-vous bredouille, cette fois? »

— « Videz la hotte. »

— « Elle est pleine toujours, » commença Iltis, « si pleine que je me demande si la vertu n'est pas quelque chose d'antiphysique, un rêve de poète religieux, une clownerie au moral, que quelques Auriols de la perfection chrétienne ont réalisé, mais qui est impossible à la généralité. Dogmes et morales sont-ce pas du Charenton sublime?... Figurez-vous un prophète, un pape qui vous dit : « Soyez tous beaux. » « Mais, crie-t-on, — je suis bancal! — moi, cul-de-jatte! — moi, brèche-dent! » Le pape impassible reprend : « Soyez tous beaux ; vous le serez en vous livrant à l'orthopédie mystique. » — Vous riez? Cependant la religion ne commande-t-elle pas d'être des Apollons et des Vénus, des Apollons de charité, de tempérance ; des Vénus de chasteté, de bonté... Exiger la beauté morale, n'est-ce pas aussi fou qu'exiger la beauté physique? Voici un paillard, un assassin, un voleur, un athée ; et on leur ordonne la continence, la charité, le désintéressement et la foi. C'est beau... de folie. Ma profession de foi est nette : l'homme a besoin de mal faire, donc il y a droit ! La conformation de l'âme est plus irréductible encore que celle du corps. L'esprit pervers et le nez à la Roxelane resteront tels... J'analyse devant les faits et je conclus à l'irresponsabilité absolue de l'homme, du tigre et de la femme. La vertu, c'est de l'artificiel, du contre-nature, une fantaisie de la civilisation. Allez parler vertu aux sauvages! ils ont le courage par besoin. La bonté est aussi peu exigible que la beauté. Je déclare, au nom de l'étude passionnelle, que l'instinct est la loi, le mal, l'essence organique, le besoin et partant le droit de l'humanité. »

— « C'est monstrueux ! monsieur, » s'écria Marestan. Mérodack l'arrêta d'un mot ironique :

— « Tu as voulu pénétrer ici, subis-en l'opprobre... »

— « Écoutez ce cours d'immorale, » monsieur Marestan, disait la Nine.

— « Vous me faites suer... des Républiques, » continuait Iltis. « Messieurs de la responsabilité passionnelle, voici un fait : Un jeune homme beau, riche, noble disparaît. On le retrouve deux mois après... dans un garni de l'île Saint-Louis avec un garçon boucher qui le battait et il n'a réintégré son hôtel des Champs-Elysées qu'avec le garçon boucher. »

— « Quel beau sujet naturaliste, » fit Ligneuil railleur

— « Ce n'est pas du vice, mais de la pathologie, une lésion de l'encéphale, » dit Pouancé.

— « Donc, irresponsabilité, et croyez-vous, » s'écria Iltis, « que toutes les passions soient autre chose que des cas morbides? N'avez-vous pas entendu parler de ce conseiller aulique d'Autriche-Hongrie qui mit cette annonce dans un grand journal de là-bas : « Un riche et bel étranger offre aux jeunes filles nobles les plaisirs les plus pervers, sans danger de grossesse. » La police, trois jours après, va retirer à la poste, aux initiales indiquées, quatre-vingts lettres de jeunes filles à grand nom. Ces vierges étaient-elles responsables ?... »

— « Vierges, » interrompit la Nine, « comprendre l'annonce c'était l'avouer pratiquée déjà. »

— « Les Kaldéens ont compté six cent treize fonctions physiques dont l'équilibre est nécessaire à la vie... » disait Pouancé qu'Iltis interrompit.

— « Je sais où a lieu le sabbat. Elles sont trois, deux grandes dames, une chanteuse de café-concert, à un quatrième vitré et tendu de rouge... Toutes nues à cheval sur des balais, elles chevauchent silencieusement, en rond de manège. Dans un brasero fument des pastilles du sérail. Elles se frappent à tour de bras, plus bas que les épaules, pour que les meurtrissures ne les empêchent pas de se décolleter. Puis elles luttent à se faire des pinces, des griffées, des morsures au sang... Mérodack qui va au sabbat vous dira le reste. »

— « Le reste, » supplia la Nine.

— « En hébreu, si vous voulez. »

Iltis continuait d'égrener les turpitudes de la semaine.

— « Vous la connaissez, Sire, cette chercheuse qui a fait l'étonnante chose que je vais dire : Depuis six ans, elle n'a pas été à son mari qui en est fou, au point que voici : par grâce, il a obtenu de coucher dans le cabinet de toilette ; les lits sont contre la même cloison, une cloison de cinq centimètres. Un soir, elle rentre avec un être quelconque, qu'elle croit son idéal pour une nuit ; le bien-aimé de douze heures, comme dit Cadenet. Elle force son mari à venir prendre le thé avec l'amant ; puis, elle le renvoie. Tous trois se couchent. La cloison est si mince, que les respirations même s'entendent ! Où est le poète qui écrira la nuit du mari ? »

— « C'est la dame au hennin que tu as vue au bal, » dit Mérodack à Marestan hébété.

Iltis continuait son rôle de gargouille, crachant les ignominies récentes.

— « Une matière à ode : Saint-Meen, le charme du sacrilège, poème extra-pervers. »

— « Un dominicain mauvais est trouvé bon ; il revient en civil, on le reçoit comme un créancier ; il s'en étonne et l'on déclare que c'est la robe qui habille le péché. »

— « Je me figure, » dit la Nine, « la même femme avec un chevalier allant au tournoi ; cela n'eût pas été commode. »

— « Eh bien ! Iltis, vous vous taisez. Paris s'amende-t-il et la qualité du péché diminue-t-elle la quantité ? »

— « Elle y est ; seulement je garde la coprophagie pour le dessert. »

— « Deuxième service, » expliquait Mérodack à Marestan. « Voici venir la politique, regarde cette gueule d'Erasme mauvais : c'est Tisselin-Machiavel. »

— « On allume le peuple ! » concluait Beauville à une lamentation du prince sur les journaux rouges.

— « Et, » observait Pouancé, « comme toute excitation veut une dépression, il détend son système nerveux sur l'édifice social. »

— « Où est la hiérarchie ? bon Dieu ! » murmurait Ligneuil à l'oreille de Talagrand, « un prince, presque un roi, qui cause camaradement, avec un tribun. »

— « C'est que ce tribun, » répondit Talagrand, « est seul de nous tous, prêt à se faire couper la gorge pour le prince ; écoute comme le mot « Sire » lui sucre les lèvres. »

— « Mais, Sire, » faisait Rudenty, « Belleville n'a été qu'un marchepied pour me hisser au pouvoir ; j'ai eu le tort de me rendre impossible pour une réaction et... »

— « Pourquoi, » demanda le prince, « continuez-vous à leur débiter du Danton ? »

— « Parce que j'ai besoin de commander, de manier des esprits, d'emballer des masses à ma voix. Le pouvoir, voilà mon désir et mon vice. J'ai encore à cette heure dans la main les douze cents plus fières canailles qui soient de Charonne à Grenelle : en temps de trouble, c'est la bande d'un coup de main hardi ; en temps ordinaire, la faculté de me promener à toute heure impunément le long du canal Saint-Martin. Seulement, ceux qui plaignent les courtisans de Louis XIV ne savent pas ce que subit un courtisan du peuple. »

— « Avec un roi, » dit Quéant, « on sait à qui plaire et à qui s'en prendre. Ce n'est qu'un homme à étudier dans ses manies et dans ses vices ; on finit par savoir en jouer comme Tulou ou Génin de la flûte. »

— « Si j'étais Sire en vérité, » demanda le prince à Rudenty, « je vous aurais donc pour adversaire ? »

— « Moi, Sire, je leur montrerais, à mes brutes, si mon dos fait beaucoup d'ombre quand je cours. Franchement, mon grand désir de démocrate serait d'être duc ; toutes les supériorités du parti anarchiste ne demandent qu'à entrer dans la hiérarchie, par le haut. »

— « La cause du peuple ne vaut-elle pas qu'on l'épouse ? »

— « Il est malheureux, donc intéressant ; mais je ne l'ai jamais envisagé que comme un instrument. »

— « Je crois, » dit Courtenay, « que le peuple ne peut rien pour lui-même. Il faut qu'on lui fasse du bien malgré lui ; c'est un enfant qui ne sait pas tenir le pouvoir : il en fait un joujou qu'il casse ou une arme avec laquelle il se blesse. M. Guizot avait raison : Rien par le peuple. »

— « Qui a lu la morale civique ? » demanda Gadagne ironique.

Il y eut un silence de dédain.

— « Cet escarbot vivisecteur, » prononça Mérodack, « ne sait donc pas que tout le parti du passé, le seul à qui appartienne l'avenir, traitera ses idées comme des murs. Quand l'athéisme est au pouvoir, il faut prêcher la ligue sainte ; et le temps est proche de la double croix et du mousquet catholique ! »

— « Frondes et Révolutions, bravo ! » s'exclama Saint-Meen. « J'aime le désordre dans ma chambre, dans mes idées et dans mon pays. Je suis anarchiste de tempérament, et vous Erlon ! »

— « Moi, quand les tableaux brûlent, je vois rouge. »

— « L'art, c'est toute votre vertu. »

— « Mais je l'ai bien. Mes polissonneries ne me cachent pas Raphaël et je me ferais tuer à une porte du salon carré. »

— « Bien dit, » approuva Mérodack. « La vie des chefs-d'œuvre a plus de prix que celle des hommes. Le chef-d'œuvre prouve l'âme et reflète Dieu. »

— « Pauvre France ! » faisait Courtenay à une observation de Mérigneux.

— « Oh ! » commença Tisselin, « depuis la grande bévue de 1870-71, on n'a fait que s'embourber : on s'est laissé conduire par de petits Catilinas ou par des gâteux. Rien ne stagne comme l'honnêteté : les vertus sommeillent, tandis que les vices agissent... En politique il faut primement jeter par-dessus bord les ingénus et les phraseurs, les hommes à principes et les hommes à pathos, les pédants et les avocats... »

— « Vous n'êtes pas pratique, » interrompit le prince.

— « Je ne suis que cela. Je n'admets aucun principe... Il y a des intérêts individuels qui entraînent des intérêts collectifs, voilà tout... Rodin est d'un bel enseignement... Je vous l'ai déjà dit, Sire... les faits collectifs n'existent que pour les manuels du baccalauréat... Un événement c'est un homme, ou deux, ou trois, mais cela s'incarne toujours. La seule incarnation multiple est le Serment du jeu de Paume. Eh bien ! Carlysle a démontré qu'on pouvait tuer en quelques minutes cet événement. Les portes des écuries de Marie-Antoinette faisaient face à celles du Jeu de Paume ; il y avait des canons dans les cours ! Les rouler, les charger, bombarder la Constituante avant qu'elle fût constituée et la Révolution avortait ; les têtes coupées, on avait le temps de couper les bras... Six zéros, c'est néant, mettez un devant, vous avez un million... En politique, comme en arithmétique, l'unité est tout et ôtez l'individu l'événement n'a plus lieu. Qu'est-ce, le premier empire ?.. Bonaparte. Au lieu de soldats contre son armée, il fallait envoyer des assassins contre sa personne... Vingt coups de poignards à travers l'histoire universelle..., elle est changée. »

— « Appliquez donc cette théorie à 1870? »

— « Très simple... Trois suppressions : MM. de Bismarck, de Moltke, Guillaume. S'il était question de revanche, je prêcherais la guerre de l'assassinat, la seule qui sache qui elle frappe. Karlemagne avait institué la Sainte-Vehme... »

— « Voyez, que d'assassinats manqués dans l'histoire ! » observa Beauville.

— « L'assassinat est un art qu'on n'enseigne pas, mais qui peut s'apprendre. Du reste, » et il se tourna vers Pouancé, « je ne tiens pas au fer et le poison m'agrée... »

— « Odieux ! » dit simplement le prince.

— « Odieux ! de dépêcher dans l'Hadès, trois êtres qui n'ont rien à ajouter au Verbe humain et glorieux, n'est-ce pas? Quatre cent mille braves gens qui s'éventrent, sans comprendre, deux cent mille mères sans fils et femmes sans époux ! Singulière sentimentalité, plus singulier point d'honneur, d'appeler gloire et de célébrer l'homicide lorsqu'il se commet en gros. Une bataille c'est avant de la bêtise, et après de la boue ! »

— « Avez-vous vu l'armée prussienne entrer dans Paris ? » demanda Courtenay.

— « Oui, et j'ai pensé que trois poignards l'eussent empêché. »

— « Oh! quel assassinement, ce Tisselin, » déclara la Nine.

Lui, s'animant :

— « Assassiner! empoisonner! tout est là : intelligence, charité et esthétique. Ce Richelieu qui d'outre-Rhin nous guette, qu'il soit supprimé d'abord. Puis, favoriser les ferments d'anarchie que contient l'Allemagne. On a prétendu qu'Offenbach avait été envoyé par la Prusse pour déviriliser la France; c'est en l'air, mais cela exprime bien qu'avant d'attaquer un peuple, il faut le syphilitiser, sinon au propre, du moins au figuré.

« Au temps barbare, tuer un chef, ce n'était que tuer un homme. En civilisation, tuer un chef c'est tout tuer. Si j'avais un cri de guerre à pousser ce serait : « Aux poisons! aux poignards! » Et puis, je ne pousserais pas de cri, je frapperais dans le mystère, comme une *ananké*. »

— « Que dirait l'Opinion ? » interrogea le prince.

— « Quoi qu'elle dise, je lui répondrai : « doigt de Dieu. » A quoi servirait donc cette conception de génie, la Providence, sinon à endosser toutes les responsabilités dont l'homme supérieur ne veut pas. Pas d'abstrait pour la politique; un événement c'est un monsieur, le monsieur à l'ombre, l'événement y est aussi. »

— « Si l'événement a dix incarnations comme Vischnou ? »

— « Dix! » prononça Tisselin, en faisant le geste avec son couteau.

— « J'ai eu dans les mains les livres d'histoire de Tisselin ; les marges sont étoilées du signe typographique de la suppression, le monogramme de sa pensée. »

Rudenty soufflait à Talagrand :

— « Je ne veux pas le dire au prince, mais le patriotisme me semble un préjugé. Comment? je dois tenir pour ennemi l'habitant de Vintimiglia, sur un ordre... »

— « C'est une idée qui sert à l'Etat, » dit Talagrand avec une gravité narquoise.

— « L'Etat, » et Rudenty haussa ses fortes épaules. Talagrand sourit comme un chat dont on gratte la tête.

— « Que dites-vous donc, d'obscène, là-bas ? » héla la Nine.

— « Rudenty me parle du plaisir d'être soldat. »
Le tribun lui marcha sur le pied

— « Tu es bête de lever ce lièvre-là. »

— « Une chose me réconcilie avec mon sexe, » déclara la Nine, « c'est de ne pas être un esclave jusqu'à quarante ans. »

Le duc de Nîmes racontait une dépravation atroce qu'il s'attribuait, aux rires de la table.

— « Tartufe est à récrire, l'hypocrisie de la vertu a fait place à cette énormité, l'hypocrisie du vice, » remarqua Antar.

— « Ils ne me croiront que si je passe en cour d'assises, » criait le duc.

— « Pas même alors, » dit Quéant, « vous êtes condamné à une bonne réputation. »

— « J'ai laissé mon patriotisme à la caserne, » disait Rudenty.

— « Oh ! » fit le prince.

— « J'ai gardé un souvenir ineffaçable du conseil de revision, » appuya Mérodack. « Être vu, étudié dans ma nudité d'éphèbe par des gens qui ne valaient pas une minute de ma pensée, être touché, palpé... »

L'œil de la Nine brilla.

— « Vous, l'homme du devoir, vous vous rébellionnez ? »

— « Sire, les lois ne sont pas *la Loi*, et elle ne demande jamais la passivité à l'homme. J'irais emprisonner le pape ou crocheter un cloître ? Croule l'Etat plutôt que je participe à un sacrilège. »

— « J'admire, » s'écria la Nine, « que tout le monde ici mérite la hart, et notre B. Labre, Mérodack, vient de s'avouer pendable. Il n'y a plus que vous, pour représenter la vertu, monsieur Marestan. »

Le provençal rougit.

— « On s'est avisé, » dit Erlon, « que les *quattrocentisti* avaient du génie. Une dizaine de quelconques se sont fait un nom, à découvrir cette Amérique. »

— « Le Français né malin, » fit Ligneuil, « créa la critique d'art, quelque chose comme la fugue. On prend un motif, c'est-à-dire un tableau et on exécute les variations du carnaval de Venise : le sourire de la Joconde, par exemple... »

— « Elle sourit des yeux. »

— « Elle semble avoir eu des enfants, » observa la Nine.

— « Parbleu ! elle a eu de tout et trop. A nos heures, nous avons tous le sourire de la Joconde. »

— « Cependant, » interjecta Ligneuil, « nous sommes loin d'avoir eu trop de tout. »

— « Moi, j'ai manqué de tabac, » dit Talagrand. « Vous riez. Si je vous disais que j'ai manqué de pain, vous ne ririez pas. Eh bien ! une habitude est pire qu'un besoin, comme le tænia, si vous ne lui donnez pas à manger, ça vous mange. »

— « Et si, » fit Beauville, « nous avons eu de tout par la pensée ? »

— « La réalité n'est pas nécessaire à la sensation, » phrasa Gadagne ; « l'artificiel est infini et l'imagination contingente de tout. »

— « Certes, » dit Mérigneux, « dans une heure d'ici, Mérodack me paraîtra un archange démissionnaire, et le prince, Nabuchodonosor... un roi artiste. Il y a dans son cantique : « J'ai songé jour et nuit à la réédification du Palais et de la Tour. » On ignore que M. Zola est confrère de Ledrain et d'Oppert en assyriologie. Le même cantique contient ceci : « J'ai construit à la grande déesse Nana, qui donne de la joie à mes reins, un temple en bitume et en briques... »

Mérodack causait avec Ligneuil.

— « Un moment mémorable dans la destinée sémitique, c'est l'arrivée des Kasdim en Babylonie; ils sont sans épée et maintiennent les barbares : ce sont les mages... »

— « Voilà l'autre monde qui arrive. »

— « Il vaut celui-ci. »

— « Il vaut mieux, il n'existe pas. »

— « Et notre royaume alors ? »

Mérodack s'interrompit pour jeter à Talagrand :

— « Vous voilà revenu avec votre perversité à sept francs le volume, la tirade sur Néron. Néron, un artiste. Allons donc, l'artiste c'est le créateur, non le jouisseur. Néron est plus bas qu'une brute ! »

— « Renan n'est pas de votre avis. »

— « Le propre de Renan c'est de n'avoir pas d'avis, faux bonhomme, faux savant, vrai *cabotin*, il a inventé l'escarpolette de l'exégèse. *Renan le Baigneur* se balance au-dessus des hypothèses. Son oscillation en arrière vers la foi, est égale à celle qu'il vient de faire en avant vers le rationalisme Quand on ferme le livre, on s'aperçoit qu'on a été balancé, mais littérairement et pour ce, on oublie de se fâcher. Blasphémer est plus noble que ce doute doucereux. Renan est un prussien de lettres qui a trahi et livré le cerveau latin aux idées allemandes. Un véritable Perrinet Leclerc du Verbe, et qui eût forcé un gouvernement honnête à cet édit : « *Défense de faire des ordures contre l'Evangile.* »

— « Je n'ai pas de ressentiment aussi noir, » fit Gadagne, « mais je refuse le nom de philosophes à ces amateurs d'exégèses qui s'assimilent une théogonie comme un sorbet. A notre époque les cerveaux rêvent, les idées flânent, et Renan n'est que le boulevardier d'un boulevard supérieur. »

Des apartés se formaient se fondant dans la conversation générale ou s'en détachant.

— « Nous avons tous tué des mandarins !... »

— « Tisselin a un Campo Santo, à lui tout seul, et vous, docteur ? »

— « Moi, j'ai assez de mes malades. »

— « Je n'ai pas tué de mandarin, moi, » dit la Nine.

— « Ni de boyard, ni de lord ? » demanda Mérodack qui vit la Nine pâlir un peu et dit bas à Marestan :

— « Elle a un cadavre. »

— « La vertu », répondait Mérodack, à une boutade du duc de Nîmes « est aussi rare dans l'ordre moral, que le chef-d'œuvre dans l'ordre esthétique; mais de même qu'il y a plus d'œuvres moyennes que de détestables, ou d'excellentes, ainsi la plupart des gens sont-ils d'un vice ou d'une vertu mitigés. L'être purement mauvais est aussi rare que l'être exclusivement bon, et chez beaucoup, les vices et les vertus existent parallèlement. »

— « Oui », dit Marestan, « on peut être incontinent, en adorant la chasteté. »

— « Chez les politiques sanguinaires, vous trouverez toujours une pointe d'idylle. Eh bien ! le coin de bien chez les méchants, le coin de mal chez les bons est le fil d'Ariane de l'analyse passionnelle. En décadence, nul n'est simple, et il n'y a pas concordance, des idées aux actes. Mal penser et bien agir; bien agir et mal penser sont également communs. »

— « Mes seigneurs, » dit le prince, « dans quelque temps nous pourrons pasticher Sardanapale, Marcoux...

— « Marcoux, » interrompit Mérodack; « est un rêvasseur qui vous a séduit par son quiétisme monarchique. Vous perdrez ce que vous lui confierez. Oh ! je le crois probe, mais comme on ne peut appliquer au Rothschild la théorie de la suppression de Tisselin, la nouvelle France échouera, et Sire, un roi ruiné... »

— « Est condamné à mort, je le sais, » dit Courtenay; « les lis ne filent pas. »

— « Ils défilent, » souffla Gadagne à Beauville.

Mérodack remarqua le silence de la Nine sur ce sujet.

— « A mon tour » fit-elle « de vous annoncer que *l'Indifférent* passera en février à l'Opéra-Comique. »

— « C'est d'un vice à la Gomorrhe, monsieur Marestan, » dit Ligneuil.

— « Mais, » demanda la Nine, « pourquoi donc toujours Sodome et Gomorrhe, comme parangons du crime ; un exemple de ce que faisaient de si effroyable, ces villes. »

— « Un exemple, » dit Ligneuil. « Eh bien, je vous regarde ; le feu du ciel n'est pas tombé, pour autre chose. »

— « Oh ! l'affreux, » fit la Nine en riant.

— « Si nous causions femme, » insinua Talagrand.

— « Ce qui démontre combien nous sommes supérieurs, c'est que cette idée ne nous est venue qu'au dessert. »

— « La femme, » dit Mérodack, « c'est la chair : et la chair pour les races latines déjà énervées et pour l'homme de pensée c'est l'ennemi. »

— « Oh ! » protesta Saint-Meen « il n'y a pas que la femme qui soit la chair. »

— « Votre définition de la femme, Mérodack, » demanda la Nine.

— « Une allégorie est toujours une femme, qu'on représente la Perversité ou l'Agriculture, la Morale ou la Géométrie. Eh bien ! la femme n'est elle-même que l'allégorie pratique du Désir ; elle est la plus jolie forme que puisse prendre un rêve : elle est l'armature sur laquelle Dante, le bouvier, le perruquier modèlent leur idéal ; elle est le procédé unique dont le corps se sert pour matérialiser et posséder sa chimère. »

— « La femme est plus que cela, vierge et mère, » dit le prince.

— « La vierge et la mère sont d'ordre divin, Sire, on n'effeuillera jamais assez de lis à leurs pieds. Je n'ai parlé que de la femme qu'on aime, de la maîtresse qui prend dans la vie la place du devoir. Dévouée, elle peut être sublime, en acceptant son rôle providentiel et lunaire de satellite de l'homme; mais si elle veut s'égaler à lui ou primer sur lui, l'absorber enfin, elle devient odieuse et contemne Dieu et les lois de la création. »

— « Le devoir » dit Beauville, « est individuel. Jean Paul ne dit-il pas que celui de l'homme de lettres consiste à faire un volume par an? »

— « Vraiment oui, » fit Mérodack, « si je refuse le devoir de la caserne, j'en accomplis un autre, celui du Verbe. »

— « Mais, » interjecta Gadagne, « chacun devenu juge de son devoir; le sonnetiste trouvera que le sien, très auguste, est de faire des sonnets. »

— « Il aura raison; un beau sonnet de Soulary, est un rayon de gloire pour un peuple. Celui qui travaille à l'éternité de sa patrie, fait plus que d'en étendre les frontières. Défendre la France contre l'oubli des hommes et la main effaceuse du temps, c'est la plus haute façon de l'aimer et de la servir. Homère, Ictinus et Phidias ont été les grands patriotes de la Grèce, car ils lui ont conquis à jamais la mémoire humaine et c'est la seule conquête digne de la France. »

— « L'amour, l'amour moderne, c'est le dévoiement du mysticisme catholique sur la créature. »

— « L'Amour! » clama Antar; et il se tut. Il avait lancé ce mot en une exclamation si mordante, qu'elle fit le silence. Une rancune se lisait dans son regard fixé sur sa flûte à champagne. Qu'ils eussent entrevu l'enfer passionnel ou qu'ils y fussent descendus, tous étaient d'un même sentiment : des maux soufferts ou pressentis, à l'unisson une imprécation muette surgissait.

— « A tout chercheur d'impossible, la déception est due, » dit de Quéant, « nous demandons à la même femme vice et vertu, lasciveté et pudeur; nous cherchons en elle l'infini, et elle ne peut donner qu'un spasme. Il faut rétablir le gynécée et l'hétaïre, sinon nos épouses continueront à être des hétaires pour les autres et nos hétaires, nous referont, hélas, un gynécée canaille. »

— « Regarde, » disait Mérodack à Marestan. Les attitudes s'abandonnaient, on se lançait des idées à la tête, d'un bout à l'autre de la table, des idées tirées au hasard comme des billets d'un chapeau, sans cohésion et qui n'étaient que l'obsession cervicale de chacun. Les voix aiguës perlaient des trilles, les basses avaient des points d'orgue au bout des phrases. »

Courtenay écoutait distraitement quelque chose que lui racontait la Nine avec de petits rires.

— « Voilà la pire orgie, Marestan, l'orgie sans femme. Au-dessus du désordre de la table, vois le désordre des idées. »

« Le prince a de grands côtés, mais le charme qui l'englue à la Nine, est d'ordre antiphysique. Quant à elle, c'est la perversité pratique, jusques et y compris l'assassinat. Le duc de Nîmes, joue Falstaff et se barde de vices postiches, le meilleur bonhomme qui soit. Quéant a inventé un vice spécial qui consiste dans l'excitation prolongée. Cadenet a rendu lubrique l'art immatériel, la musique. Antar un obsédé de l'Androgyne. Mérigneux, dans la vie comme un critique au théâtre, ne rit ni pleure, refuserait un pas pour empêcher un crime et commettrait une bonne action qui ne le dérangerait pas. Iltis se ferait sauter si la vertu prenait Paris, c'est le stercoraire du fumier décadent, il ne s'intéresse qu'au mal et n'en fait pas. Tisselin, un Robespierre monarchique capable de la pratique de sa théorie ; Rudenty le méridional en dedans qui mettrait le feu à l'Etat, pour régner sur ses ruines. Erlon, un Cadenet peintre, avec circonstance atténuante, des lueurs de Rops. Talagrand, ce blond rêveur, accroche des beautés de premier ordre entre une ineptie et une turpitude ; vois, il s'est mis au cou sa corde, dernier collier de sa maîtresse, une empoisonneuse. Saint-Meen, le macabre de l'Aphrodisme, un Sadique, il a fait une apologie du viol en treize chants. Pouancé, excepté de mettre de l'azote dans la conversation, est capable de tout. Beauville, un athée, c'est tout dire. Gadagne, le plus doux des sceptiques, rare métaphysicien. Ligneuil, l'auteur des *Métiers Étranges*. Tiens, écoutez-le. »

— « C'est gentil, chez vous, » faisait-il à la Nine. « Vous savez les mots : on n'a pas l'air d'un dictionnaire qui s'ouvre. Car la technie m'a perdu ; je suis une victime du mot propre. Si j'avais de ces napoléons qu'on nomme des louis, ce qui prouve la légitimité des Bourbons, rien n'égalerait l'ésotérisme, l'hermétisme de mes vocables. Je rêve la vengeance par le néologisme. »

Brusquement le duc cria :

— « Ça manque de vice, ici! »

Un éclat de rire fit le tour de la table.

— « Il lui faut les orgies à femmes, des priapées. »

— « Mais, duc, des gens qui ont trop dîné, en buvant toutes sortes de vins, mis auprès de femmes décolletées et peu farouches, leur mettraient bientôt, comme disent les grisettes, « la main sur l'estomac. »

— « Ohé, la Bête, la Bête à deux dos! » chantonna la Nine.

— « Vous serez toujours vertueux, noble duc! »

— « Vertueux vous-même! Pour m'entretenir la perversité, j'ai besoin de m'isoler de votre conversation. »

— « Puisque le duc veut épouser la perfection chrétienne, demandons-lui son billet de confession. »

— « Mettons vice sur table, » dit Saint-Meen. »

— « Pauvre nappe! »

— « Elle sera blanche devant vous, Milady. »

— « Je passe le madrigal au duc. »

Celui-ci :

— « Je propose un examen de conscience public autant que général, comme font les trappistes, et je commence. »

— « Qu'on le bâillonne !... Demain nous écouterions encore. »

Ils étaient gris, d'une griserie nerveuse et lucide, et plus de pensées que de vins.

Cette idée d'examen de conscience leur plut.

— « Qu'on énumère les vices. Ceux qui les auront lèveront leur couteau. »

— « Cela fatiguerait trop le bras. Nous le lèverons pour protester seulement. »

— « Mérodack est nommé Grand Inquisiteur près des Seize, » proclama le prince.

Le mage eut un sourire de contentement ironique, en acceptant ce droit de les fouailler.

— « Récitez les litanies du péché... »

— « Placez-nous dans les neuf cercles... »

Toute cette mauvaise compagnie s'amusait fort.

— « Incontinents, vous l'êtes tous, » commença Mérodack en prenant les trois divisions du péché, de Dante.

Iltis leva son couteau.

— « Vous jouissez du vice parisien tout entier, sans en avoir la fatigue et l'écœurement qui suit les actes. »

— « Vous êtes tous malicieux. »

Marestan leva son couteau.

— « Toi, c'est vrai, j'oubliais ta présence. »

— « Vous êtes tous brutaux. »

La Nine réclama.

— « Vous oubliez votre mandarin, » dit Merodack, en allusion au trouble où ce sujet avait jeté la Nine qui pâlit, cette fois plus encore, en voyant le mage deviner l'assassinat sadique de lord Astor.

— « Suivons Dante en enfer, en vous-même. Cet ouragan de cris confus qui roule un simoun d'imprécations, ce sont ceux qui n'ont fait ni le bien, ni le mal, les indifférents, Mérigneux et les bourgeois ! La miséricorde, ni la justice ne veut de ces végétatifs humains qui seront des larves pendant l'éternité. Vous qui écrivez,

Ligneuil, dites bien du haut du livre comme d'une chaire, que l'inertie est le péché irrémissible. Voyez ces anges qui ne prirent parti ni pour ni contre Dieu Voyez ce roi que piquent des taons, car au lieu de mourir pour son droit, il a couvert son gâtisme du manteau mystique! Gadagne, Beauville, vous n'avez pas droit au premier cercle, ni au château de lumière des païens qui ont cherché la vérité. Mais je vous vois tous dans le tourbillon vertigineux des charnels, esclaves de la sexualité... »

— « Vous nous damnez avec un plaisir » interrompit Courtenay « qui me rappelle ce Caron de Michel-Ange donnant de si furieux coups d'aviron aux damnés. »

— « Mais » fit Saint-Meen, « il y a des charnels, hors de la sexualité. »

— « La pédérastie » dit Beauville.

— « Je proteste, » fit le prince.

La Nine eut un sourire en dedans.

— « Votre enfer est rococo, » lança Rudenty.

Mérodack gravement continuait, s'animant.

— « Ne sentez-vous pas sur vos épaules, la pluie lourde du troisième cercle, vous qui avez fait de vos sens des idoles voraces d'ignobles offrandes. Vos bouches faites pour la prière qui élève et le verbe qui magnifie Dieu, ont fourragé des baisers de boucs sur les lèvres infâmes. Vos lèvres, à vous, au lieu de l'Eucharistie, ne connaissent que l'hostie sacrilège, Coprophages! qui ne savez que la parole qui blasphème et le baiser qui pue. »

Peu à peu, Mérodack se prenait lui-même à la terreur de son évocation qui tenait les seize muets et étonnés.

— « Vous êtes dans le quatrième cercle, Prince! Rudenty! vous tous qui avez poursuivi les vanités de la gloire, et les hochets de l'ambition se sont changés en rochers que vous poussez sur vos émules et que vos émules poussent sur vous! »

— « Au cinquième cercle, le marais fétide vous attend, Quéant! Ligneuil! qui n'avez eu de colère que pour les obstacles à vos vices et non contre le mal. Vous, esprits lâches, volontés sans effort qui avez eu la paresse du bien vous croupirez dans cette vase moins fétide que le croupissement de votre vie. Beauville ! Pouancé ! mauvais penseurs du blasphème, vous êtes couchés dans vos doctrines de mort, sépulcres où vous suffoquez empesté par votre verbe. Les trois gouffres de la violence vous réclament, car vous avez violenté le prochain Saint-Meen ! vous vous êtes fait violence à vous-même duc de Nîmes ! pour tuer votre sens moral ! Sodomites, vous courrez ridiculement sur un sable de feu. Blasphémateurs qui avez nié l'évidence, vous serez couchés sur du feu et une pluie glacée gèlera votre face. Séducteurs, vous serez flagellés ; flatteurs, vous serez plongés dans l'égout de vos paroles ! Sorciers qui avez écrit le nom de Jéhovah à rebours, vous marcherez éternellement à reculons ; calomniateurs, la lèpre de vos discours s'attachera à votre peau et y fleurira affreusement ! »

— « Fantasmagorie ! » s'écria Beauville agacé. « Le Mal emporte le monde sur ses ailes noires ; le mal est le centre planétaire de l'homme, à l'attraction invincible. Le Mal est Dieu puisqu'il règne ! le Mal est Dieu puisqu'il est tout-puissant ! le Mal est Dieu puisqu'il est impuni ! »

Un silence profond acquiesça à ce fougueux blasphème, et tous les yeux convergèrent vers Mérodack qui se leva, méduséen et d'une voix âpre comme un nabi confondant les faux prophètes.

— « Au nom de la Magie, science des lois de l'âme, je vous dis ceci : la justice règne sur le monde, rien n'est impuni, car l'enfer est dans le criminel. Soyez-en juges. Beauville ? Est-ce que le blasphème n'est pas une suffocation de l'esprit ? Pourquoi ce continuel froncement des cils, et ce rictus souffrant des lèvres ? Me direz-vous que votre pensée est paisible et que vous êtes heureux ? Bas le masque, vos négations vous torturent, je vous défie de le nier ! »

« Gadagne? d'où vient que votre étude des philosophies est si fiévreuse, que vous courez d'un livre à l'autre, et cette tristesse du regard, est-ce la joyeuseté de votre âme qui transparaît? Vous avez contre vous, sur vous, la Tradition, le Verbe de tous les siècles qui vous réprouve. »

« Ligneuil? est-ce que les impuretés de votre œuvre ne vous hantent pas? vous n'étiez pas débauché avant vos livres, ils ont vengé la morale sur vous. »

« Vous savez ce que c'est que l'obsession, Antar? vous que le fantôme de l'androgyne poursuit. »

« Rudenty? votre égoïsme d'ambition vous ronge, vous qui croyez à la félicité des égoïstes, le bonheur appartient aux dévoués. »

« Tisselin? les assassinats de pensée ne produisent-ils jamais d'hallucinations sanglantes? Dites-nous, Erlon? vos cauchemars érotiques? Dites-nous, Cadenet si vous n'êtes pas en proie aux mauvais désirs qui éclosent à votre musique de faune. »

« Quéant? comment se paye l'invention d'un vice! Saint-Meen, Talagrand? niez l'ennui morne de votre vie mauvaise. Duc? est-ce délectation de s'efforcer au mal? Ce calme que vous cherchez, Mérigneux? l'avez-vous? Iltis? vous m'avez avoué que votre satyriasis d'observation malsaine vous révolutionnait le système nerveux. Vous-même, Milady? ne voyez-vous jamais de fantôme? »

« Ah! je ne voudrais pas de votre vie d'enfer, Crotoniates qui avez plongé quelque chose de vous-même dans la gueule d'un vice; vous mourrez de ce vice, non pas en un jour, mais tous les jours d'une vie peut-être longue! Inviolable, la loi métaphysique vous enserre et nul être n'y échappe. Vous vous flattez d'avoir tué le remords; mais, ignares! le remords est un fait physique. Comment, mes raisonneurs! Dieu aurait mis à côté de la faute du corps, la punition de la maladie et il aurait laissé le crime de l'Esprit sans châtiment? Je vous le proclame; l'obsession est la Norme qui venge Dieu, et vous êtes tous des obsédés, Pervers ! des possédés, Malins ! »

— « Si vous disiez « nous » au moins, » fit le prince.

— « Moi, » s'écria Mérodack, « pour m'être complu au verbe du Mal, j'arriverai peut-être à le faire ! »

Un « amen » formidable éclata.

— « Le café est servi » dit la Nine en se levant.

XXVIII

ÉTRANGE CONVERSATION

La princesse va et vient à pas félins dans le boudoir tendu de satin jaune impérial, volé au Palais d'Été par les troupes vandales du maréchal de Palikao, ce Hun. Son peignoir cerise est montant, mais sur les seins, par d'étroits losanges, des tranches de chair paraissent. Les manches, fendues à l'épaule, laissent le bras nu; nus aussi ses pieds chaussés de sandales franciscaines. Tantôt la soie adhère aux formes comme mouillée ; tantôt elle les rend incertaines et changeantes. On sent sous la mince étoffe, la femme toute nue.

Mérodack doit venir donner la consultation magique en échange de l'expulsion du marquis de Donnereux.

La rencontre d'un être supérieur aux entraînements sexuels, qui écartait sans effort les enchantements féminins, avait été pour Leonora un étonnement qui durait. Elle s'était crue unique dans sa continence (car l'orgueil qui est un aveuglement est aussi une naïveté) et voilà que surgissait quelqu'un qu'elle ne pouvait englober dans son mépris de l'homme. A peine se l'avouait-elle ; mais à le tenter, elle avait été prise de tentation, l'aiguillon de chair qu'elle dirigeait contre lui l'avait piquée elle-même ; cette fois, cette seule fois, un homme lui avait donné des désirs, un homme auquel, elle n'avait pu en donner.

Cette force qui lui avait paralysé le bras et rivé la main à la garde de l'épée : mystère ! cette prédiction qu'elle aimerait un prêtre ! ces « six ailes », ce titre de mage : mystère ! Mystère surtout cette impeccabilité des sens !

Elle avait songé à se faire assister de Sarkis dans cet entretien, espérant que la science du grec expliquerait celle du sémite. Plus vaine encore que curieuse, le tête-à-tête lui offrait l'espoir d'éveiller la Bête en ce jeune homme ; indicible satisfaction que pouvoir mépriser, qui a étonné, en une revanche circéenne.

Quand Mérodack parut, elle ne reconnut pas tout de suite le Méphistophel rêveur du bal : c'était la même tête assyrienne aux cheveux lourds, le regard noir, les lèvres rouges, mais un veston de quakre s'encadrait d'un mac-farlane à bordure élimée ; sur les souliers fins, de larges éclaboussures, des gants aciérés d'usage, un chapeau mou à coiffe ancienne. Tout cela, la princesse le vit en un clin d'œil et aussi l'abîme que la hiérarchie sociale mettait entre eux. En dépit de sa supériorité, cette visite crottée la choqua ; le dédain du monde qui ressortait de cette toilette incorrecte l'indisposa et Mérodack comprit le regard enveloppant qu'elle lui jeta.

— « Mon mac-farlane sera donc le linceul de votre curiosité ? Soit ! je venais payer une dette, vous me donnez quittance » et il salua pour sortir.

— « Asseyez-vous » dit elle en souriant d'être devinée ; « à mon mardi, vous étiez ainsi et vous m'avez intéressée, peut-être par comparaison avec ma ménagerie ; tenez pour certain que le justaucorps vous va mieux... »

— « A vous aussi, » répondit-il en promenant sur le corsage singulier un œil ironique.

— « Apprenez-moi la magie, j'écoute, » fit-elle en s'asseyant en face de lui.

— « Un cours se compose de beaucoup de leçons et vous auriez des rides avant la fin. Posez des questions, j'y répondrai. »

— « Sur quoi basez-vous votre prédiction que j'aimerai un prêtre ? »

— « Sur l'inspection de vos mains. Au point de votre ligne de cœur qui porte la date approximative de la trentaine, une croix brise la Saturnienne pleine d'*ilots* qui se retrouvant sur votre ligne de tête signifient les passions antiphysiques. L'ensemble ne permettant pas de supposer la tribadie, j'ai pris ce féminin au figuré et j'ai conclu à un prêtre, par la robe. »

— « Par quel sortilège m'avez-vous paralysé le bras ? » interrogea-t-elle après un silence.

— « Traiter un mage de sorcier, c'est appeler Balzac journaliste. Qu'y a-t-il de commun entre le possesseur de la causalité métaphysique et le dément superstitieux ? Science du vouloir, la magie peut se définir l'éducation de la volonté. « Tout verbe crée ce qu'il affirme. » Cet arcane primordial, je vais vous l'expliquer : Vouloir est un acte immatériel ; mais la volonté dispose d'un médiateur plastique qui s'appelle éther dans le ciel, fluide astral sur la terre, fluide nerveux dans l'homme. Au commandement de la volonté, le fluide nerveux coagule et manie à son gré le fluide astral qui devient la main qui guérit ou l'épée qui frappe et qui joue physiquement le rôle de ces anges qui renversent Héliodore, et de cette force qui aveugle Elymas et enlève Elie. Burke n'admettrait pas cette théorie, je le sais ; comme tous les savants modernes, au lieu de continuer la science en partant du point élevé où la tradition orientale l'a laissée, il la rebégaie et des siècles s'écouleront, et l'Institut de France et la France auront cessé d'être avant que la science moderne, avec son cheminement sûr, mais de tortue, se soit démontré les évidences établies par Trismégiste et les Kasdim. — Donc, c'est en coagulant du fluide que je vous ai immobilisé le bras. »

— « Vous ne m'émerveillez pas, » interrompit la princesse.

— « Autre est mon souci, Altesse ; toutefois, si le très-fonds des arcanes vous semble peu, je vous dois un étonnement et le voici : vous êtes une grande incontinente »

Elle leva ses yeux pers sur le jeune homme avec un indicible étonnement.

— « Vous êtes une Messaline spéculative. »

La princesse, irritée et stupéfaite, se taisait.

— « Prenez garde à ces pollutions d'imaginative, elles conduisent à une spermatorrhée des pensées. Les esprits élémentaires, selon Paracelse, sont les enfants de la solitude d'Adam, nés de ses rêves quand il aspirait à la femme. Or, je pressens dans votre lumière astrale beaucoup de ces esprits élémentaires nés de vos rêves quand vous aspirez à l'homme idéal. Dans l'état actuel de votre volonté, vous dispersez les fantômes fluidiques à même qu'ils se forment, parce que toute votre virtualité s'y emploie ; mais qu'une passion vous déséquilibre, qu'un grand courant absorbe votre fluide nerveux, que quelqu'un s'empare de votre ascendant, que vous aimiez enfin et vous êtes perdue ; car les larves se coaguleront et vous serez obsédée et l'expiation métaphysique que rien n'élude, commencera. Ah ! si l'on savait le danger d'une impure rêverie ! La morale pratique peut se réduire à ce précepte : Tout excès et tout vice physiques aboutissent à des maladies et s'expient par plus de souffrance qu'on n'a eu de plaisir : de même toute perversité, tout crime de l'esprit préparent à l'âme des maladies qui torturent sans tuer! Voilà le prêche efficace et convertisseur! Beaucoup de vicieux sont retenus par la crainte physique; la terreur des tortures morales arrêterait beaucoup de pervers. Être méchant, c'est se vouer au malheur : mais tandis que la souffrance du martyre donne à l'âme une volupté de ciel, l'expiation légale et involontaire du crime ne purifie ni ne lave. Dans la grande aristocratie de la douleur, les souffrants de l'innocence et les souffrants du repentir sont seuls compris. L'expiation qui n'est pas consentie n'élève pas, elle venge seulement la loi de justice transgressée.

« A la résistance organique se limite la souffrance du corps; la souffrance métaphysique, avec ses répits qui sauvent de la folie, n'a point de bornes. L'âme comme l'aimant peut porter de plus en plus, et la Loi, cette inquisition divine, laisse le coupable épuisé recouvrer ses esprits, avant de le remettre à la torture. Dieu pardonne le péché contre lui en ce sens que le repentir est le retour à l'état harmonique et équilibré de l'âme; mais le péché contre le prochain, le sang répandu et le fiel répandu, l'assassinat et la calomnie crient vengeance au ciel et la terre ne suffit pas à en porter l'expiation. Dieu a mis dans l'âme aussi, à côté de la liberté du mal, la punition instantanée et permanente. Les larves de votre érotisme, Altesse, seront les démons incubes de votre obsession! »

Elle ne songeait plus à ensorceler le mage; pâlie, tacite et accoudée, se fiant à l'impassibilité de son masque; à parler elle craignait de manifester son trouble par une altération de la voix.

Sans ironie ni vanité, Mérodack gardait un grave silence.

— « Faites un prodige et je vous croirai, » fit-elle enfin!

— « Trop peu m'importe votre foi pour sortir de la

Clavicule et prendre le Grimoire. Au reste, quel prodige plus prodigieux, ce me semble, que de vous voir devinée dans l'inavouable de votre pensée? Faut-il faire apparaître le serpent des mages de Pharaon? Apparaître veut dit apparence et l'homonculus d'Albert le Grand est une fable... Le secret de la vie appartient à Dieu seul et je tiens la vivisection plus folle que la hiéroscopie... La magie peut vous faire voir un éléphant, mais Apollonius de Thyane lui-même n'eût pas fait un moucheron. »

— « A ce que je puis comprendre, la magie serait la mise en œuvre du magnétisme, » fit la princesse avec une moue de dédain.

— « C'est bien plus que cela, mais c'est aussi cela. L'application des forces fluidiques dans la vie sociale changerait la face du monde. »

— « La face de monde! » et la princesse sourit.

— « La face du monde! » répéta Mérodack. « La distance et l opacité n'existent pas pour le sujet lucide. Du Palais-Bourbon, il peut décalquer le plan de bataille de M. de Moltke, lire dans le portefeuille de M. de Bismarck, et faire assister comme un téléphone monstrueux, au conseil de l'empereur de la Chine. Ah! le jour où les mages monteront sur les trônes d'Occident, on verra de grandes merveilles! »

Intéressée, mais trop femme, c'est-à-dire trop inférieure pour se prendre à ces vertigineuses conceptions, la princesse eut une question hardie et banale :

— « Vous n'avez pas de maîtresse? »

Mérodack sourit à la Léonard.

— « Serais-je mage, si je n'étais affranchi de la femme? »

— « Corysandre? » lança la princesse.

— « Je donnerais trois ans de ma vie, » protesta Mérodack, « pour ôter cet amour de la sienne. »

— « Il y a de l'amour dans ce don de trois années d'existence, » insinua-t-elle.

— « Il y a de la charité. L'amour est une volonté d'absorption injuste et mauvaise. Nul être n'a le droit de se proposer comme l'infini à un autre être... Amour, sacrilège et idolâtrie !... Se dévouer est sublime, s'abandonner est fou. Dieu seul y a droit ! L'amour moderne viole la Loi, aussi est-il toujours court, toujours malheureux, toujours funeste. La charité, ce roi des sentiments créé par le catholicisme, peut seul faire du bien, rien que du bien ; car être charitable c'est se donner, être amoureux c'est s'emparer d'autrui. Or, entraîner une volonté hors de son libre arbitre est un acte si terrible, que Dieu lui-même nous a laissé le droit au blasphème, le droit à l'enfer ! »

— « N'importe, vous subissez le charme de Corysandre. »

— « Quel dénaturé ne subirait l'éblouissement de la virginité ? C'est du reste la femme selon ma conception, s'absorbant dans son amour, mais ne vous absorbant pas. Vous qui n'êtes qu'un orgueil, Altesse, comprenez-vous la sublimité du sacrifice de tout soi ? Vous rêvez, vous, l'asservissement de l'homme... »

— « Que vous a donc fait la femme ? » demanda-t-elle brusquement.

— « Vous aussi, » dit-il, « comme les plus médiocres, attribuez toute sévérité à un dépit amoureux ! J'ai deviné l'énigme et le sphinx féminin m'a léché les pieds ; mais ce spectacle : la femme dominant l'homme, m'a toujours indigné comme un antiphysisme. Esclave à plaindre ou tyran à mépriser, la femme vibre à tout, ne raisonne à rien, inconsciente dans la sublimité et dans la boue, elle reste éternellement réfractaire à l'idée ; et c'est l'idée qui meut les mondes, »

— « Don Juan, le plus beau type de la poésie moderne (car que sont les villes offrant leurs clefs auprès du don des cœurs à la seule approche), Don Juan, » dit la princesse, « ne s'inquiétait pas de l'idée. »

— « Don Juan et Dona Juana sont du vice. Leur poursuite du baiser sans dégoût marque une singulière infériorité cérébrale. Changer d'amants ou de maîtresses, et croire changer l'amour !!! Paganini transformait un violon de ménétrier en Stradivarius, et Don Juan et et Dona Juana sont des enfants terribles qui crèvent tous les tambours dans l'espoir de trouver une petite bête dans l'un d'eux. Chercher l'infini entre les deux draps d'un lit, est-ce pas risée ?..... Magiquement l'absolu de la séduction peut se réaliser, mais sans possession d'aucune sorte, le baiser à lui seul détruirait le charme ; il faut être au dessus de la loi pour s'en servir; continent, pour inspirer des désirs ; indifférent, pour faire naître des passions. »

— « Par quelle succession d'études ou d'événements êtes-vous venu à cette Magie ? »

— « Par l'astrologie judiciaire. Ah ! si la fatalité était ce qu'un vain peuple pense, je n'aurais pas l'honneur de vous rendre songeuse ; elle n'est que l'enchaînement logique des effets aux causes. Mon thème m'annonçait mille maux. J'ai changé de caractère et partant d'influence astrale. Je m'explique :

« Nous naissons métaphysiquement informes, difformes. L'éducation et les vices précoces rendent plus monstre, notre monstre d'âme. Le premier soin de l'homme supérieur dès qu'il est conscient de lui-même, c'est de sculpter, de ciseler son être moral; mais c'est plus malaisé de tailler dans son âme que dans le marbre. Les verrues, les gibbosités repoussent jusqu'à plusieurs fois, comme des têtes d'hydres ; et le pouce de la volonté se fatigue à ce modelage immatériel. Ah ! le catholicisme que les ignares traitent de momerie resplendit divinement à mes yeux comme la magie la plus haute et à la fois la plus pratique. La théorie de la perfection chrétienne n'est que l'initiation, mais plus sublime parce qu'elle n'a de but que plaire à Dieu, tandis que l'initiation antique poursuivait un objectif de toute puissance qui, employée au mal, attira la foudre des lois violées sur les races orientales... Oui, l'homme a le pouvoir et le devoir de se créer une seconde fois, selon le bien. On demande quel est le but de la vie : il ne peut être pour l'homme que l'occasion et le moyen de faire un chef-d'œuvre de ce bloc d'âme que Dieu lui a donné à travailler; et comme la plupart ne songent pas à accomplir la seule œuvre commandée, l'enfer, devenu nécessaire, sera peuplé par les entêtés pervers qui n'auront pas voulu se recréer Le ciel peut se définir la corporation du bien; on n'y entre qu'après avoir fait son chef-d'œuvre, c'est-à-dire après avoir soi-même séparé « la terre du feu, le subtil de l'épais », comme dit la Table d'Emeraude, avoir enfin dégagé son âme de toute la gangue des instincts et tiré par l'effort religieux ou magique, une statue, du bloc qu'on était! »

— « Mais l'Eglise anathématise la Magie, » observa la princesse.

— « La sorcellerie, non la Magie, car l'Eglise est la grande assemblée des mages, et son anathème tomberait d'abord sur elle-même. La Magie est théurgie ou goétie sous le libre arbitre de l'homme, et le péché originel n'est peut-être que le péché de mauvaise magie?... »

— « Quel mal vous pourriez faire, si vous dites vrai... »

— « Ce mal me reviendrait en malheur, par la loi des chocs en retour. »

— « A quoi employez-vous ce pouvoir? »

— « A faire mon salut, éviter le purgatoire et servir l'Eglise, la seule cause qui vaille l'effort. »

Il se leva :

— « Si je voulais m'initier? » demanda-t-elle, toujours accoudée.

— « Il faudrait assouplir d'abord votre orgueil, puis cesser vos rêveries luxurieuses. »

De ses yeux partirent un éclair qui fut comme absorbé par les yeux de velours du mage.

— « Vous reviendrez me voir? » interrogea-t-elle.

— « Je vais au pôle blanc ; vous, au pôle noir. Vous vivez dans un monde de vicieux et de médiocres, je m'y contaminerais sans m'y plaire. Un conseil, Altesse : Sachez que chaque pensée vive crée un reflet ou une forme dans votre atmosphère astrale, et que les fantômes sont réels et les obsessions terribles. Vous ne sortirez pas de ce triangle ; pas d'amour, de la vertu, ou l'obsession ! »

Il la salua des yeux et sortit.

Elle regarda la soie de la portière osciller, se leva, reprenant son va-et-vient d'un pas sec et nerveux maintenant. Son regard rencontra une glace, elle se souvint de l'ensorcellement projeté, et une ironie lui fit rentrer sous son peignoir ses pieds nus, ses pieds troublants. Le nimbe mystérieux brillait encore plus éblouissant autour de cette tête assyrienne. Il lui avait dit le secret du boudoir violet, et quelle absence de vanité, quel dédain de l'orgueil, que de bonhomie dans la puissance ! La fille du divin Hercule subissait l'ascendant de l'Adepte.

Après un long moment de pensées qui plissaient son front, elle sonna.

— « Sarkis? » demanda-t-elle.

Et l'accueillant brusquement :

— « Vous allez me faire l'amitié d'apprendre la Magie. »

Sarkis la regarda et se prit à rire :

— « J'ai soixante-sept ans, le dégoût de la science, je désapprends le plus possible, et la Magie n'est pas dans ma direction d'esprit... Mérodack vous a donc éblouie... »

— « Oui, » fit-elle, « et c'est là ce que vous auriez dû m'enseigner. »

Elle se posa devant lui :

— « M'aimez-vous encore? Non? Tant pis, je vous aurais forcé... »

— « Oh! » fit Sarkis sur trois tons différents, « Vous quinaulde, Mérodack, Dejanirus!... Quand Hercule posa sa massue, elle devint la maîtresse bûche de son bûcher... »

— « Hercule n'était pas femme, » dit la princesse qui se rasséréna.

XXIX

L'ARGENTIER DU ROY EN L'AN DE GRACE 1881

La Trinité est une église anticatholique, car elle est laide; le quartier de l'Europe nauséeux, car il est hypocrite. Habitacle de voleurs et de filles, il montre une couche de respectability protestante posée sur de la tartuferie et de la prostitution. Là Robert Macaire et Cora Pearl sont dans leurs meubles : l'un a le coup de képi du municipal, l'autre le respect de son portier : tout ce vice a meilleure allure que la vertu. Particulière, la physionomie de cette rue de Bruxelles, véritable boulevard de Grenelle de l'agio : sur les deux côtés s'alignent des hôtels d'une architectonique de matelassier enrichi, et à la place des gros numéros dorés, des plaques de marbre noir, où se lit en lettres d'or : *Banque, Crédit,* etc., toutes sociétés anonymes au capital d'un tiers de milliard, en additionnant les enseignes; toutefois si l'encaisse cessait trois jours, MM. les administrateurs délégués suivraient la rue de Bruxelles jusqu'en Belgique, ou les gendarmes jusqu'à Poissy.

L'entrée des cavernes de ces Cacus qui volent l'or des imbéciles au lieu des troupeaux d'Apollon, semble un vomitoire d'amphithéâtre où deux cohues, l'une qui s'y engouffre, l'autre qui en sort, mêlent voleurs et volés.

Garçons de recette au bicorne cocardé, pardessus mastics qui ont un blason à la salle des Croisades et un compte ouvert de soixante mille francs pour leur nom sur le prospectus ; gogos se heurtant à leurs députés qui viennent vendre un avertissement sur la Bourse de demain, journalistes faisant sonner dans leurs goussets l'or d'Harpocrate, et jusqu'au paysan qui va vider les écus de son bas.

Fi de la rue Quincampoix et des baraques de l'hôtel de Soissons !... Ces voleurs sont des propriétaires ; le municipal qui passe tous les quarts d'heure les protège, la justice condamnerait quiconque dirait leurs noms à ces Mandrins et à ces Cartouches, électeurs, éligibles et élus.

Toutefois, le prochain jour où la *plèbe* se sentira aux nerfs le besoin de remuer des pavés, qu'elle nettoie ces écuries d'Augias : ce sera de la voirie transcendentale !

Au milieu de cette rue de Bruxelles s'étalait d'un luxe lourd rappelant le plateresque espagnol : *la France nouvelle*. Dix marches montaient à un vestibule où quatre panneaux en mosaïque représentaient quatre parties du monde, sans doute comme tributaires de la maison ; toujours battantes, trois hautes portes à glaces laissaient gronder jusqu'à la rue, le vacarme sourd des cinq cents employés parqués aux cinq étages du hall. A travers les ordres de bourses hurlés, une voix de cuivre clamait par instants, et un petit homme à l'air fou, agile quoique pansu, traversait les bureaux en coup de vent, apostrophant les employés, les appelant « mes enfants », comme un directeur de théâtre, et leur promettant des gratifications entre deux bourrades : c'était Marcoux.

Du matin au soir, il promenait des gens à travers les

services. On le traitait de grand financier, il haussait les épaules avec l'humeur d'être méconnu comme un écrivain qu'on appellerait homme de lettres « Je ne finance pas », disait Marcoux « Je conspire... La fortune !... Pécaïré !... Des anchois le matin, du bouilli le soir, de la brandade le dimanche : voilà pour mon physique. Pour mon moral, quelque chose à faire qui veuille du mouvement... qui tracasse l'esprit... qui me fasse marcher, qui me fasse crier... La vérité vraie, je puis vous la dire, car vous êtes un pur, je veux faire revenir Henri ! »

L'interlocuteur s'imaginait un fils prodigue, et des quiproquos se produisaient qui encoléraient Marcoux.

— « Chaque fois que les actions montent, je me dis : ça fait faire un pas de plus à Henri et je suis heureux... J'ai commencé par faire les courses de la banque Combier, à Nîmes ; à vingt ans je n'étais encore qu'un garçon de recette ; j'en ai quarante aujourd'hui et je possède un capital de cent millions, cinq cents employés et la plus noble clientèle de France... Quand j'ai fait ça, je ferai bien le reste ! Oui ! Henri reviendra et je lui dirai : Sire ! » — « Vous dites « sire » à votre fils ? » interrompait le visiteur.

— « Eh ! je n'ai pas de fils ! je vous parle d'Henri, du Roy. Vous n'êtes pas né à l'Enclos de Rey, vous ! » s'écriait Marcoux du ton d'un Athénien renvoyant un Béotien à sa Béotie.

Gamin, il s'était battu à coups de pierre contre les petits protestants. Maintenant, il se battait à coups de bourse contre les juifs. Cet élève des frères, en voyant dans les journaux que toute la politique de notre temps interlope et fille n'était qu'une question de bourse, avait été illuminé, lui le latin d'une conception sémitique, faire refleurir les lis sur un fumier d'or, être le Jacques Cœur d'Henri V. Certes, il était encore loin de son but ; mais l'impossible était fait à ses yeux. Il avait trois cents millions dans les mains, et ces millions n'étaient pas des millions ordinaires, ils sortaient des aumônières du clergé, des cassettes armoriées. Cet or des nobles, lui semblait noble à manier ; ses mains pattues ne deviendraient-elles pas héraldiques à ce contact ? Comme tout légitimiste, il avait un faible pour les gens titrés, ils lui semblaient des parcelles de rois. Entre tous, le prince de Courtenay lui inspirait une vénération sans égale, il se risqua pourtant un jour à lui dire :

— « Votre nom, Altesse ! en tête du conseil d'administration et à côté du *compte Charles* il y aura le *compte Court* : deux cent mille francs de chèques au porteur, par an. »

Le prince avait pensé le faire mettre dehors.

— « Ma fortune, je puis la risquer, mais mon nom ne doit être écrit que dans l'histoire. Faire de son blason, une enseigne là ou l'insuccès s'appelle escroquerie ! Jamais. »

Toutefois, Courtenay s'était pris à l'espoir et au rêve de Marcoux. Oh ! arracher la pourpre du pouvoir à ces avocats qui y crachent et s'y mouchent ! et il avait mis toute sa fortune dans cette partie de banque qui devait changer les destinées de la France.

Marcoux croyait, incroyablement, au triomphe de son dessein, il s'attribuait un peu de ce droit divin auquel il aidait à vaincre. Puvis de Chavannes lui avait peint sa chimère au plafond de la salle du conseil.

Une belle femme éplorée, en manteau d'azur aux fleurs de lis pâlies ayant à ses pieds une jeune fille désolée, figuraient la royauté bannie et l'aristocratie abattue. Mais dans un vol hardi, les talonnières frémissantes, Mercure d'une main faisait tomber une pluie d'or, de l'autre élevait son caducée. A ce signal, Apollon soudainement apparu, perçait de ses javelots d'or l'hydre de la révolution, et tandis que les trois grâces accouraient se donnant la main ; sur le Parnasse, les neuf muses se réveillaient comme d'un long sommeil.

Cette allégorie représentait la puissance de l'or rétablissant la monarchie, faisant refleurir la noblesse et ramenant les arts éteints et les grâces enfuies.

Souvent, pendant le conseil, Marcoux oubliait la discussion et la tête renversée, restait en extase, à regarder cette fresque où sous les traits de Mercure il se reconnaissait, lui l'argentier du Roy Henri le cinquiesme !

XXX

UNE PREMIÈRE

Sur le boulevard des Italiens, à la hauteur de la rue Marivaux, Cadenet essoufflé criait un « tout est prêt » à Talagrand et Saint-Meen arrêtés et qui fumaient.

— « Ce qu'il y a de plus vibrant, dans l'homme, c'est le bouc. »

— « Il y a des boucs de tête ! »

— « Vrai ! » faisait Cadenet « l'indifférent est tellement injouable que je ne le tiens pas pour joué. »

— « C'est gazé pour tous les yeux qui ne louchent pas... »

— « Supposez un public pas pervers, il n'y trouvera aucun sens. »

— « Ça en a pourtant, des sens... »

— « Une chose me rassure » concluait Cadenet, « l'idée de Mérigneux, toute la salle louée et rien que des invités pour spectateurs; du grand monde et des lettrés, une chambrée du neuvième cercle et si le feu du ciel n'est pas occupé ailleurs... »

— « Voilà, voilà celui qui revient de l'enfer, avec son *creato*, Marestan. »

Ils échangèrent des poignées de main avec Mérodack.

— « Je suis encore ébouriffé de votre fresque sur le petit nombre ; Eh ! nous allons orner la lumière astrale de reflets !... Gare aux larves !... »

— « On m'a dit, messieurs, » fit Marestan ! « que votre *indifférent*... »

— « Ne vous laissera pas de même ! »

— « Mon avis sur la pièce, » cria Saint-Meen « celui d'une ingénue souvent citée, ce n'est ni beau, ni laid, c'est hermaphrodite ! »

Ils rirent d'un rire pervers.

— « Hé ! Mérodack qui pleure les races latines. »

— « Si nous entrions, » dit ce dernier.

Dans la salle au lustre à demi-feux des files de plastrons blancs éclataient au balcon sur l'ombre béante des loges. A l'amphithéâtre, on se lançait les obscénités de gens qui ont lu Louise Sigée dans le texte.

— « Remarquez le décorum du paradis, c'est moi qui l'ai composé de candidats à l'institut et au bagne, » disait Saint-Meen.

Derrière le rideau, on entendait les coups de marteau de la plantation d'un décor. Les loges s'emplissaient... Beaucoup de faubourg Saint-Germain en robes montantes et sombres A l'orchestre, debout et lorgnant tous les *facchini* de la princesse d'Este, la fleur des vicomtes et les Seize. Dans une avant-scène, Marcoux et son conseil d'administration.

— « Tu es déjà remplacé... »

Et Mérodack montrait à Marestan, Nonancourt dans la loge de la marquise de Trinquetailles.

— « La Nine ? » Cette question, une moitié de la salle la posait à l'autre.

Dans l'attente des femmes honnêtes, il y avait une

impatience envieuse de voir cette fille qui échappait au mépris et à la curiosité.

Un accord dissonant et Wagnerien où les cuivres beuglèrent avec stridence, coupa net les conversations. Tout de suite une mélodie molle pleura des notes traînées. On eût dit des femmes blondes à l'embonpoint mou. traînant par un temps de pluie d'été, leurs mules sans talons et leur pensée sans objet. Puis les sons semblèrent des bayements délicats, des bras agacés de paresse qui s'étirent, des poses écrasées d'ennui, des bruits flasques de corps dans l'eau. Bientôt des frissons coururent des violons aux basses et les flûtes pépièrent grivoisement. Peu à peu l'orchéstre se scinda et deux ouvertures alternèrent, se mêlant, se brouillant, se confondant. Tandis que les instruments à cordes, les hautbois et les harpes lançaient d'idéales lamentations, les cuivres et les tambours accompagnaient en dérision ; les éclats de bruit d'un bal de barrière, traversé par le motif idéal, cette mélodie aimée que Berlioz fait apparaître à travers la marche au supplice.

Comme dans la sérénade de Don Juan, où la guitare se moque de la voix langoureuse, Cadenet avait contrasté, mais cyniquement, éraillant les sons, déhanchant le rythme, avec des staccati canailles. Par une singulière perversité du maëstro, la mélodie idéale, peu à peu, se vulgarisait ; et ce n'était pas le sabbat, qui est terrible, c'était le chahut, qui est bête. Enfin, par une transition brusque, un tutti, ample et lent de prière.

Le rideau se leva, sur un décor de montagnes désolées, aux rochers hallucinants, et deux files de pèlerins en descendirent, pèlerins du départ pour Cythère, le petit tricorne sur l'oreille, le bourdon enrubanné, en habit zinzolin. C'étaient les Passionnés, las des amours vulgaires, qui allaient en pèlerinage au Temple de la Chimère. A leur tour vinrent les pèlerines avec un grand froufrou de soie. Chacun successivement s'avança vers la rampe, disant l'amant ou la maîtresse de leurs rêves en des odelettes où Saint-Meen avait su n'être pas fade et rediseur. Ces portraits du désir, ces signalements du Bien-Aimé, se fondaient en un chœur; et tout le pèlerinage remontait la scène, continuant son chemin, quand un pizzicato des violons crépita, et sur le roc le plus élevé, touchant presque les bandes d'air, svelte en son costume bleu-pâle, Cœlio apparut.

— « La Nine ! »

Cette exclamation courut comme un murmure, et la salle, charmée, resta immobile, sans un bravo.

Piétée, avec une dédaigneuse provocance, elle récita de sa voix de contralto:

O vous, les chercheurs de Chimères!

— « Qui es-tu, adorable jeune homme ? » demandait le chœur.

Avec une agilité gamine, la Nine sauta de rocher en rocher.

Quand son pied toucha le sol, sa démarche s'amollit tout à coup et se fit si lente qu'elle mit trois minutes à descendre en scène, à pas menus d'une indolence scandée, avec des moues de tout le corps.

— « Qui es-tu ? » interrogeait avidement le chœur.

La Nine, devant le trou du souffleur, appuyée à son bourdon dans une pose qui montrait l'absence de ses hanches, bâilla, s'étira comme une chatte, et d'une voix qui boude, chanta :

On m'appelle l'indifférent.

Après cette romance qui donnait l'impression aggravée du *Jet d'eau*, de Baudelaire, comme le chœur s'étonnait de cette indifférence, prise d'une ardeur subite, elle lança, avec des contractions de baiser aux lèvres :

Je suis l'amant de la Chimère.

Et dans un enthousiasme enfiévré, sa voix hybride évoqua toutes les ardeurs mauvaises.

Dans la salle, les salives s'épaissirent, les yeux s'allumèrent, et les reins chatouillés, se courbèrent.

Les pèlerins suppliaient Cœlio d'être leur guide. Après beaucoup de refus, il acceptait, et redevenu l'Indifférent de Watteau, de son pas traîné et menu, il s'en allait sous la voûte triomphale des bourdons.

L'orchestre répétait la mélodie aimée, tandis que Cœlio, devançant la troupe, se dressait comme il était apparu sur le plus haut rocher auréolé d'un rayon de lumière électrique. Le rideau tomba sur la curiosité aiguë du public.

— « C'est la première fois, » disait un critique, « que le premier acte ne me fait pas deviner la pièce. »

L'orchestre levé chuchotait, lorgnant les loges.

— « La Nine a bien chanté, » fit Cadenet ; « cela m'inquiétait. »

Et il sortit pour aller saluer la princesse d'Este.

— « Commencer ainsi, » lui dit-elle, « c'est bien ; mais comment finir ? Les librettistes ? »

— « Talagrand, ce juif portugais, et son voisin, le long maigre Saint-Meen. »

— « Portez-leur mes compliments et envoyez-moi Mérodack. »

— « Quel ennui ! » fit ce dernier à Cadenet qui s'acquittait de l'invitation.

— « Vous ne venez pas même me saluer, » reprocha la princesse.

— « Je ne croyais pas que vous y tinssiez ! »

— « Vous vous exposez ici à une lumière astrale des pires. »

— « Je suis Mithridate, et ma prophylaxie... »

— « Vous qui expliquez tout, » interrompit-elle, « expliquez la force de séduction des actrices. »

— « C'est un effet de choc en retour. De toute la salle un rayonnement de désir jaillit vers l'actrice et la trouve dans un état d'action nerveuse qui le repousse, le fluide revient sur l'auditoire et l'enfièvre. Une activité individuelle a toujours raison d'une passivité collective. L'actrice est au théâtre un magnétiseur inconscient qui se sert de la loi d'attraction sexuelle. Figurez-vous que le fluide soit un rayonnement électrique et l'actrice une glace en face de vous, vous dirigez le rayon sur la glace, il vous revient aux yeux plus aveuglant. Ceci est du magnétisme actif. Cette fille laide, dans la troisième loge à gauche, Constance Héro, représente l'attraction passive. Elle n'a pas de sens, le fluide sexuel ne trouvant pas de vibration qui le disperse, s'attache à elle; étant froide, elle ne le perd pas, et ainsi s'aimante de vice. A soixante ans, des échappés de collège, roses et blonds, la préféreront à d'adorables jeunes filles, et on s'étonnera naïvement d'un phénomène scientifique, l'*aimantation métaphysique des corps.* »

On frappa les trois coups ;

— « Restez donc, Sarkis va venir. »

— « Merci, je tiens à voir de près, j'étudie... »

Dans la cella d'un temple hypètre, une chimère de basalte accroupie; l'herbe poussait entre les dalles, un vieillard gisait près d'un trépied flambant.

Depuis trente ans qu'il était venu de la ville du Soleil pour entretenir en ce sanctuaire abandonné l'autel des feux éternels, il n'avait vu que les lézards verts à midi, que les hiboux à minuit. Il se sentait mourir et le feu allait s'éteindre, la chimère s'envolerait et l'impossible ne se réaliserait pas. Il n'avait plus de bois, ni la force d'aller en recueillir ; il brisa son bâton et remua le feu, puis s'affaissa.

Toutes les trente années, la chimère s'envolait. emportant dans le ciel des réalisations surnaturelles, celui qu'elle avait en croupe à l'aube du vendredi. Demain! irait-il jusqu'à demain !

Rassemblant ses forces, il se traîna jusqu'aux pieds du colosse, mais ses débiles bras glissant sur les flancs polis, il s'évanouit.

Cœlio parut, brisant son bourdon, il en jeta les morceaux sur le trépied et la flamme monta Agenouillé, il chanta l'hymne à la Chimère. Puis, comme la flamme s'éteignait, il jeta sa veste au brasier, et nu bras, nu cou, apparut androgyne.

Apercevant le vieillard, il le ranima avec l'eau-de-vie de sa gourde.

— « Hisse-moi sur la croupe de la Chimère, » dit le pontife, « et je te dirai le secret de la Béatitude. »

Cœlio le hissa sur le colosse, et le vieillard chanta l'ivresse de l'apothéose et rendit l'âme, disant :

— « Demain je ressusciterai dans le bonheur. »

Tandis que Cœlio versait le reste de sa gourde sur le trépied, tout le pèlerinage entra. Cœlio revêtit une robe de lin sans manches, et des rites étranges commencèrent.

Tout le monde était dépaysé, n'ayant notion de rien de tel ; une pièce sans sujet, sans héros, sans intrigue, où, à part Cœlio, nul n'avait de nom, et cependant ce poème de dépravation enivrait ces décadents.

Un clair de lune prudhonait le bois sacré du troisième acte. Cœlio vint portant une torche allumée ; il dit que dans la nuit du jeudi au vendredi, les pèlerins devaient épuiser les plaisirs possibles, afin de se rendre dignes des impossibles, et c'était là pour lui l'indifférent une triste écœurance. Des torches brillèrent portées par tout le pèlerinage en robe de lin. Cœlio remplit une coupe, y trempa ses lèvres ; elle passa de bouche en bouche, puis fut brisée, et toutes les torches jetées dans un puits. Un branle furieux tournoya, et tous disparurent par couple.

Resté seul, Cœlio chanta l'hymne à la Nuit, et comme il s'asseyait sur la margelle du puits, une femme vint qui lui dit : « Tu es ma chimère », et l'entraîna. Dès lors, se succédant dans l'ombre, les couples enlacés défilèrent, et les sexes semblaient confondus par ces robes de lin toutes semblables.

— « Voilà le Rut! » dit Mérodack à Marestan, comme il eût dit : voilà la pluie!

Et se retournant, il vit la salle immobile et haletante.

— « Vois, » disait-il à Marestan qui, fasciné, ne l'écoutait pas, « vois! Il n'y a qu'un être ici ; il remplit la scène, il remplit la salle comme il remplit le monde, comme il remplit l'histoire : LA BÊTE. Mais ici la Bête est aiguillonnée par l'esprit, toutes ces imaginations se polluent. Oh! l'onanisme immonde de la pensée..., l'ivresse astrale, l'instinct de luxure éperonné par l'esprit de luxure, l'âme titillant le corps! L'ivrognerie des sens est hideuse ; l'emportement organique, honteux ; mais cela! cela! c'est le *vice suprême*. »

Et subitement furieux, d'une voix terrible, le Mage cria :

OHÊ!!! OHÉ!!! LES RACES LATINES!!!

Cette exclamation beuglée, cette idée de penseur lancée sur un ton canaille, rompit le charme. Tous les yeux quittant la scène, fouillèrent l'orchestre.

Du cintre, une voix approuva :

— « Bien dit, Jérémie. »

Aux amphithéâtres, on répéta : « Ohé! les Races latines, ohé! »

Ce public lettré comprit tout de suite la portée du

cri ; le rideau tomba sur l'acte inachevé et l'on donna le gaz.

Le commissaire de service ayant demandé ce que signifiait : « Ohé ! les races latines ! » — « Que la République est perdue ! » lui répondit-on.

Alors, pris d'un beau zèle, il descendit à l'orchestre et se fit indiquer les perturbateurs.

La princesse d'Este dépêcha M. de Montessuy, qui arriva à Mérodack en même temps que le commissaire.

— « Laissez votre place ou cette affaire, » dit le comte.

— « Je ne connais que le devoir... »

— « As-tu fini ? » gouailla Saint-Meen.

Le commissaire tira son écharpe ; elle fut saluée d'un hurrah qui roula du parterre au cintre.

Mérodack, impassible, regardait l'agent.

— « Suivez-moi, monsieur, et vite. »

Les dominicaux s'étaient levés, sentant pour la première fois qu'une solidarité les liait.

— « Attends, maraud, que je te bâtonne..., » criait le duc de Nîmes.

Une orange vint s'écraser sur la joue du commissaire ; on applaudit.

— « Qui est aussi fort que cela en balistique ? » demanda Tisselin.

Les épithètes lettrées pleuvaient : « alguazil ! watchman ! — sereno ! — rossez le guet ! — à la hart, la Sainte-Hermendad ! »

Livide, l'agent posa la main sur l'épaule de Mérodack, mais il la retira instantanément brûlée, et il se courba en arrière sous un irrésistible vent. L'adepte n'avait pas fait un geste : absorbant tout le fluide favorable du public, et ainsi transformé en une vivante machine électrique ; à cet instant, il tenait la foudre, et d'un coup de poing eût étendu l'agent roide mort.

Le commissaire, affolé, ne songea plus qu'à s'échapper ; mais le duc de Nîmes cria :

— « Enlevez-le ! »

Sitôt, il fut pris, soulevé, et l'orchestre debout, les bras en l'air, se le passait, le bernant comme un Sancho. La salle trépignait d'allégresse. Une joie de gaminerie faisait sourire les femmes ; la princesse d'Este simula un bravo, les dames singèrent et les hommes déchirèrent leurs gants pour applaudir bruyamment.

— « Mon duché pour deux battoirs ! » clamait le duc de Nîmes.

Des cris de bête éclataient dans le trépignement qui voilait le lustre d'un brouillard de poussière. Enfin, les bras étant las, on remit le commissaire sur ses pieds. On regrettait que ce fût déjà fini, mais on était content. Personne ne sortait, on causait sans crier, dans une délicieuse hypocrisie de calme.

— « Le Rut change, » disait Mérodack. « Voici celui de l'irrespect : ils voudraient bafouer un empereur, ils bafoueront la police, par plaisir de déconsidérer l'autorité. »

— « Ça vous amuse de faire la main qui parle ? » demanda Beauville

— « Il fallait une protestation pour la dignité du Verbe, » répondit Mérodack.

Le prince de Courtenay, dans la loge de la princesse d'Este, riait, heureux qu'on méprisât la République, même dans le plus infime de ses représentants.

— « L'égalité devant la loi ne sera jamais qu'un mot à jeter aux foules. Il n'est personne ici de l'orchestre et des loges qui par tenants et aboutissants ne soit sûr de l'impunité, tant qu'il n'assassinera pas, devant témoins. »

Les instruments s'accordaient quand un flot de municipaux parut aux portes. Une huée formidable gronda ; les trépignements devinrent furieux ; le lustre disparut dans la poussière et des craquements de boiseries s'entendirent.

— « Les numéros, » cria le duc de Nîmes, de sa voix de stentor.

A ce mot, les agents reculèrent, effrayés et affolés par cette tempête de bruit et le vacarme devint chahut, indescriptible et fou. Des baïonnettes luirent aux portes.

— « Quel joli début de révolution, » faisait Tirselin, bercé par cette atmosphère de révolte. On n'entendit pas les sommations et l'affaire devenait grave, quand le duc de Quercy, qui sortait du conseil des ministres parut dans la loge de la princesse. Il se pencha, d'un geste donnant raison à l'émeute, et les troupes évacuèrent les couloirs. Toute la salle se tourna vers la princesse d'Este et l'applaudit avec frénésie sans qu'elle semblât s'en apercevoir, et on se rassit.

Le rideau se levait sur le décor du troisième acte. Dans le temple, les pèlerins couchés sur les dalles, s'éveillaient cherchant Cœlio et se lamentant comme pour la mort d'Adonis ; ils sortirent à sa poursuite. Sitôt, Cœlio, entièrement vêtu de brocart d'or entra et après une conjuration, jeta à terre le cadavre du vieux pontife et se hissa sur la Chimère. L'aube naissait, les pèlerins revenus chantaient. Cœlio, lyre en main, improvisa une sorte de prière de *Mosé*, et au finale, les rayons de l'aurore tombèrent sur son costume étincelant ; la chimère se dressa, ouvrit les ailes et lentement monta dans une gloire électrique, tandis que tout le pèlerinage prosterné comme au pied d'un Thabor, chantait un cantique sacrilège. On applaudit à outrance, sans que la Nine daignât revenir.

— « Ohé, les races latines ! » répétait la partie bohème du public et ce cri emplissait les couloirs. « Ohé, les races latines ! »

La duchesse de Noirmoutier avait rejoint la princesse d'Este et toutes deux, leurs fourrures mises, attendaient que la foule s'écoulât.

— « Venez donc demain à Notre-Dame, l'archevêque m'a dit merveille du prédicateur. »

La princesse faisait une moue indécise.

— « Vous vous devez d'y être, c'est aussi une première et un début. »

Dehors, des groupes allumant leurs cigares criaient, dans l'esseulement du boulevard, ce cri qui les amusait d'autant qu'ils en savaient la terrifiante portée :

OHÉ, OHÉ, LES RACES LATINES ! OHÉ !

XXXI

CARÊME PRENANT

Le « Venez donc à Notre-Dame, c'est aussi une première et un début, » n'était pas un mot ridicule de libre penseuse, mais l'expression naturelle d'une religiosité qui n'est plus qu'un *sport*.

On avait cru que le T. R. P. Monsabré prêcherait comme de coutume les Dominicales. Au dernier moment, la *Semaine Religieuse* avait annoncé le T. R. P. Alta. Son Eminence, en disant à la duchesse de Noirmoutier, « vous serez contente, » ne connaissait pas celui qu'il recommandait ainsi.

Le général des Frères Prêcheurs l'envoyait comme sujet extraordinaire. Parmi les fidèles, les uns s'attendaient à un reflet de Lacordaire; d'autres espéraient un polémiste qui ferait des allusions politiques.

— « Vous verrez, » disait Mme de Chamarande, « de la monnaie de Bourdaloue! Il nous démontrera par des preuves où nous ne comprendrons rien, ce que nous croyons déjà ; au lieu de nous éclairer sur notre conduite. »

Le ton est d'arriver en avance à l'église et en retard au théâtre. Dès midi et demi, les équipages défilèrent devant Notre-Dame, et la grande nef s'emplit des pécheurs les plus armoriés.

Un grand chuchotement fait de mille bouts de causerie bruissait dans la vieille cathédrale.

— « Vous voilà donc ! » dit la duchesse de Noirmoutier à la princesse d'Este

— « Son nom m'a décidé ; il faut toujours aller *ad alta,* » répondit-elle par un jeu de mot latin que son amie ne comprit pas.

Dans le chœur, les aigreurs des voix d'enfants montaient. On toussota, on se tassa avec les bruits de jupes d'une assemblée de femmes, qui s'apprête à la difficile immobilité. La hallebarde du suisse sonna sur les dalles, une forme blanche s'avançait avec lenteur. Les têtes ondulèrent, curieuses, et tous les yeux se levèrent vers la chaire où le P. Alta était apparu très grand dans son froc blanc. La gâchette de cuivre fit un bruit d'amorce quand le suisse ferma le battant de la chaire.

Debout sous l'abat-voix, les mains belles et posées sur le velours du rebord, le Dominicain semblait avoir laissé son nimbe sur l'outre-mer d'un Fiésole.

D'un regard hardi et lent, il scruta son auditoire, puis s'agenouilla ; on ne vit plus que ses mains jointes et sa tonsure brune. Plusieurs minutes s'écoulèrent, une impatience frippait les jupes ; au chœur, les chanoines pensaient à un manque de mémoire! Son Éminence elle-même s'inquiétait. Cependant, ces quelques instants étaient bien nécessaires au moine ; à la vue de son auditoire, il avait changé le sujet de son sermon. Il se releva, étendit de son front à sa poitrine, un vaste signe de croix et d'une voix sûre, d'une voix qui avait appris à prononcer et à dire et qui forçait l'attention par son accentuation parfaite :

« Eminence,

« Mes sœurs,

« Nimis peccavi cogitatione,

« Nous sommes tous pêcheurs ; mais les plus indignes de miséricorde ne sont pas ceux qui donnent le scandale, ni ceux-là qui, vivant selon le vice, usurpent les honneurs dûs à la seule vertu. Les cyniques ne se masquent point, se laissant voir tels qu'ils sont ; les hypocrites trompent le monde, mais non pas leur conscience ! Où sont ces pécheurs plus damnés que ceux qui font servir à la propagande du mal la grande force de l'exemple ? Où sont-ils ces prévaricateurs plus coupables que les sacrilèges qui mettent la couleur de la vertu sur les lèpres de leur vie ? Ils sont ici. »

« Ici, il y a des cyniques qui croient vertus leurs vices ; ici, il y a des hypocrites qui se sont pris à leur propre artifice. Eh quoi ! M. S., ne vous reconnaissez-vous pas au tableau que je peins ? Ne voyez-vous pas votre âme mauvaise dans le miroir que je vous présente ? »

— « Où va-t-il en venir ? » se demandait-on.

« Quel abîme que la quiétude de la prévarication ! quelle corruption que celle qui ne se sait pas corrompue ! Quel vice que le vice qui s'ignore ! Avoir perdu la notion du bien et du mal, c'est le péché inconscient qui est irrémissible. Vous l'ignorez ? Dieu m'envoie vous le mander. »

Le silence était absolu, toutes ces dames s'attendaient à être secouées et cette appréhension avait sa volupté. La Beauté pare tout, même la Parole de Dieu, et la majesté du moine émerveillait l'auditoire, autant que son éloquence dans une chaire si périlleuse à aborder. D'une voix subitement radoucie :

« Oh! M. S., que n'êtes-vous des lis de pureté? Au lieu de vous parler du péché, je prierais le Sauveur avec vous et de vos cœurs, comme d'encensoirs, le parfum d'amour monterait réjouir les séraphins. »

Soudain, la première impression se dissipa, il y eut des remuements, il sentit qu'il ne dominait plus son auditoire et s'écria subitement dur :

« Dieu s'appelle justice avant de s'appeler amour. Que la terreur soit dans vos âmes, puisque seule elle en chasse le mal. Vous ne vous savez pas pécheresses, ce semble, M. S.? Voyons vos cœurs purs! »

Cette ironie à la Baudelaire parut étrange.

« Dans quelle disposition d'esprit, êtes-vous venues entendre la parole de Vérité? Vous y êtes venues comme à un spectacle profane; vous avez hésité entre l'église et le théâtre, et vous vous êtes décidées pour l'église parce qu'au théâtre il n'y avait pas d'histrion nouveau et qu'à l'église il y avait un prédicateur nouveau! »

La princesse d'Este se répéta le mot de son amie : « c'est aussi une première et un début. »

« Votre curiosité profane ne vient pas d'un amour des lettres ; ce n'est pas l'orateur qui vous attire. Vous venez voir l'homme qui est dans le moine. Le moine qui serait un homme, serait un monstre! Honte à vous, d'apporter devant le tabernacle les pires préoccupations de la sexualité. Regarder l'homme de Dieu avec les yeux de la chair, c'est sacrilège et si un archange, à cette heure, chassait les sacrilèges de cette enceinte, que vous seriez peu nombreuses autour de cette chaire! »

Les respirations sifflaient dans un silence angoisseux.

— « Il est indécent, » murmura la marquise de Trinquetailles.

« Nos plus grands crimes, ne sont pas nos actes; ils dépendent des circonstances qui nous arrêtent ou nous favorisent; ni nos paroles : hors des heures de défaillance ou de colère, nous ne disons de nous que ce que nous voulons. Nos pensées, que rien ne force, que rien n'entrave, voilà nos grands crimes. »

« Femmes du monde, êtres futiles et vains, qui osez lever sur le prêtre un regard de mauvaise curiosité, si je dévoilais vos secrètes pensées d'hier, de ce matin, de maintenant, quelle confusion serait la vôtre et quelle rougeur sur vos fronts d'orgueil. »

« Osez dire que vos heures oisives ne sont point hantées par le rêve de l'adultère ; que vos insomnies et vos paresses du matin ne se complaisent pas aux cogitations qui souillent, que le désir que vous prenez aux lectures malsaines, aux spectacles lubriques, vous ne l'attisez point et que vous ne vous exposez pas joyeusement aux émotions défendues. »

« Osez dire que vos pensées ne sont pas, femmes d'adultère, jeunes filles de stupre, veuves d'incontinence, toutes de luxure!... »

« Le monde, dit Massillon, qui ne connait plus de retenue sur ce péché, en exige pourtant beaucoup dans le langage qui le condamne. » Néanmoins je rendrai votre honte manifeste. »

« M. S. je vous considère épouses comme fidèles, vierges et veuves, sans incontinence efficielle, et cependant je vous dis ceci: vous n'êtes pas d'honnêtes femmes. « Toute luxure sera remise, dit l'apôtre, mais l'esprit de luxure ne sera jamais pardonné, ni en ce monde, ni en l'autre. »

« Péché inconscient, ai-je dit, à voir votre sérénité, mais j'oterai à votre délit cette épithète qui semble une excuse et descendant dans vos cœurs, j'y ferai tant de lumière qu'il faudra bien que vous conveniez de votre iniquité! »

« Si cet examen ou je vais vous forcer. ne vous convertit point, au moins vous vous damnerez, sciemment désormais, vous qui vous croyez sages, vierges folles de l'esprit. »

« L'esprit de luxure est l'habitude d'une préoccupation perpétuelle de ce vice. Or, constamment recéler est pire que voler une fois, et moins criminelle est la femme qui succombe que celle qui se joue en des tentations quotidiennes. »

« Toujours déplorable est la chute, mais s'amuser du péché, c'est un contemnement de Dieu! Votre luxure, M. S. n'est pas un acte passager et du corps, c'est un état permanent de l'esprit; vous jouez du vice, et si vous vous arrêtez au jeu c'est crainte des lendemains funestes, et votre retenue apparaît faite de lâcheté. »

« Sachez, M. F. disait saint Jean, qu'il y a un péché à la mort, pour lequel il ne faut point prier. » Ce péché c'est le péché de Malice, le vôtre ! O femmes du monde, de quel vice votre vertu est faite et que de turpitude dans votre continence ! J'ai dit que vous n'étiez point adultères, j'ai menti. Voyez en vous-même si dans les assemblées du monde, le désir de l'adultère ne s'est jamais levé en vos cœurs, et adultères par la pensée, êtes vous moins souillées d'un péché du cœur que d'un péché du corps?—O Dieu, que de boue dans le cœur de l'homme et qu'il faut croire que votre miséricorde fera taire votre justice ! »

« Vous serez responsables, disent les Pères, de tous les péchés dont vous aurez été l'occasion, et ajoutent-ils, l'incitation à la concupiscence est la pire des luxures. »

« Concevez-vous, femmes du monde, ces effroyables paroles? Je vous ai demandé combien de fois, vous aviez commis l'adultère dans votre cœur? ce nombre ! vous l'ignorez. Je vous demande maintenant combien de fois vous avez fait commettre l'adultère aux autres, dans leur cœur. Vous l'ignorez encore ce nombre, et si vous le saviez, loin d'en être confondues vous en tireriez gloire, car il n'y a qu'un but dans votre vie : exciter à la concupiscence. »

« Quelle différence entre la courtisane et vous ? une seule et qui ne vous décharge pas : la courtisane tient ce qu'elle promet, tandis que vous promettez sans tenir. Vous mentez, et parmi tous les désirs qui vont à la courtisane, combien sont nés de vous ! Ah ces vicieux qui vous font cortège vous abandonneraient vite, si vous n'étiez pas pâture à leurs vices... Ce qui les charme en vous, est-ce votre intelligence ? Vous êtes nulles, vous êtes vides, vous ne savez que la médisance et la toilette Votre prestige est un prestige de chair, sinon, le monde qui n'aime que la chair ne vous fêterait pas... »

Dans l'immense cathédrale, les respirations haletaient; des sueurs perlaient aux fronts, les gorges battaient l'étoffe du corsage, les mains se crispaient, un flot d'orgueil piétiné et furieux de l'être, se mêlait à une confusion, à un étonnement qui ne laissaient personne de sang-froid.

Le moine n'oublia rien dans son épouvantable réquisitoire. Une heure durant il piétina les mondaines.

« Vous vous indignez d'être dévoilées et demain, tout à l'heure, vous retournerez à votre .. »

Il s'arrêta laissant le mot suspendu sur l'auditoire qui eut presque un murmure.

« Le fruit de ce sermon sera une calomnie : vous direz que l'apôtre vous a scandalisé, car hypocrites, vous ne voulez pas qu'on vous nomme du nom de vos péchés ! Mais comment vous ont donc parlé ceux qui m'ont précédé dans cette chaire ? Ah! ce devaient être de ces âmes si saintes qu'elles ignorent le mal. Funeste ignorance, le nom de Dieu est vérité et je dirai dimanche à vos époux et à vos frères ce qu'ils sont, comme je vous ai dit aujourd'hui ce que vous êtes ! »

Il éleva les bras.

« Pardonnez-moi, ô mon Dieu, d'avoir fatigué les échos de ce sanctuaire à redire les choses du mal? J'ai osé prendre en main, ce fouet avec lequel vous avez chassé les vendeurs du Temple, afin de chasser les vices dont ces âmes sont possédées. »

« Au-dessus du tabernacle, l'archange piétine le démon, les anges fouaillent Héliodore, l'apôtre a le droit d'évoquer le mal pour le terrasser à vos pieds augustes, n'est-ce pas, ô mon Dieu? »

Et abaissant son regard et son geste.

« Plaignez-moi de vous mépriser, M. S. N'était la grâce du saint ministère, je n'aurais pas la force de me pencher sur le lèpre de vos cœurs pour les guérir. »

« Que la grâce vous touche! que Dieu vous pardonne! non pas les péchés de votre vie qui veulent une vie d'expiation mais seulement ceux que vous avez commis en m'écoutant. »

Il fit sur l'assemblée un vaste signe de croix; puis sa forme blanche disparut dans le tournant de la chaire.

L'auditoire resta un instant immobile, les yeux fixés sur la chaire vide. Puis on se leva, on se secoua comme mouillé; chacune ayant conscience d'une altération des traits et voyant cette altération autour d'elle. Tout d'un coup ce fut un débordement d'épithètes.

L'orgueil mondain se vengeait.

— « Qu'en pensez-vous? » demandait Mme de Trinquetailles, qui futile avait déjà secoué l'émotion comme trop lourde à ses épaules rondes.

— « Je pense, » dit la princesse, « que l'exclamation de Caselli : tant de soleil et pas un homme! est rétorquée. »

On attendit la bénédiction, dans une causerie animée, à ce point que lorsque le prêtre éleva l'ostensoir, quelques-unes de ces dames oublièrent de baisser la tête tandis que d'autres parlaient encore courbées sur leur chaise.

Au tambour, la duchesse de Noirmoutier, dit :

— « Regrettez-vous d'être venue, un pareil visionnaire est rare et curieux ? »

— « Vous faites tort à votre jugement, ce moine a superbement raison ! » déclara Leonora d'Este.

XXXII

UN MARDI CASUISTIQUE

La parole du Père Alta, colportée, commentée, dénaturée, ricochait singulièrement dans tous ces esprits médusés. Emues, non contrites, point converties, humiliées, ces pécheresses, comme le moine l'avait prédit accusaient le scandaleux prédicateur, et se vengeaient, comme se vengent les femmes, petitement. Le père Alta devint le canevas de parlage qu'elle brodèrent d'incroyables insinuations et d'indescriptibles calomnies. Au mardi de la princesse d'Este, surlendemain de la retentissante dominicale, chaque femme divaguait sur ce moine, selon sa fêlure romanesque ou perverse.

— « Il a aimé, cela se voit, » disait Mme de Thouars.

— « Je ne sais, mais il a certainement vécu dans le sens masculin du mot, » ajoutait Mme de Trinquetaille.

— « Il a un dédain de la femme, qui en prouve la connaissance, » concluait la princesse.

— « Ah ! mesdames, » exclama, M. de Chaumontel « il parait qu'on vous a… » et il fit le geste d'une fessée.

— « Du haut de la chaire, il fait le grand ! » s'écria Mme de Genneton, « mais en tête-à-tête, il ne serait pas si Père de l'Eglise. »

— « Il a l'audace et le talent de pousser l'analyse du péché plus loin qu'aucun romancier, il dit des vérités vraies... »

Il y eut des exclamations protestantes.

— « Je veux croire, mesdames, que son sermon vous condamne moins que moi, » dit la princesse.

Pour un peu, elles se seraient récriées dans une belle émulation d'être aussi condamnées qu'elle, même plus encore.

— « Ah ! l'abbé Vlajon. »

— « Votre jugement, vous qui êtes de la partie. »

— « Étonner, » fit-il, « n'est pas convertir, frapper fort n'est pas frapper juste, ni dépasser le but, l'atteindre ; on revient pire de pareils sermons ! »

La princesse l'enveloppa d'un coup d'œil dédaigneux.

— « Vous semblez un enfant de chœur qui critiquerait Bossuet ; mais je vois où le bât blesse votre sautillance. La réprobation des mondains englobe les prêtres mondains et, cette phrase vous pèse : « Pour que mon langage vous étonne, comment vous ont donc parlé ceux qui m'ont précédé ? »

Le vicaire insista :

— « Il a exagéré le péché et le rend invraisemblable ! »

— « Et vous confessez ! » s'écria la princesse en haussant les épaules.

— « C'est au confessionnal que je l'attends, » insinua Mme de Chamarande.

— « Pas assez de largeur dans la manche, » déclara en riant la marquise.

Le chanoine Durand entra, on l'interrogea avant qu'il fût assis.

— « Sa seconde dominicale est visible pour les hommes seulement, » demanda Mme de Thouars.

— « J'irai en homme, au confessionnal aussi, il m'appellera mon fils, » et Mme de Trinquetaille riait.

— « Les prêtres ne devraient pas aller dans le

monde, » fit le chanoine : « ce que vous dites-là, vous semble fort joli ; mais de quelle oreille, l'abbé et moi, voulez-vous que nous l'écoutions ! »

Le prince de Courtenay s'avança :

— « Cousine, nous vous laissons *ad alta*. » Et tous les hommes sortirent avec lui. Il n'y avait plus que ces dames et les deux prêtres dans le salon.

— « Que dites-vous de la casuistique du père Alta, M. le Chanoine ? »

— « Que son purisme confine à l'impureté. »

La princesse sonna : « Sarkis est-il au palais ? »

Ce dernier, au bout d'un instant, parut.

— Pourquoi ne vous voit-on jamais quand il y a du monde ; vous savez bien que vous êtes ici chez vous... »

— « C'est en vertu de cette gracieuse assurance que je n'y suis pas, quand on y est... »

— « Vous êtes misanthrope, monsieur, » fit la duchesse.

— « Misogyne tout au plus, en vieux savant qui juge les femmes intéressantes pendant qu'on est jeune seulement. »

— « Vous êtes galant ! »

— « C'est une peine que je ne prends plus. »

— « Monsieur, » dit Mme de Thouars, « une femme peut avoir le cœur aussi haut placé que celui d'un homme ! »

— « Plus haut ! mais supérieure et exaltée, la femme est sans indulgence, on est épicier dès qu'on sort des centons de Sand... »

— « Vous préférez les femmes savantes ? »

— « Il n'y en a pas, des pédantes tout au plus. La science et la femme se tournent le dos. »

— « Comme ce que vous dites à ce que je voudrais entendre, » interrompit la princesse. « Savez-vous la casuistique, Sarkis ? »

— « Je sais les livres où elle est et le chef-d'œuvre

de la matière me parait *la Somme des péchés et les remèdes d'yceulx*, par le P. Benedicti, énorme in-octavo imprimé à Lyon, fin seizième : c'est le *gradus*, le Quicherat casuistique. »

— « Voudriez-vous nous l'aller chercher et nous lire les passages ayant trait... »

— « A la luxure ! » devina Sarkis, ironique.

— « Est-ce ortodoxe ? » demanda l'abbé Vlajon.

— « Œuvre de saint, approuvée par tous les ayants droit et dédiée à la Vierge ; mais tout est dans tout ; et des femmes qui ne sont pas saintes, trouveront ce qu'elles cherchent dans ce livre d'une indéniable pureté d'intention. »

Sarkis rentra bientôt, avec l'in-octavo, en basane éraflée et l'établit sur un pupitre

— « Mesdames, » fit-il, « questionnez, et il vous sera répondu ! »

— « Cherchez... péché inconscient. »

— « Le mot n'y est pas, mais voici, d'après ce que je sais du sermon de Notre Dame, des points qui confinent au sujet : « *péchés de l'esprit plus griefs que que ceux du corps*. page 869. »

Il lut.

« *J'ai tantôt dit que le péché commis avec une femme layde, est plus grief qu'avec celle qui est belle ; car l'homme n'est pas si tenté d'une layde et vieille comme d'une belle et jeune femme.* »

— « Mesdames, » fit la marquise, « choisissons les plus jolis partenaires afin que le péché soit moins grief. »

— « Voici qui est tout à fait, dans les idées du père Alta. »

— « *Celui qui consent en la délectation du péché pèche mortellement. En quoi, il convient de noter que péché et délectation sont péchés doubles. Parquoy, qui prend plaisir à la délectation du péché, encore qu'il ne voulût accomplir l'œuvre. Quelquefois il arrive que la personne n'ose pas commettre ou par crainte d'être damnée ou diffamée ou punie du monde; toutefois se délecte à penser au péché. Exemple : celle qui ne voudrait commettre l'adultère, mais se délecterait à penser au plaisir d'iceluy et des attouchements, des propos lascifs et autres choses impudiques qui se font en luxure, pécherait mortellement.*

« *Le consentement et la délectation est de mesme espèce qu'est le péché duquel on pense. Exemple : Si quelqu'un prend plaisir de penser au péché d'adultère, c'est adultère; au péché d'inceste, c'est inceste; au péché de sacrilège, c'est sacrilège; au péché de sodomie, c'est sodomie...* »

— « Eh bien, l'abbé ! » interrompit la princesse d'Este, « le P. Alta est-il visionnaire ? »
— « Qu'est-ce que la sodomie ? » demanda Mme de Genneton.
— « *Page 222,* » lut Sarkis :

— « *Ce péché est contre l'ordre de nature, parce qu'il se commet contre l'ordre du sexe : péché qui est plus grief que d'avoir affaire avec sa sœur, voire avec sa propre mère; or il y a sodomie et acte sodomitique, qui sont deux, voyez la marge en latin.* »

Sarkis lut la rubrique.
— « Traduisez, » demanda-t-on.
L'abbé et le chanoine s'étaient levés : « Altesse et vous, mesdames, » fit le vieillard, rouge et indigné, « notre présence ici est déjà coupable. C'est abominable et le P. Alta a bien raison. »

Les deux prêtres sortirent vivement. Quand la porte fut refermée, elles éclatèrent d'un rire nerveux. Gaminement, comme des enfants qui se serrent coude à coude pour écouter une histoire, elles firent cercle autour de Sarkis, leurs yeux luisants fixés sur les pages jaunies et étoilées de mouillures.

— « *La loi de Moyse commande que tant l'agent que le patient soient mis à mort. Ce péché est tellement détestable qu'il y a même plusieurs esprits et démons qui l'ont en horreur.* »

— « Il n'y a pas d'autre détails ?
— « Ah ! un péché rare, » fit Sarkis : « *De l'excès des gens mariés.*

— « *Sixte Pythagoricien dit que l'homme qui se montre plutôt débordé amoureux envers sa femme que mary, est adultère. Parquoy, il ne faut pas que l'homme use de sa femme comme d'une putain ; ni que sa femme se porte envers son mary, comme avec un amoureux. Notez ceci, vous autres gens mariés, qui faites de votre lit, votre Dieu.* »

— « C'est cependant le rêve de la morale que l'amour dans le mariage, » s'écria Mme de Stains.

— « *Ceux qui s'entreconnaissent contre l'ordre prescrit, de telle sorte que la femme ne puisse concevoir, ils offensent : ce qui arrive quelquefois à ceux qui étant ivres de vin ou d'amour impudique, en abusent. Il y en a qui remarquent en combien de manières on peut pervertir l'ordre de la conjonction ; ce qui ne doit pas se dire en vulgaire.* »

Il lut le latin de la marge et la princesse se mit à rire pour irriter les curiosités.

— « Vous êtes bien heureuse de savoir le latin. »

— « Je veux l'apprendre, c'est la langue des choses défendues, » fit la marquise.

— « *Si aucuns, ce que n'advienne, se contentaient seulement de rassasier en leur mariage, par attouchement, sans se connaître, feraient offense mortelle. Eh quoi, n'est-il pas permis à l'homme et à la femme de se toucher, de se baiser et de se dire paroles amoureuses l'un à l'autre ? Oui bien, quand tout cela se fait pour s'inciter à rendre le devoir de mariage et non pour autre mauvaise fin.* »

— « Remarquez, mesdames, » dit Sarkis, « *que c'est péché, si on se connaît plutôt par délectation que pour avoir lignée.* »

— « C'est à renoncer au salut ! » fut l'avis unanime de ces dames. très fâchées de ces points sur les *i*, dont leur conscience se serait avec plaisir passée.

— « Ecoutez la suite, » continuait Sarkis avec la même gravité qu'il eût mise à expliquer un texte grec.

— « *Et pour autant qu'on peut transgresser ce commandement de cœur, de bouche et d'œuvre ; celles qui désirent d'accomplir l'œuvre de chair hors le mariage, bien que l'effet ne s'en suive pas, pèchent mortellement. C'est la définition qu'en a donnée J.-C. quand il a dit* : « *Qui regarde la femme pour la convoiter, il a déjà commis le péché avec elle.* » *A confesse, on se doit accuser des pensées qui sont autant péchés que des œuvres... La femme qui se met à la fenêtre pour être regardée, ou va à l'église pour voir et être vue, ou s'habille pompeusement pour être désirée charnellement, pèche mortellement.* »

— « Le P. Benedicti concorde avec le P. Alta, » dit

la princesssse, « toutefois, si ce dernier écrivait une *Somme des péchés*, elle serait plus complète. »

— « Oh ! » fit Sarkis, « voici un paragraphe qui damne tout Paris et Cadenet : « *Celui ou celle qui par chant, musique, écrits, paroles, signes des yeux, des mains, des pieds,* » ici, il regarda la princesse, « *tâche d'attirer un autre en concupiscence, P. M.* »

— « Comment P. M.? »

— « Oui, le saint homme avait à écrire si souvent « péché mortel, » que par économie d'espace et de temps...

— « Quoique ce Benedicti connaisse bien le péché pour quelqu'un qui ne l'a pas pratiqué, je ne vois pas, » dit Mme de Chamarande, « l'indication de cette coquetterie impudique et féroce qui porte bien son nom dur et américain, *Flirtation*. Nous avons progressé depuis.
— « Ecoutez cela et ne vous exclamez pas : « *Quiconque sollicite une femme au péché de la chair, pèche d'autant plus grièvement, qu'il emploie de temps à cette poursuite.* » Elles rirent.

— « Voilà pourquoi, » s'écria la marquise, « ces messieurs nous pressent tant de nous rendre et nous en veulent de résister. Qui eût pensé que leur ardeur à nous obtenir n'était autre que le souci de la diminution du péché? »

— « *Celle qui se délecte de penser au péché de la chair, encore qu'elle n'y consente pas, pèche. Les cogitations et délectations sont de diverses conditions comme leur objet. Désirer, c'est commettre.. Quiconque désire de toucher, d'embrasser, de baiser quelque personne avec intention seulement d'en tirer délectation et non pour autre chose, il pèche comme celui qui la touche, embrasse et baise pour en abuser, encore que tels attouchements se fassent ailleurs que ès-parties impudiques.* »

— « Jusqu'ici le P. Benedicti, au moins, ne nous rend pas responsables des péchés dont nous pouvons être l'occasion. »

— « Et si, » répondit Sarkis, « vous m'avez mal écouté. »

— « Çà non ! » fit la marquise.

— « *Ceux qui vont aux églises pour y contempler les femmes, et les femmes les hommes. Item, la fille ou la femme qui se présente en la compagnie des hommes pour être vue et souhaitée d'eux charnellement, péche mortellement pour ce que son intention est sinistre et perverse. Ceux mêmes qui se regardent pour se provoquer à tentation, P. M.* »

— « Oh ! si on ne peut plus se regarder ! »
— « Ecoutez une métaphore de saint Ambroise, femmes coquettes : « *Plusieurs plus facilement ont gardé continence continuelle que non pas une interposée ; car c'est de la volupté comme de la fournaise du forgeron, tant plus elle est soufflée, tant plus elle est ardente.*

— « Autre chose, mesdames. « *Celles qui se précipitent dans le mariage comme la cavale et la mûle et autres bêtes brutes, Satan leur engendre un mépris et dédain de leur propre mari et une fureur pour les étrangers.* »

Sarkis ferma le livre.

— « Vous ne resterez point coites à la prochaine confesse, mesdames ; autant de péchés complaisamment ouis, autant de péchés commis ! »
— « Ah ! ce serait injuste, nous n'avons pas eu le plaisir et nous aurions la peine ? A ce compte, il faut

réaliser ce qu'on rêve, puisque le délit est semblable. »

Sarkis se leva :

— « Allez-vous-en, si vous voulez, mais laissez-nous... »

Et elles lui prirent le livre ; Mme de Genneton le posa sur sa main et étendit le bras.

— « Je porte tous les péchés du monde à bras tendu, » déclara-t-elle.

— « Votre perversité a bien du biceps, » fit Mme de Trinquetailles, prenant l'in-octavo à son tour ; « il est trop gros pour ne pas contenir d'autres friandises, mais j'ignore les bons endroits. »

Et elle se déganta pour feuilleter.

— « Ah ! la table : « *De luxure*, 510. »

Ces dames avaient le sang aux oreilles : de sa voix claire rendue hésitante par la suppression des lettres et leurs formes anciennes, la marquise lut, sautant tout ce qui ne croustillait pas :

— « *Au sixième commandement, il a esté amplement traicté de cette matière et peut-être plus que les oreilles de quelques phantasques esprits n'eussent voulu entendre...* » « Et Cœtera, » fit-elle.

— « Ah ! il y a dix espèces de luxure, six selon le cours de la nature et trois contre nature. Ce sont : la fornication, l'adultère, l'inceste, le stupre, le ravissement, le sacrilège, la pollution volontaire, la sodomie, la bestialité et l'excès des gens mariés. »

— « Rien que dix espèces, » remarqua Mme de Genneton, et un petit rire nerveux circula.

La marquise lisait, passant toutes les considérations savantes, pures, indignées de l'auteur, ne s'arrêtant qu'aux gros mots naïfs, aux passages qu'elle et l'auditoire trouvaient agréablement charnels.

« *La loi mosayque defendait putains et bordeaulx...
Les femmes publiques qui sont aux bordeaux ou ailleurs pèchent gravement. Icy se présente une question
à vider : à savoir, si on doit permettre les bordeaulx.
D'aucuns disent qu'il n'est pas si grand péché d'abuser une femme publique et qui est déjà prête à mal
faire, que d'aller débaucher une fille ou femme mariée. A mon advis tant s'en faut que l'ardeur de
paillardise se puisse éteindre pour l'évaporer avec
filles publiques, que plutôt elle s'enflamme; ce qui
incite davantage les jeunes gens à débaucher les
filles et femmes de bonne maison après qu'ils ont appris
les subtilités d'amour au bordeau; car ceux qui ont
appris à faire l'amour aux putains, seront encore
plus enflammés et hardis à faire le même à l'endroit
des sages et honnestes femmes.* »

— « Je saute l'adultère. »

Et dans sa préoccupation fébrile, sans y prendre garde, elle laissa échapper :

— « Ça nous connaît ! »

On sourit sans se regarder :

— « Il y a toutes sortes de citations des Pères; mais cela n'est pas croustillant du tout, à part les manchettes en latin. »

Et elle s'arrêtait à en lire des mots, essayant de comprendre, s'imaginant des énormités.

— « *Du stupre et défloraison d'une pucelle. Quiconque déflore une fille vierge et rompt le sceau de sa
virginité, pèche grièvement... — La femme séculière
qui a compagnie d'un homme d'église, c'est sacrilège.*»
Ah ! « péché contre nature. »

— « Voyons ! » firent-elles curieuses.

— « *Quiconque se procure pollution volontaire, hors*

le mariage, qui est appelé par les théologiens : mollesse, telles horribles pollutions exercent aussi les sorciers au sabbat avec les diables entre eux-mêmes, en faisant des mixtions, ô Dieu ! avec des choses sacrées pour leurs charmes : ce qui se doit plutôt taire que dire. Si quelqu'une commettant le péché pense avoir affaire ou désire un homme marié, outre le péché de mollesse, c'est adultère... Si elle désire une vierge, c'est stupre; si elle désire son parent, c'est inceste; si un religieux, sacrilége; si une femme sodomie; ce péché est plus grief que l'adultère, voire même que l'inceste. »

— « On ne s'en doute guère au pensionnat, » observa Mme de Thouars.

La marquise continua :

— « Eh ! eh ! mesdames, *cela s'entend de pollution procurée par la lecture des livres impudiques.* » L'excellent homme a tout prévu, hormis... »

Et elle s'arrêta dans un rire.

— « Le voilà qui se justifie, ce bon Père : « *D'aucuns diront : qu'avait à faire Benedicti de traiter en vulgaire ces affaires-là ? N'est-ce pas en cela plutôt apprendre les péchés que les désapprendre ? Il est vrai que je leur pourrais bien répondre que je ne suis pas le premier sommiste qui ait traité ces péchés en vulgaire : car l'Italie et l'Espagne sont pleines de tels livres. Ce ne sont pas les livres qui enseignent les péchés, c'est notre nature, hélas ! par trop viciée, qui nous les apprend assez. Et quoy ? les livres ont-ils fait faire les péchés ? Non, certainement, mais les péchés ont fait faire les livres.* »

Elle ferma l'in-octavo ;

— « Dire que voilà tout le mal qu'on peut faire ?... Peuh !... »

— « Je crois, » fit la princesse, « qu'il peut y avoir beaucoup de circonstances aggravantes qui ne sont pas énoncées ici. »

— « Comment se confesser de cette lecture ? » interrogea Mme de Chamarande.

La marquise prit un ton dévot.

— « Mon Père, je m'accuse d'avoir écouté avec beaucoup d'attention la lecture de la *Somme des péchés du T. R. P. Benedicti*. Le confesseur vous répondra : Ce n'est point un péché de s'éclairer sur la gravité de ses fautes, au contraire -

— « Mais ajoutez, » dit la princesse, « que vous vous êtes délectée à l'énoncé de ces péchés, il vous dira : Ma sœur, ces péchés sont les vôtres. »

— « Alors, » conclut Mme de Trinquetailles, « en une heure nous avons été fornicatrices, adultères, incestueuses, stupreuses, sacrilèges, molles, sodomites et bestiales ? »

— « Vraiment ! Oui ! »

Elles ne protestèrent pas et se levèrent, ayant hâte d'être seules pour repasser cette nomenclature des vices ; énervées, les seins durs, elles échangèrent des serrements de main saccadés.

— « Allez, mes sœurs, » fit la princesse avec son grand air ironique, « l'esprit de luxure et l'esprit de malice sont en vous. »

Et parodiant le P. Alta :

— « Je ne demande pas à Dieu qu'il vous pardonne les péchés de votre vie qui veulent une autre vie d'expiation ; mais seulement ceux que vous avez commis pendant cette lecture. C'est la grâce que je vous souhaite. »

— « Ainsi soit-il ! » firent-elles dans leur gaieté fébrile.

XXXIII

LE T. R. P. ALTA

Il n'avait pas voulu loger à l'archevêché, comme c'est la coutume: on s'étonna mais sans objection, car le général de l'ordre avait averti de ne le contraindre en rien. Toutefois, le dimanche soir, quand une lettre d'excuse arriva à l'archevêque qui n'attendait que lui avec tout son chapitre pour se mettre à table, il y eut un grand mécontentement. On vit du calcul dans toutes ces singularités, et sauf le chanoine Durand, que le mardi casuistique de la princesse d'Este avait éclairé sur l'opportunité des audaces du sermonaire, on opina que ce froc était plein de mystères. Tandis que Son Eminence assaisonnait le fin dîner d'insinuations tout ecclésiastiques, le P. Alta, dans son appartement délabré du cloître Notre-Dame, s'accoudait la tête dans ses mains, sur la table en bois blanc, où se voyaient poussés vers le bord les restes d'un mauvais dîner apporté d'un restaurant.

Le lendemain, des valets en livrée s'informaient des heures de confesse, le bedeau arrivait chez le moine qui d'un geste le congédiait.

— « Cela ne presse point. »

Et la nuit venue, sous sa lampe fumeuse, il remuait d'une main ennuyée un tas de lettres au vélin couvert de fines écritures penchées qui demandaient une confession avec des termes de rendez-vous.

Ces femmes chrétiennes cherchaient une émotion et une faute de plus auprès du moine.

— « Voilà donc ce que j'ai semé, de mauvaises curiosités ! Comment faire, ô mon Dieu, pour que votre règne arrive ? Qu'a donc l'homme d'empoisonné aux mains pour que, touchant aux cœurs pour les guérir, la vase seule vienne au bord ? »

Une tristesse d'apôtre impuissant, un découragement effrayé de mystique, une crainte à la Saint-Bernard, se levèrent dans la pensée de ce moine qui se comparait mentalement à ces princes méchants des contes de fées qui font jaillir des crapauds sous leurs pas.

Quelle que soit la supériorité d'un homme, quand il a fait un livre ou dit une parole grave et publique, il a besoin qu'on rassure son esprit affaibli par l'effort en lui venant dire : « C'est bien ! »

Le dominicain pressentait la désapprobation du clergé et le scandale hypocrite et rancunier de son auditoire ; et la pensée amère, il regarda dans le passé.

A travers des brumes épaisses, son temps de vanité se présentait impersonnel. Les années de cloître avaient dissous ce comte Alta, qui brandissait sa coupe à champagne avec un singulier rire, dont les stridents éclats arrêtaient l'orgie et l'épeuraient ; et du pêcheur hardi était sorti un pêcheur d'âmes plus hardi peut être. Large, démesurée, sa prévarication avait exploré le pôle du mal ; et sans chemin de Damas, sans coup de la grâce, quand l'extrême péché défaillit sous ses pas, il alla vers le bien, simplement pour faire nouveaux pas. Son prestige, c'était pour les narines féminines l'odeur de son passé ; elles le devinaient ce « saint Michel qui avait été Satan, ce Satan qui était devenu saint Michel, » de la poésie de Marestan. Lent, le retour à Dieu du comte Alta, commencé par le Beau métaphysique et la lecture de Platon, s'était effectué par une lente recherche des évidences surnaturelles. Dès qu'il eût déclaré inanes, amour, femme et plaisir, il porta son effort vers la conception de l'Absolu, et les voiles se déchirèrent les uns après les autres, jusqu'à ce cri sublime : « Adonaï, notre Seigneur, est un. » Croire est un acte, la foi n'existe que manifestée, et le comte Alta entra au couvent. Là, on connut tout de suite quel chevalier venait à la rescousse de la foi et on aplanit la discipline à son orgueil. On laissa les griffes au lion, et à peine ordiné, on lui montra la chaire de Notre-Dame.

— « Commencer sa carrière par un scandale, » pensait-il, « et dans quel lieu? Le plus retentissant qui soit, après saint Pierre !

On frappa discrètement :

— « Entrez ! » fit-il vivement,

— « Mon Père, » dit Mérodack, « je viens vous dire que je vous admire. »

— « Ah ! vous m'admirez ! »

Et le moine qui s'était levé, aspira ce mot avec une gratitude qui fit sourire ses traits.

— « Oui, vous avez fouaillé la femme du monde, en grand psychologue et en digne moine. »

— « Vous croyez que c'était bien là ce qu'il fallait dire, selon Dieu? »

— « Je le crois, et comme j'ai deviné que de fausses terreurs vous inquiétaient, je suis venu. »

Le P. Alta lui tendit les deux mains. Ils restèrent un moment à se regarder dans l'âme, heureux de se sentir unis et attirés invinciblement l'un vers l'autre.

— « Vous êtes fils de l'Eglise? » demanda le dominicain avec anxiété.

Qu'il lui eût été dur de ne pas trouver la même foi dans celui qui venait à l'heure de la défaillance et qu'il aimait déjà de son immense cœur mystique.

— « Fils et féal de l'Eglise, mon Père, » dit solennellement le jeune homme.

— « Père, dites-vous. Non ! nous sommes frères. »

Et les deux thaumaturges, le Prodige de la Grâce et le Prodige de la Volonté, le Moine et le Mage s'embrassèrent.

XXXIV

LE PÉCHÉ D'IMBÉCILLITÉ

Elles avaient employé toutes les ruses pour envoyer père, frère, mari, amant à ce sermon ; si bien que la grande nef était pleine des gens de cercle et de sport et autres buses

Dans les bas-côtés, tassées et heureuses, elles attendaient ce fin régal : la condamnation de LL. SS. les hommes.

Le R. P. Alta commença ainsi :

« *Peccatum est imbecillitas :*

« La Bêtise est un péché, le vôtre, M. F. Vous vous damnez bêtement ; petits vos vices, idiote votre vie ; nulle votre pensée ; et l'Enfer vous dédaignera pour votre inanité même dans le mal. »

Il prit ensuite la vie de l'homme du monde, et en des paroles abstraites, les seules qui conviennent à la chaire, où particulariser dans l'expression manquerait d'ampleur, il énuméra le multiple abrutissement des gens du monde avec ce mot pour refrain : imbéciles !

« Je m'étonne, gens du monde, qu'on ait daigné vous confondre en de longs discours, un seul mot vous qualifie et vous juge : imbéciles !!!

« Oui, vous êtes imbéciles, je ne parle qu'au point

de vue humain. Ce qui fait la dignité de l'homme, c'est autant que sa vertu son intelligence. Les anges rebelles étaient des intelligents et Dieu les a honorés de sa colère. Mais vous qui vous permettez l'orgueil, vous qui déshonorez chacun une page d'histoire, nobles qui ne fait pas d'actes nobles, vous êtes déchus de votre prestige. On me répondra que le temps n'est plus de la défense du saint Sépulcre et de la recherche du saint Graal ! Imbécilité ! Tant qu'il y aura un devoir à accomplir, une idée à défendre, un faible à secourir, il y aura place pour des croisés. La civilisation vous a ôté l'épée, prenez la plume, le compas, la parole, magnifiez le Verbe en une œuvre, fût-elle seulement utile ; gentilshommes, vous serviez jadis des rois indignes, aujourd'hui servez l'idée, sa force est invincible, quand elle est catholique. Mais non, vous vivez dans vos écuries, et si le penseur vous méprise, vous réclamez. Vous, les dégénérés et les indignes, vous faites les dédaigneux ! Sachez que le blason est au cœur, que les parchemins ne sont que des choses d'archives, et qu'il n'y a qu'une race de droit divin : le Génie. Génie et vertu, voilà les aristocraties éternelles de ce monde et de l'autre. Le reste n'est que de la convention et qui passe avec le temps qui l'a vu naître. Avez-vous du génie ? Avez-vous de la vertu ? Eh bien, je vous appellerais manants et canaille, si je n'étais le moine, pour qui tout homme et lui-même n'a qu'un nom : le pécheur. »

Telle fut sa péroraison.

« Vous valez vos femmes ; vous donnez aux prostituées ce qu'elles se donnent à elles-mêmes. Est-il vrai, mon Dieu, que ces êtres, auxquels tu as appris la loi de charité, mettent en une parure, ou en un pari, le pain de cent affamés ?

« Mauvais riches ! vous rendrez compte de cet or que Dieu vous avait départi pour en être les distributeurs, et que vous avez dissipé en folies égoïstes. Entendez-vous ce cri, c'est le râle de toutes les faims et de tous les désespoirs que vous pouviez secourir !

« Mauvais orgueilleux ! vous rendrez compte des titres glorieux que vous déshonorez et que Dieu ne vous avait permis que pour donner de plus voyants exemples de vertus. Entendez-vous cette huée ? C'est la risée des intelligents qui vous jugent.

« Imbéciles, vous rendrez compte de cette intelligence que Dieu avait mise en vous pour le magnifier et que vous avez abrutie. Entendez-vous cette clameur ? C'est l'Enfer qui vous repousse, ouvert aux méchants, il est fermé aux imbéciles que je souhaite de cesser d'être ! Ainsi soit-il. »

XXXV

PRONAOS

Admirer, c'est aimer avec l'esprit, et la princesse d'Este admirait le P. Alta. Ce moine lui semblait dans le bien une plus grande exception qu'elle-même dans le mal. Confondue par le sermon sur le péché inconscient, la troisième dominicale sur l'égoïsme fit monter à sa volonté de passagères bouffées de charité.

« L'esprit se mesure à la pensée, le cœur se mesure à la bonté. Votre pensée, hommes du monde, est de gourmandise ou de luxure ; la vôtre, femmes, l'oripeau. Ah que je vous mépriserais bien, gens du monde, si mon grand Dieu ne m'ordonnait de vous aimer et de vous convertir... »

« Toute intelligence a le devoir de l'idée ; toute volonté a le devoir du sacrifice. Se dévouer en paroles à la vérité ; en actes à la charité ; tel est tout le mérite de la vie. Egoïstes sans bonté, on ne vaut que par dévouement et celui qui s'est dévoué pour l'humanité, ne donnera son éternité qu'à ses imitateurs. »

La princesse pria par une lettre le Dominicain de l'honorer de sa visite ; elle reçut une carte où il y avait : « le moine ne doit parler au monde que du haut de la chaire ; le moine ne doit écouter le monde qu'au confessionnal. Sa parole est l'anathème suspendu qui avertit ou l'absolution qui sauve, la causerie jamais. »

Elle lut entre les lignes un immense dédain de la femme, de ses pompes et de ses œuvres, et si ce refus la blessa, car la sottise des circonstances et des hommes l'avaient habituée à se voir obéie, elle en conçut une idée plus haute de ce Bernard, auquel il ne manquait qu'un XIIe siècle *à épeurer* de sa sainteté et à faire marcher droit à sa parole. Elle disait souriante : « Je suis toujours *Ad alta*, » sans se douter que l'admiration, ce pronaos de l'amour franchi, on ne sort plus du labyrinthe de la Passion.

XXXVI

HAMLET ET OPHÉLIE

Tous les ans, dans la nuit du vingt-troisième jour de Mars, anniversaire de sa naissance, Mérodack dressait son thème annuel. La terrible menace de l'horoscope devait s'accomplir cette année-là : « Assassin par amour. » Le crime s'imposer à sa main et violer sa volonté du bien. Assassin, lui! et par amour, l'absurdité était double, et cependant il croyait à l'astrologie.

En réfléchissant, il substitua au mot amour, celui d'affection et justicier à assassin. Corysandre subirait un affront dont il serait le vengeur? S'éloigner d'elle, c'était déchirer l'arrêt astral, mais il ne s'en croyait pas le droit.

Assis, face à face, à une table d'ébène, dans le petit salon de l'hôtel de Courtenay, Mérodack et Corysandre, tous deux, préoccupés, évitaient de se regarder.

— « Vous avez du chagrin ? » et elle leva sur lui son regard bleu.

— « Je songe que si le prince venait à mourir, vous seriez bien seule dans la vie. »

— « Ne seriez-vous pas là ? »

— « Je ne suis qu'un frère et je vous cherche vainement un époux. »

— « Il ne faut pas chercher, » murmura Mlle d'Urfé, d'une voix altérée, abaissant ses longues paupières, et la tête courbée résorbant ses larmes, elle piquait par contenance la marge d'un album.

— « Ecoutez-moi Corysandre, » reprit Mérodack d'une voix grave. « Je peux tous les dévouements; mais je n'ai pas toutes les tendresses... Oui, je vous fais mal, je le sens, mais il faut chasser les illusions avant qu'elles nous déçoivent. Belle, pure, angélique, vous avez droit qu'on vous consacre sa vie, et la mienne ne m'appartient plus, je suis un chevalier de Malte Ne pleurez pas, Corysandre, un amant est un mirage qui trompe, un frère... »

La jeune fille pleurait.

— « Ne pleurez pas, Ophélie, le frère sera si tendre qu'il vous fera oublier l'amour. Je sais que vous comprendriez l'exigeante indépendance du penseur, que vous pardonneriez à ses absorptions, mais vous en souffririez. Ne pleurez pas, Ophélie, je n'aurai qu'une sœur ; nous serons d'éternels fiancés. »

Corysandre saisit un crayon, traça sur l'album quelques lignes et s'enfuit en sanglotant.

— « *Hors de vous, je n'ai pas d'avenir, je n'en veux pas.* »

lut le jeune homme. « Ah ! prévoir, l'impossible de l'intelligence humaine ! L'initiation a brisé en moi la fibre d'amour. J'ai voulu la toute puissance et j'ai tué en moi l'attraction sexuelle. J'ai fermé mon cœur, la bonté n'en peut sortir, mais la passion n'y peut entrer. J'expierai mes ailes d'archange, car la douleur me reprend par le cœur d'autrui. Corysandre ! je saignerai plus que toi de tes blessures, et mes larmes qui ne couleront pas, seront plus salées que les tiennes ; compatissant au désespoir d'autrui, toute joie ne trouve en moi qu'une harpe sans corde, une flûte sans trou ! »

XXXVII

LA CONFESSION

Sarkis assistait à la toilette de la princesse.
— « Quel soin et pourquoi ce parfum violent ? »
— « Je vais *ad alta*. »
— « Vous confesser ? »
— « Le confesser. »
— « Ouais, seriez-vous plus convertie qu'il ne semble ? et ce second Père Francesco... »
— « Je suis intéressée et veux voir ce qu'il reste de l'orateur dans le religieux. »

Elle mettait un corsage en grenadine noire où un semis de fleurs brodées laissait des places claires où la chair était attirante plus que nue. Une fente qui montrait un doigt de peau, descendait du col fermé s'évasant sur l'entre-deux des seins.

— « Il fait froid, » observa Sarkis.

— « J'ai ma pelisse.

— « Elle ne vous préservera pas d'une humiliation. Oh! souriez bien à la Léonard, j'ai entendu la cinquième Dominicale sur l'amour, et ce mépris de Circé n'est pas une grimace. »

« Ignorez-vous, Sarkis, la fréquence de hautes pensées aboutissant à des actes bas, qu'on peut être épris d'idéal en se vautrant dans les réalités, et que ce contraste est de tous les jours sous tous les yeux, d'une perversité théorique avec une vie bénévole, ou du désir des vertus avec pratique des vices. L'homme est deux: esprit et brute; d'où deux existences parallèles et simultanées, et tel qui va au lupanar le samedi se trouve le dimanche à l'église et de bonne foi. »

— « Par Hercule, j'attends votre retour et le plaisir que me causera votre défaite... »

— « Je serai franche avec vous sur l'honneur. »

— « Je vous crois et Mérodack et à ses prophéties. Hé! Altesse, le moine est une robe comme la femme; mais plus terrible, car parfois, il y a un mort dessous. »

Tandis que son coupé la menait à Notre Dame, la princesse s'étonnait de se sentir surexcitée. Elle avait obtenu cette heure de midi pour n'être pas mêlée au commun des pénitentes.

Un pâle soleil frappait les glorieuses couleurs des rosaces, et s'éclipsa tout à coup quand la princesse entra dans la cathédrale, pleine de silence : et tel était son état nerveux, qu'elle remarqua ce retrait de la lumière à son approche.

Il lui semblait que l'écho, rediseur des paroles de

vie et des voix de l'orgue répétait avec humeur et ennui le claquement de ses bottines sur les dalles.

Au lu de sa carte, le sacristain retira sa calotte, priant son Altesse d'attendre le T. R. P. à la troisième chapelle de la nef gauche. Aucune idée de piété ne lui vint. Elle s'assit en face de la chapelle indiquée, regarda en l'air, puis sa montre. La fatigue de l'attente qui dissout les résolutions, la mettait déjà en un état d'appréhension irraisonnée. Elle s'agenouilla, s'accoudant au prie-Dieu, les yeux errant d'ogive en ogive, comme si elle les comptait. Soudain, jaillit au seuil de la sacristie l'apparition lumineusement blanche du Dominicain. Elle l'écouta venir, trouvant l'écho favorable à ses pas, elle le regarda venir avec le plaisir de voir une chose d'art qui marche.

Il venait lentement avec l'allure d'un moine promenant son oraison autour d'un préau les mains dans ses manches, symbole de renoncement au monde, le front haut comme il convient à celui qui lie et qui délie !

Ni l'un, ni l'autre ne baissa la paupière. On eût dit d'un religieux chargé d'affaires diplomatiques auprès de la princesse d'Este, non d'un confesseur et d'une pénitente. Il entra dans la chapelle et s'agenouilla, la princesse d'un léger coup de talon lui jeta la caresse parfumée de sa robe sur les pieds.

A peine à genoux, elle ouvrit sa pelisse, fit bayer la fente du corsage, repoussant ses manches pour avoir l'avant bras nu.

Ces préparatifs de séduction faits avec hâte, et trouvant le moine plus désirable encore, vu d'aussi près, elle se dit : « l'avoir à mes genoux comme il est là ». Le P. Alta s'était relevé en se signant. Il ouvrit le confessionnal y entra sans un bruit et tira le volet de bois qui grinça ; puis le silence de la chapelle s'ajouta au silence de la cathédrale.

Celui qui eut été adossé au plus proche pilier eût pu

voir au bout d'un quart d'heure, les pieds de la pénitente s'agiter, se crisper et par leurs soubresauts faire osciller les plis de la pelisse. Dans cette immense immobilité il n'y avait de vivant que le dos de cette femme et sa robe débordant du confessionnal, frémissante et agitée.

Peu à peu la voix de la pénitente s'éleva en des intonations de colère ; la porte du confessionnal s'ouvrit lentement, le moine alla s'agenouiller comme il avait fait en arrivant.

Les mains crispées sur l'accoudoir, le buste penché, très pâle, la princesse regardait le dominicain se frapper trois fois la poitrine en un *confiteor*. Il se releva et les mains dans les manches, remonta la nef, avec la majesté d'un apôtre de Fra Bartolomeo.

Quand sa forme blanche eut disparue à la porte de la sacristie, elle resta un moment immobile, puis d'un pas sec, elle sortit de Notre-Dame.

— « Ah ! » fit Sarkis en la voyant entrer et il retint le mot ironique qu'il avait aux lèvres devant la confusion de cette femme si fière ; il se leva pour sortir.

— « Restez, aussi bien j'ai assez d'orgueil pour avouer ma défaite, » fit-elle les dents serrées. « Il se soucie de moi comme du drap de son froc. Ecoutez : à redire je me rendrai mieux compte de mes impressions. »

Sarkis se rassit.

— « Vous savez le soin que j'avais pris d'être troublante. Quand il eut tiré le volet et prononcé les paroles latines de la bénédiction : au lieu du confiteor, je restai muette, le corsage entr'ouvert, laissant le silence du face à face produire sur lui l'impression d'anxiété que je ne tardai pas moi-me à ressentir. J'attendais un mot qui me permît dès le début de faire tourner la confession en causerie.

« On eût dit qu'il devinait ma pensée, son immobilité

m'épeurait, je me serais crue seule, et qu'il n'y avait personne derrière le treillis. Je m'énervai, à ma nuque une douleur physique de malaise, je subissais l'anxiété de ce muet tête-à-tête, à ce point que pour secouer l'étrange magnétisme de ce silence, lâchement comme une pensionnaire, je dis *confiteor*, puis des balbutiements de sons qui n'étaient pas des mots. — « Ma sœur, je vous écoute. » — « Tu m'écoutes, pensai-je, je vais voir si le démon d'orgueil ne viendra pas à la rescousse de celui de luxure. » — « Mon père, vous êtes le dernier des pères de l'Eglise, égal aux plus grands; vous savez les secrets des cœurs et si vous prêchiez le mal, on serait heureux de se damner pour vous plaire. »

« Je m'arrêtai ; il y eut un long silence, puis sa voix simple dit : « Après, ma sœur ! »

— « Mon père, la parole de Dieu se divinise encore en passant par votre bouche, vos lèvres parfument l'Evangile et on commettrait un crime pour s'entendre condamner par vous. »

« Après un silence où je rougissais de mon pathos mystico-sacrilége ; sa voix calme dit : « Après, ma sœur ! »

« Je repris : Vous êtes beau, vous semblez un archange, quand vous prêchez, je vois se dessiner un nimbe derrière votre tête adorable. »

« Le silence reprit, et après un moment, sa voix grave répéta : « Après, ma sœur ? »

« Son impavidité m'envoûtait ; j'étais en sueur, la gaze plaquait à mes épaules moites, cette odeur de femme eût dû le troubler. Non, orgueil et luxure n'avaient point de prise. Il doit être au moins ambitieux, pensai-je, montrons-lui la tiare : — « La double prédestination de la sainteté et du génie vous désigne aux grandes dignités. Je puis vous ouvrir le sacré collège, et vous obtenir le chapeau en peu d'années ? Voulez-vous une nonciature ? » — Ai-je besoin, Sarkis, de vous dire que tout cela n'est pas en ma main, et que s'il se fût pris à ces appeaux, je l'eusse raillé d'une belle façon. Mais, comme si je lui disais que j'avais oublié ma prière du matin, il répéta son éternel, « Après, ma sœur. » Ce répons m'exaspérait.

— « Après, » fis-je, « j'aime un moine, ma chair aspire à sa chair... »

— « Après, ma sœur, » laissa-t-il tomber avec indifférence.

— « Après, qu'on vient au confessionnal convier un moine à son lit, s'il y a quelque chose après cela, apprenez-le-moi donc ! »

Alors, il se leva sans hâte, sans colère, sans trouble et sortit du confessionnal, récita un confiteor à genoux et s'en alla.

— « Vous vous taisez, Sarkis, » fit-elle agacée.

— « Que vous dire, si ce n'est que Mérodack est sorcier et que vous aimez? »

— « Je ne vous souhaite pas beaucoup de haine comme ce sentiment que vous appelez amour. »

— « Que c'est femme ! il a manqué à tous ses devoirs envers vous... en gardant ceux qu'il a envers Dieu ! »

— « S'il était digne, m'eût-il écouté? »

— « Accusez-le !... »

— « Je ferai mieux... »

— « Lui enverrez-vous votre sbire Rochenard ? »

— « Cette affaire-là, je la ferai moi-même ! » et toujours pâle, elle passa dans ses appartements.

XXXVIII

PAQUES

A Notre-Dame débordante de fidèles, le P. Alta commençait d'une voix éclatante :

Adveniat regnum tuum.

— « Le monde tourne autour de la pensée ; il faut que le monde tourne autour de la pensée catholique ! Devraient-ils être vains, il faudrait encore y épuiser nos efforts ; c'est la plus sublime entreprise qui soit aux mains de l'homme. »

« Ce jour de joie pour l'Eglise, je ne veux pas l'attrister, M. F. Mais l'enseignement de ce carême serait incomplet, si je laissais le silence sur le péché public. Oh! je voudrais réunir ici les représentants de ces deux incontestables aristocraties, le génie et la science, je leur dirais : Hommes des races latines, veillez, car le feu du ciel va passer et vous consumer si vous êtes impurs. »

« Jusqu'ici, je n'ai traité que du péché personnel dont le prochain ne porte pas collectivement le poids et la peine, je m'adresse aujourd'hui non aux comparses, mais aux grands acteurs de l'œuvre humaine. »

« Et d'abord, vous qui soufflez sur l'or des nimbes l'haleine amère des négations, mauvais nabis, ne savez-vous pas que tous vous seraient sourds, si un peu de cet or sacré de la foi, que vous croyez ternir, ne s'attachait à vos lèvres et n'empreignait vos paroles. Vous attirez la foudre sur ceux qui vous écoutent et vous suivent, et la pensée de votre époque est empoisonnée de vous. »

« Écrivains qui peignez le cœur de l'homme et ses passions, ne savez-vous pas que poétiser l'adultère, admettre l'aveugle instinct, absoudre les luxures, c'est du proxénétat. »

« Artistes qui ne parlez qu'aux sens, vos œuvres sont semblables à celles des courtisanes. »

« Quant à vous, hommes politiques, qui avez en main le sort du plus noble peuple de tout l'Occident, les mots qui vous jugent, me font peur. »

« Réformes et républiques sont des crises qui peuvent durer, des avortements qui se traînent quelquefois longtemps ; mais ce ne sont que des crises et des avortements, une société n'élude pas la loi hiérarchique sans périr ; et en la rencontre présente, j'envisage avec stupeur, votre inertie. Oh! la divinité du catholicisme éclate en effet, de subsister avec des prêtres comme nous et des laïcs comme vous. Cette vertu commune, cette vertu du sauvage, le courage, vous ne l'avez pas eue devant la profanation et le sacrilège. Vous allez me répondre que l'Évangile défend l'épée aux moines, oui; aux laïcs non pas ! »

« Une idée ne doit que persuader et l'inquisition d'Espagne et de Flandre est la honte de notre ordre ; une idée n'a pas le droit d'être armée quand on n'arme point contre elle. A l'idée, l'idée seule s'oppose et c'est au verbe à triompher du verbe. Mais laïcs, si l'épée touche à votre foi, alors servez-vous de l'épée ! »

« Si les athées blasphèment, priez ; s'ils discutent, répondez; s'ils profanent les autels, égorgez-les ; l'épée doit rouvrir le temple que l'épée a fermé. »

« Mon cœur se navre, M. F., a toujours crier « Jérusalem, malheur ! » Oh! si vous étiez de bonne volonté, je vous dirais : lève-toi et marche, Lazare latin, avec cette devise : *aux œuvres! aux vertus!* Oh! si vous vouliez! Penseurs, à chaque blasphème, répondre par un acte de foi ; à chaque livre mauvais opposer un livre supérieur; et venger Dieu, l'Église et la Tradition? Écrivains, enseigner que le Moyen Age avait raison, qu'il faut tuer la Bête, et que l'homme ne vaut qu'en raison de sa victoire sur les instincts. Artistes, ne mettre que de l'âme en vos œuvres! — Et puis : aux vertus ! aux vertus ! Femmes, être chastes et humbles, hommes, continents tous bons de cœur, larges d'aumône, purs de pensée. Oh! si vous vouliez, tout serait sauvé, car à cette heure tout me semble perdu pour vous, hommes latins. »

« L'État blasphème ! le pouvoir est aux athées, et vous le leur laissez. Vous feriez une révolution pour un Bourbon, et vous ne songez pas à en faire une pour N. S. Dieu! Pour l'heure des sacrilèges et de l'athéisme d'État, voici le devoir catholique ! »

« Vous n'avez qu'un chef : le Pape, vous êtes Romains avant d'être Français. Tant que la France respectera Rome, servez-la, vous le devez. Mais si la France se lève contre l'Église, Français catholiques levez-vous contre la France et reprenez la double croix du ligueur. L'État portera bientôt sa main sur la pensée de vos enfants. Résistez à l'État, luttez avec l'État, culbutez l'État. Là où il n'y a pas de crucifix, il vous est défendu de vous découvrir. Ministres et juges qui ne sont point sous l'invocation de Jésus-Christ ne doivent être à vos yeux que les grimaciers ridicules du pouvoir et non ses justes détenteurs. »

« Hors de l'Église, pas de salut. Ce mot que se passent les ironies, je vous le répète en historien. Le catholicisme peut se passer des races latines, mais les races latines ne peuvent pas se passer du catholicisme. Le jour où la France ne sera plus la fille aînée de l'Église, elle sera mûre pour la curée teutonne. »

«Mais les ignobles brutes qui vous châtieront, ne prendront pas votre place ; jamais la Providence ne mettra le flambeau de la civilisation en des mains de protestants, et l'avenir ne peut vous être retiré que pour être donné aux Slaves, quand l'Eglise grecque reviendra au giron catholique. »

« A vous penseurs et gouvernants des races latines je dis ceci : l'Eglise est l'Arche Sainte qui peut sauver la France, et si vous ne m'écoutez point, les Slaves viendront prendre votre place, car le monde tourne autour de la pensée, et il faut que le monde tourne autour de la pensée catholique ! »

XXXIX

LE KRACK

Mérodack traversant la place de la Bourse, aperçut Mérigneux qui, contre son habitude de *far niente* intellectuel, semblait préoccupé.

— « Que fait là votre indolence ? »

— « Mon indolence est fort secouée, » et du geste il indiquait l'ignoble bâtisse d'où sortait une clameur.

— « Auriez-vous des intérêts dans ce lupanar ? » demanda Mérodack.

— « Marcoux est perdu, » fit Mérigneux « les titres de la Nouvelle-France, émis à cinq cent, étaient hier à quatre mille. Les Sémites gonflaient ce papier, aujourd'hui ils le laissent retomber ; six mille titres jetés sur le marché ont fait fléchir le cours jusqu'au-dessous du prix d'émission et Marcoux rachète ses propres valeurs. Entrons. »

Ils montèrent aux tribunes.

Plèbe en furie, septembriseurs en délire, chacals acharnés sur une charogne, fauves fous de faim, sauvages ivres d'eau de feu, damnés blasphémants ne donneraient pas idée de la meute d'hommes qui vociféraient autour de la corbeille.

— « Pouah ! » fit Mérodack. « Que disent-ils ? »

— « Il faut être de leur bord pour comprendre. »

— « Dites de leur boue. »

D'un pavage houlant de têtes, émergeaient des bras agitant désespérément des calepins. Les crânes chauves s'empourpraient, apoplectiques ; de cet écrasement énergumène, un hurlement sans nom, fait de deux mille voix de brutes folles, roulait ses ondes sonores jusqu'au ciel ouvert d'où tombait un jour triste d'éclairer cela.

— « Quelle profanation du verbe ! » disait Mérodack, « la parole, cette chose presque divine, prostituée à l'argot de l'or et à ses vociférations. Le jour où la prière des églises ne couvrira plus cette clameur... » il fit un geste qui veut dire fini. « Ces mains levées appellent la foudre de justice et Dieu doit l'enfer dans l'autre monde à ceux qui l'ont créé en celui-ci. »

A un garçon de banque qui passait, Mérigneux demanda : « la Nouvelle-France ? »

— « Il n'y a plus preneur à 200. »

— « Courtenay est perdu, » fit Mérodack, « vite chez la Nine. »

Ils la trouvèrent habillée pour sortir, à la nouvelle de la ruine du prince, elle se répandit en étonnement navré.

— « Je crains un suicide, » dit Mérigneux, « soyez tout à l'heure à l'hôtel, Milady. »

Le krack se répandit avec cette incroyable célérité de transmission des malheurs collectifs. Presque un demi-milliard de perdu par la classe qui déroge en travaillant, et qui de la misère ne peut en appeler ni au commerce, ni à l'industrie. En quelques heures, les chefs d'or des blasons effacés, l'argent des pals disparu et avec la ruine de la noblesse, celle des espérances dernières d'un parti.

Le prince, dans son cabinet, causait avec Corysandre.

— « Altesse, une grave affaire, » dit en entrant Mérigneux.

Corysandre se leva.

— « Eh bien ! » dit le prince quand la portière fut retombée, « il y a baisse. »

— « Il y a krack ! »

Le prince ferma les yeux un instant :

— « Et la fortune de Corysandre ? »

Mérigneux ne répondit pas.

— « C'est bien ; allez chercher ma réserve, et payez tout le monde. »

Et il le congédia.

Mérigneux, impressionné par cette royale tenue devant une ruine qui aboutissait au suicide :

— « Quelle allure dans le malheur ! Comme ils vous portent cela, ces nobles ! » se disait-il, se cachant son émotion dans une formule d'admiration artiste.

Resté seul, Courtenay garda son impassivité hautaine : telle était son habitude de se tenir toujours comme devant l'objectif de l'histoire, que cette annonce de sa mort ne troubla pas sa contenance. Il l'avait dit lui-même au souper dominical : un roi ruiné est un roi condamné ; mais sa grande douleur, c'était la ruine de Corysandre.

Il prit une plume sèche et se mit à exécuter des tailles qui ne marquaient pas sur la marge d'un journal.

— « Milady Astor ! » annonça Anselme.

La Nine entra vivement.

— « Vous êtes ruiné, Sire, » fit-elle en lui prenant les mains. « Je vous apporte ma fortune. »

Courtenay fronça les sourcils :

— « Milady, vous êtes ici à l'hôtel de Courtenay, où

habite Mlle d'Urfé. Quant à l'offre de votre fortune... »

La Nine crut rêver, ne comprenant pas cet homme qui chez lui oubliait sa vie du dehors et ne regardait plus choses et gens, que du haut de son blason.

— « Mais votre pupille est ruinée et vous n'avez pas le droit... »

— « D'offrir votre or à Mlle d'Urfé, qui ne peut, pas plus que moi, recevoir de vous... »

— « Je veux vous sauver..., et vous m'insultez, Robert. »

— « Milady, il ne faut pas que Mlle d'Urfé vous rencontre ici. »

Il ne vit pas luire la haine aux yeux de la Nine qui cachant sa honte, reprit :

— « Il doit vous rester quelque chose, ne fût-ce que cent mille francs. Je ferai jouer à la Bourse. Je ne vous demande que trois jours. »

Mérigneux entrait.

— « Il reste à Votre Altesse ces quatre-vingt mille livres. »

La Nine prit la liasse de billets :

— « Votre parole, que vous attendrez trois jours. »

— « Soit ! » céda le prince dans l'espoir de restituer une partie de son patrimoine à Corysandre.

Celle-ci, frappée de la pâleur de Mérigneux, était revenue à la porte du cabinet, avait gratté, et n'obtenant pas de réponse, était entrée.

Le prince fit un geste à la Nine, qui disparut soumise et furieuse.

Mlle d'Urfé s'avança vers la table, et à la vue des pages de chiffres que tenait Mérigneux, comprit qu'il s'agissait d'argent.

— « Ne vous inquiétez pas, parrain, ma fortune est à vous, prenez-la. »

Courtenay pâlit. Lâche pour la première fois, il n'osa avouer qu'il avait déjà risqué et perdu le dépôt qu'on lui avait commis.

— « Merci, Corysandre, tout s'arrangera, » fit-il avec effort.

— « Par qui ? par cette dame qui sort ! Oh ! j'aurais voulu l'embrasser. Son nom ?... » s'écria-t-elle.

Courtenay ne répondit pas, se mordant la lèvre. Non seulement il ruinait sa pupille, mais il la faisait rencontrer chez lui par une fille Ces deux transgressions de sa dignité et du devoir de rang lui sonnèrent à l'esprit l'hallali de sa propre estime.

Un silence plein de gêne fut rompu par Anselme :

— « Son Altesse Royale est servie. »

A peine attablés, ils virent arriver, les uns après les autres, tous les dominicaux. Au dessert, il ne manquait plus que Mérodack. On avait mis un couvert à chaque arrivant. C'était la même tablée que boulevard de Courcelles ; mais la présence de Mlle d'Urfé faisait méconnaissable cette réunion.

— « Ah ! messieurs, je bénis une infortune qui me prouve de tels amis. C'est bien d'être tous là et tout de suite. »

Il sentait l'extraordinaire valeur de l'empressement de ces indifférents et de l'affection de ces égoïstes.

— « Et Mérodack ? »

— « Il était avec moi à la Bourse, à quatre heures, » dit Mérigneux.

— « Oh ! ne doutez pas de lui, fit Corysandre.

— « Je parierais qu'à cette heure il transmute des pavés en or fin ! »

Corysandre faisait les honneurs de la table avec une grâce timide qui ravissait tous ces pervers.

— « Oui, » répétait le prince au dernier arrivant, le duc de Nîmes ; « on doit jouer pour moi à la Bourse et réparer... Au fait, je n'y entends pas plus qu'un baron du treizième au grimoire de son chapelain ! »

Anselme entra.

— « Votre Altesse, un homme est là, apportant une caisse de la part de M. Mérodack. »

— « Qu'on l'apporte ici ! »

Deux valets, avec peine, l'ouvrirent, et le couvercle soulevé, sur un lit de copeaux, des lingots d'or brillèrent.

Tous se levèrent en un cri stupéfait :

— « De l'or ! »

Aucun prodige ne les eût pareillement éblouis : l'or, cette synthèse de la toute-puissance, l'or en caisse, était un spectacle à se croire halluciné.

Ils prirent les lingots, les soupesèrent, se les passant, les laissant tomber et souriant au bruit, comme à une musique divine.

On les emporta au salon, où ils furent rangés symétriquement autour de la lampe. Cette tablée d'or égayait tout le monde, et Mérodack prit un prestige tel, qu'ils se levèrent tous quand on l'annonça.

— « Nicolas Flamel, merci ! » dit le prince au jeune homme qui souriait en voyant l'éblouissement des regards.

— « Comment confiez-vous à un commissionnaire ?... » demanda Gadagne.

— « Un commissionnaire ne se figurera jamais que cette caisse qui lui luxe l'épaule est une caisse d'or. »

— « Avez-vous dîné ? » demanda Corysandre.

— « Je n'ai pas eu le temps, je ne savais plus où était cet or, il m'a fallu chercher... C'est servi pour Tantale, mais je ferais volontiers chère plus humaine. »

On apporta des perdreaux froids, et pour faire une place, on empila les lingots.

— « Je ne bois que de l'eau, » répondait Mérodack au domestique qui lui murmurait : « bourgogne ou bordeaux. »

— « J'aurais fait la Divine Comédie, vous me critiqueriez ; vous croyez que j'ai fait de l'or, et je vous apparais demi-dieu... Comme des jeunes filles qui verraient leur idéal mettre les mains dans ses poches, ma fringale de premier estomac venu vous déroute.

Rentrez votre admiration ; cet or est bien de l'or alchimique ; mais je n'en suis pas l'auteur. Voici...

Il but un grand verre d'eau.

— « Il n'y a qu'une bonne police : la passion. Deux Thugs, aux deux bouts de Paris, finiront par se rencontrer, se parler et s'entendre. C'est la loi des affinités électives ; les manies se cherchent et s'attirent dans un perpétuel effort de se grouper. Qui a jamais su que, rue des Partants, à Ménilmontant, il y avait un juif portugais qui transmutait les métaux ? Vous savez peut-être que la librairie Guillemot, du quai des Grands-Augustins, a la spécialité de la Magie et que tous les illuminés de Paris s'approvisionnent là ; et ne souriez pas, car c'est la toute-puissance, sous forme d'in-quarto ou d'in-douze, qui se débite pour qui sait connaître, savoir se taire et oser... Je rencontrai là le vieux Manassé, nous kabbalâmes ensemble tout de suite. Il me dévoila son grand et unique Athanor, comme vous ouvririez votre bourse en la laissant devant moi. J'ai assisté à la projection, mais je ne m'en chargerais pas; mon grand-œuvre n'étant pas celui de la matière. Manassé avait soixante-dix ans quand je le rencontrai, et me dit : « J'ai cinq ans. » dans le sens de Saül, élu roi à trois ans. Il fabriquait pour cent mille francs par an ; il mourut à quatre-vingts ans, ayant fait deux millions d'or. J'ai hérité d'importants manuscrits et de cette caisse. Vous avez dû remarquer qu'elle était arrangée pour être expédiée .. Où ? Je l'ignore. Je fais dire, tous les ans, un trentain de saint Grégoire pour ce juif, et c'est là, vous le savez, une clause du testament de Léonard. Enfin, prince, voici tout l'or artificiel de Paris et du siècle. »

La présence de Corysandre enchanta cette soirée.

On se donna rendez-vous pour le surlendemain, qui tombait un vendredi.

Les dominicaux se trouvèrent devant une lettre

collective du prince qui les avertissait d'un départ pour Venise et d'un séjour de six semaines.

— « Il paraît, messieurs, » dit Mérodack, soucieux, « que la Nine a fait de merveilleuses opérations de Bourse, qui laissent au prince quarante mille livres de rente. Restreignez-en tout le train de l'hôtel, Mérigneux, et convenons de nous retrouver tous ici les derniers vendredis du mois. »

— « Je pense, » dit Talagrand...

Il s'arrêta...

— « Mais je n'en suis pas sûr. »

On se sépara plein de suspicions sur les agissements de la Nine ; et chacun retourna à ses vices.

XL

PSYCHOLOGIE

Deux mois s'étaient écoulés depuis le krack de la Nouvelle-France, formidable écho aux avertissements du P. Alta. Si la plaie d'amour-propre s'était cicatrisée, la plaie d'argent saignait toujours depuis cette journée où tant d'armoiries avaient été grattées sur les panneaux des calèches vendues. Les écuries s'étaient vidées, des mariages de convenance avortaient, d'autres d'argent se concluaient subitement.

Et tandis que les uns cachaient leur gêne en leurs châteaux ; d'autres vendaient jusqu'à leurs Largillières.

— « Voilà, » clamaient les journaux de l'opposition, « ces gens qui demandent que la fortune de la France leur soit confiée, et qui ne savent pas même gérer la leur. »

L'honneur du nom, cette vertu de la noblesse, posthume à toutes les autres, s'effritait aussi. Les de Narsannes, de Boutigny, deux ducs, un prince parent du roi, avaient été impliqués dans le retentissant procès en escroquerie de la Nouvelle-France. A force d'influences et de relations, ils s'en tirèrent par une ordonnance de non-lieu. Quant à Marcoux, cinq ans de réclusion. Plus terrible encore le verdict de l'opinion, qui accrochait l'épithète d'escroc aux grands noms des administrateurs, et avec une telle unanimité que ni le duel, ni le procès en diffamation, n'étaient possibles. En descendant sur le terrain de la bourgeoisie par une si lourde chute, l'aristocratie, déconsidérée, parut odieuse autant que maladroite. A côté du million perdu qui fermait un hôtel, les vingt mille francs engloutis qui ôtaient le pain à une vieillesse : les nobles perdaient plus que leur fortune, leur dernier prestige, et se révélaient incapables.

Au mardi de la princesse d'Este, M. de Narsannes racontait pour la centième fois l'arrivée du commissaire :

— « Si vous aviez vu Marcoux!... Il ne dit rien que : « Pécaïre Henri ! » Il ne plaignait que le Roy. Sur le seuil de la salle du conseil, il se retourna, regardant le plafond de de Chavannes. La nuit venait, effaçant la fresque, comme la présence du commissaire effaçait son rêve. »

— « Je vous trouve changée, rêveuse, » faisait Mme de Trinquetailles.

— « Je m'ennuie de plus en plus, » expliqua la princesse.

— « Courtenay est toujours à Venise, je crois, » dit Nonancourt.

— « Corysandre, vous êtes donc seule, » demanda la princesse.

— « Il y a Mérigneux, et Mérodack vient tous les jours.

— « Il est au mieux avec le P. Alta, ce semble. »

— « Oh! ils sont comme deux frères, » dit Corysandre. « Le P. Alta est revenu de Russie depuis une semaine; vous savez qu'il veut réconcilier l'Eglise grecque. »

— « Que conspirez-vous, messieurs? » demanda la princesse à Chaumontel et Narsannes qui causaient à mi-voix.

— « Nous disions que ruiné par le krack, le prince a un triste avenir. »

Le ton était perfide.

— « M. de Narsannes, » dit la princesse avec son grand air, « tous ceux qui partent de France sont cousins, et la princesse d'Este est à la disposition du prince de Courtenay, comme il convient aux Altesses de s'aider entre elles. »

Elle sentit que son cousin, l'irréprochable gentilhomme, aurait sur son blason une tache prochaine; mais dès que le dernier des visiteurs l'eut laissée, sa pensée alla au moine.

Réconcilier l'Eglise grecque! à la race latine, unir la race slave par le lien le plus fort, celui de la foi, quel dessein plus capable de changer la face du monde!

Sa pensée, maintenant, était toujours *ad alta*, à ce point qu'elle n'employait plus cette expression, la fuyant comme l'aveu d'une préoccupation qui était sa défaite. Elle avait offert la tiare, elle s'était offerte, ce qui lui semblait plus encore, par bravade, pour ébranler et animer cette indifférence insulteuse, et voilà que sa propre indifférence s'animait et s'ébranlait. L'effroyable silence du confessionnal, cette heure d'humiliation courbée sous le froid dédain de ce moine; cette éloquence qui forçait son admiration; ce mystère de grands desseins à l'Hildebrand et à la Sixte; enfin cette beauté, transpiration des sublimités de l'esprit, tout cela contraignait son esprit à un hommage lige et son cœur immobile à un battement ; même de sa continence impudique naissait un désir du corps de ce moine, que les grands plis de son froc rendaient mystérieux et attirant. En vain elle fixait son esprit ailleurs, le strabisme de la passion naissante la ramenait au dominicain. Elle s'était sentie soulevée quand cette parole sonna comme un olifant de la catholicité à son Roncevaux : « le monde tourne autour de la pensée, il faut que le monde tourne autour de la pensée catholique. » A cette fanfare de guerre sainte, elle, pour qui aucun mobile humain ne semblait valoir un pas, avait senti brûlante sur sa poitrine aiguë, la croix rouge de la croisade ; l'idée de s'associer « au Dieu le veut, » de ce Pierre L'hermite qui prêchait contre les inertes, l'illumina d'un éclair, puis elle retomba à son *sneer* du cœur, mais dès lors il y eut de la tristesse dans son ironie.

Les affections sont libres, mais les sympathies sont fatales, elles agissent animalement sur nous, et ne sont démenties que par un grand vouloir. Chaque fois que deux volontés sont en présence et en lutte, la vaincue voit revenir contre elle tout le fluide nerveux qu'elle avait émis. La volonté perverse de la princesse repoussée par la volonté sainte du moine était revenue pervertir sa lumière astrale. Les fantômes mauvais qu'elle avait envoyés au moine, le moine inconsciemment les lui renvoyait accrus ; au lieu d'obséder le moine, elle était obsédée par le moine : le mal qu'elle avait tenté revenait sur elle et l'envoûtait !

XLI

IDYLLE A VENISE

Ce que pensait Talagrand, était d'un pressentiment juste et avertisseur; et la Nine avait ses raisons pour enlever le prince à son entourage et le gorger de plaisirs dans un palais du Grand Canal. Lui inventant un coup de Bourse fabuleux, le lendemain même du krack, elle lui avait remis sept cent mille francs en titres de Suez à son nom. Sans s'expliquer comment il vivrait sans déroger, avec le septième de son revenu habituel, il s'était laissé convaincre, venu à l'heure où la volonté abdique sous l'énervement des reins. Il était toujours à temps de se tuer, et se donnait pour prétexte de reconstituer en partie la fortune de sa pupille.

Au palais Malapieri, en vue du Rialto, les amants avaient trouvé une demeure de roi, à fresques de maître, pour le prix d'un troisième boulevard Haussmann.

Le descendant des Josselin, empereurs de Constantinople, fut reçu avec honneur par tout le livre d'or vénitien. Chaque après-midi il allait au café Florian, prendre sa demi-tasse, avec les petits-fils des Doges.

La femme est toute-puissante dans la solitude, et la Nine entra plus avant encore dans les sens du prince. Une soirée, qu'une gondole les emmenait *al mèzo al mare*, elle eut un de ces sourires où s'entrevoit l'éclair d'une griffe.

— « Pourquoi souriez-vous ainsi ?

— « Je songe à ces pauvres dominicaux. Que font-ils de leur dimanche soir? »

Elle pensait ceci : « Entretenue à un masculin ! Tu as refusé l'or de la fille, tu en mangeras assez du moins pour que ton fameux honneur trépasse. Buse de prince, et prince des buses, si tu savais pourquoi je t'ai charrié ici? Je veux un petit Courtenay ; tu crois que je t'aime, parce que maintenant je te fais me posséder en bon époux bourgeois ; quand j'aurai ton blason fac-similé dans le bedon, je te ramènerai à Paris te faire sauter. »

— « A quoi pensez-vous donc? »

— « A toi, » et elle se glissa dans ses bras avec un relèvement de robe impudique et passionné, la gondole vacilla ; elle sourit en dedans, à un souvenir. C'était dans une gondole qu'elle avait reçu un million de revenu et qu'elle recevait maintenant un fils de roi, elle, la fille de portière, le succube de Killiet, l'idole lesbienne de la rue de Lorraine, le joujou du marquis de Donnereux.

Au targhetto, une bague de son doigt glissa dans le canal. — « Ah ! » fit-elle, « je suis dogaresse, j'ai épousé la mer. »

Le comte Chiaravalle, un cauteleux Italien, s'éprit follement de la Nine, et grâce à son allure bouffe et servile, il se glissa dans l'intimité du palais Malapieri. Courtenay le considérait comme un être sans conséquence ; la Nine en fit son souffre-douleur et son fac-totum, lui imposant son humeur et ses paquets. Chiaravalle avait la patience d'un vicieux qui attend son heure.

Trois fois déjà, les dominicaux s'étaient rencontrés au vendredi mensuel, Talagrand dit alors nettement :

— « *Ceci*, la Nine, tuera *cela*, le prince! »

XLII

LE VIOL

Le marquis de Donnereux était lettré, mais de ces lettrés qui n'ont à la Bibliothèque Nationale qu'une armoire pour les sept cents volumes qu'on ne communique jamais, et comme le prince possédait nombre de livres obscènes venant de cet aïeul toujours fourré parmi les pages de Mazarin, il venait parfois emprunter quelque gravelure rare ; en l'absence du prince, il vint souvent, et chaque fois, Clémence, femme de chambre, prise sur la recommandation de l'étourdie marquise de Trinquetailles, se trouvait sur le passage du vieux libidineux dont elle devinait l'infâme désir.

— « Combien me donnez-vous de cela ? » fit-elle un jour en lui montrant une miniature de Corysandre en Imogène.

— « Trois mille francs. »

— « Et de l'original ? »

— « Cinquante mille. »

Tout de suite elle expliqua son plan. Le pavillon de Mlle d'Urfé avait une entrée sur le jardin, et le jardin une porte sur la rue Amélie ; elle l'introduirait une nuit qu'elle aurait donné un somnifère à sa maîtresse.

Le marché fut conclu d'un regard, et Donnereux courut chez Pouancé, « un narcotique pour une nuit, » et il aligna quatre billets de cinq cents.

— « On ne paye si cher que les crimes, » dit le docteur.

— « Vous refusez ? »

— « Non, car vous le trouveriez ailleurs. Si ce mal doit avoir lieu, autant que j'en aie le profit, » et le docteur du vice, le docteur aux philtres, qui avait chez lui toute la pharmacopée thessalienne, composa une drogue, écrivit dessus pour l'usage externe, et tendit le flacon au marquis.

— « Dans un verre d'eau sucrée, sommeil de six heures. »

Quatre jours après, Corysandre se plaignit de migraine ; Clémence alla chercher un médecin, et il dit que cela n'était rien ; Corysandre fut étonnée à son coucher, de voir la bonne lui présenter un verre d'eau.
— « En partant, » fit-elle, « le médecin m'a recommandé de vous faire prendre un peu d'eau aromatisée. » Comme les enfants qu'une potion ennuie, la jeune fille avala ce verre d'un trait. L'effet fut instantané.

— « Clémence, que m'avez-vous donné là ?... C'est du poison... Cela endort, » et elle s'affaissa entre les bras de la femme de chambre qui la porta sur le lit. Puis, elle se hâta de réunir les bijoux et les dentelles qu'elle put prendre, et son paquet à la main, alla ouvrir la petite porte de la rue Amélie.

En fausse barbe, le marquis longeait le mur. « Venez, » dit-elle, « mais donnez d'abord, » et il lui tendit une liasse qu'elle compta des doigts, et le prenant par la main, le conduisit jusqu'à la porte du pavillon : « Montez, tout est ouvert. » Elle s'enfuit hâtivement. D'abord, Donnereux eut peur, il hésita ; mais alléché par l'attentat, il s'enhardit et allumant une lanterne sourde, monta au premier, traversa l'antichambre et le boudoir. Une veilleuse éclairait lugubrement la chambre. Il s'arrêta, réfléchit si toutes les précautions étaient prises, et arrachant sa fausse barbe qui le gênait, il posa sa lanterne sur une tablette. Un rire muet dilata sa face, à la vue de tout ce qu'il y avait à souiller dans ce lys. La limace contemplait la rose avant d'y baver, il se mit à trembler de joie et avec des gestes fous, lacéra le corsage et la robe, dispersant ces lambeaux d'étoffe qui semblaient résister et défendre le corps de cette vierge, bientôt martyre.

XLIII

L'ENVOUTEMENT

Depuis le départ du prince, Mérodack passait tous les matins à l'hôtel.

Il était huit heures.

— « Clémence n'est pas encore venue prendre le déjeuner de mademoiselle, » dit Anselme.

Mérodack se dirigea vers les appartements de Corysandre. Il appela Clémence vainement ; et s'avançant jusqu'au boudoir, il entendit des sanglots.

En sortant de sa léthargie, Corysandre avait mis longtemps à secouer l'hébétude, et avec la lucidité, une terreur de cauchemar s'empara de sa pensée. Elle fit un effort pour atteindre le cordon de sonnette, et cet effort lui révéla une fatigue physique incroyable. Elle avait besoin d'air et voulut se lever pour aller à la fenêtre et l'ouvrir ; et ce mouvement lui découvrit qu'elle était nue et encore coiffée.

Sur le tapis, des lambeaux de sa chemise gisaient. Cette vue et le mystérieux brisement de son corps lui effarèrent l'esprit. En rejetant les couvertures, elle vit du sang aux draps, et affolée par l'angoisse d'un malheur sans nom et mystérieux, elle sanglota dans un indescriptible désarroi des idées.

Mérodack, à peine entré, vit l'éparpillement des vêtements lacérés.

— « Mérodack ! » cria la jeune fille.

Et elle se précipita contre sa poitrine, l'entourant de ses bras, oublieuse de sa nudité.

Il allait poser une question, quand la lanterne sourde oubliée sur le guéridon, dans la précipitation épeurée du crime accompli, lui révéla le drame. Sa pensée s'emplit d'horreur ; il devint livide, mais le mage prit la place de l'homme. Il souffla sur la tempe de Corysandre et avec une telle tension de volonté qu'elle s'endormit subitement.

Il fit l'ordre dans la chambre, ramassa les morceaux d'étoffe, les enveloppa avec la lanterne dans un tapis de table. Puis il étendit la main sur le front de la jeune fille endormie qui sursautait nerveusement, et d'un ordre mental lui imposa des rêves sereins.

A l'instant de sortir, il revint vers le lit et posa, sans remuer les lèvres, une question qui fit frémir la magnétisée. Voyant ce trouble, il effaça d'une passe la question.

— « Mademoiselle d'Urfé a passé une mauvaise nuit, » dit-il à Anselme ; « ne la réveillez sous aucun prétexte. »

A grandes enjambées, son paquet sous le bras, il alla au 47 de la rue Saint-Jacques.

— « Adèle ? » demanda-t-il à la portière.

— « Elle est chez l'épicière, elle va revenir. »

— « Tenez ! » fit le jeune homme.

Et il donna deux louis à la mégère.

— « Ah ! vous êtes notre providence ! Sans vous, Adèle roulerait comme sa sœur, et avec ses maladies, elle ne roulerait pas longtemps. »

Une grande fille à la poitrine lourde, l'air canaille, sortit de la loge.

— « Vous avez un fichu goût de me préférer ma sœur, cette scrofuleuse qui dégoûte les hommes. »

Mérodack tourna le dos.

Adèle, maigre, aux cheveux rares, criblée de petite vérole, les yeux chassieux et le cou couturé de scrofule, entra dans l'allée.

— « Ah! vous avez besoin de moi, monsieur Mérodack? »

— « Oui, tout de suite, va chercher un fiacre. »

Dix minutes après, le jeune homme se trouvait devant son hôtel de la rue Notre-Dame des Champs. D'elle-même, Adèle s'assit dans le fauteuil qui occupait le milieu d'une des pièces du rez-de-chaussée.

Mérodack s'assit en face d'elle, lui enserrant les genoux dans les siens, et en quelques passes verticales, toutes allant du front à l'épigastre, il l'endormit.

— « Va *hier*, à onze heures du soir, à l'hôtel de Courtenay, rue Saint-Dominique, » dit Mérodack. »

— « J'y suis. »

— « Monte dans le pavillon et vois. »

— « Il y a une femme de chambre qui fait un paquet... Ah! mais ces... bijoux et ces dentelles ne sont pas à elle... Elle les a volés. »

— « Va dans la chambre à coucher. »

— « Oh! qu'elle est jolie!... Mais elle est triste, elle tient un livre qu'elle ne lit pas. »

— « Vois un quart d'heure après. »

— « La femme de chambre entre. Elle tient un verre... Oh! cela endort, ce qu'il y a dans ce verre! » fit la somnambule avec un rejet de la tête. « Elle tend le verre à la demoiselle blonde... Ça lui fait de l'ennui, mais elle boit tout... Ah! elle chancelle..., la femme de chambre la porte sur le lit... Elle a l'air d'un ange... La femme de chambre sort... »

— « Suis-la, » ordonna Mérodack.

— « Elle prend son paquet de dentelles et de bijoux. Elle descend au jardin... Elle va à la petite porte... elle ouvre et regarde... Quelqu'un attend... Oh! sa barbe est fausse... Elle l'appelle M. le marquis... »

— « Donnereux ! » s'écria Mérodack, « je l'eusse juré. »
La somnambule continua :

— « Il lui donne des papiers... Elle les compte... Elle le mène jusqu'à la porte du pavillon et se sauve. »

— « Suis l'homme, » ordonna Mérodack. »

— « Il hésite..., il allume une lanterne. »

Mérodack lui mit dans la main la lanterne qu'il avait trouvée sur le guéridon.

— « C'est celle-là !.,. » s'écria la somnambule. Il entre... le voilà... il ôte sa barbe... il rit, il est affreux. »

Tout à coup, Adèle fut agitée de soubresauts, et de ses mains voilant ses yeux fermés :

— « C'est affreux, » criait-elle. « Oh ! la canaille ! le monstre ! »

Mérodack lui mit sur les genoux les morceaux épars des vêtements de Corysandre.

Sitôt la lucidité devint navrante : elle décrivit la scène sans nom de la veille par le détail, l'entrecoupant de cris : « Réveillez-moi ! Oh ! de grâce que je ne voie pas ça ! »

— « Je veux que tu voies et que tu dises, » commandait le mage, qui suait la sueur froide d'une agonie.

La somnambule, avec un recul de la pensée à chaque mot, récitait les péripéties effroyables du viol avec le frémissement de la réalité, le mage, pendant trois heures, but cet affreux calice.

A peine réveillée, Adèle se jeta sur un lit de repos et s'endormit tout de suite.

— « Vains efforts vers la sagesse, le thème a dit vrai, je serai assassin, » se disait Mérodack en retournant à l'hôtel de Courtenay.

— « Comme vous êtes pâle ! » dit Mérigneux en l'apercevant.

— « J'ai bouquiné toute la nuit. Mais où étiez-vous hier soir ? Clémence, cette drôlesse, s'est fait enlever. Corysandre a entendu des bruits de voix et de pas dans le jardin, une peur folle s'est emparée d'elle. »

Il alla à la chambre de la jeune fille, l'enveloppa dans une couverture et la porta toujours endormie dans le lit du prince; puis, retournant au pavillon, il arracha les draps souillés, les jeta dans une armoire dont il prit la clef, brisa le verre du narcotique et fit disparaître toutes les traces du crime avec plus de soin que s'il eût été le criminel. Ensuite il réveilla Mlle d'Urfé qui s'étonna, en ouvrant les yeux, de se trouver dans la chambre de son tuteur. Sentant sa nudité, elle pensa que Mérodack l'avait transportée lui-même et un flot de sang lui monta au front. Elle tourna la tête vers le jeune homme, et le vit si affreusement pâle qu'elle se ressouvint de l'atroce mystère de son réveil. Une idée surgit comme un spectre devant elle, elle poussa un grand cri et battant l'air de ses bras se tordit en une crise. Le mage prit la tête de la jeune fille dans ses mains et l'endormit de nouveau.

— « Pouvez-vous dormir jusqu'à demain, » demanda-t-il mentalement.

— « Oui, » fit la magnétisée, « si vous voulez d'une façon extraordinaire. »

— « Corysandre ne se réveillera que demain, à mon arrivée, Mérigneux. Elle avait des hallucinations, je l'ai endormie. Sur votre tête que personne, surtout un médecin, n'entre dans la chambre; du reste, je prends la clef. »

— « Mais s'il y avait feu, » dit Mérigneux.

— « Ayez une hache pour briser la porte, en ce cas seulement. »

— « Mais... »

— « Je suis infaillible, quand j'affirme ! »

Une heure après, s'étant purifié par des ablutions, Mérodack, revêtu d'une robe de lin, une baguette de fer aimanté à la main, faisait des signes cabalistiques, debout, au milieu d'une pièce tendue de laine blanche et éclairée d'un chandelier à sept branches, il disait :

— « Devant vous, Mon Seigneur Jésus-Christ, je viens

sonder mon âme. Dieu de justice, vous m'avez permis la connaissance des lois, et j'ai le droit de hâter le châtiment d'un mauvais. Je sais la loi qui tue, j'ai dans la main votre épée de feu ; avant de frapper, je viens vous dire, voulez-vous que je sois votre bras ?... Vous ne faites naître en mon cœur aucun doute ; vous permettez donc au mage de frapper avec la loi, selon la justice ? »

Il s'arrêta, écoutant sa pensée et cessant la prière pour l'incantation.

— « Devant celui qui est trois et qui est un, qui s'est incarné en Jésus-Christ qui a dix splendeurs, auxquelles on arrive par cinquante portes de lumière ; devant les neuf chœurs des anges et les sept sceaux du livre. Devant mes pères, les Saints et les Génies ; devant les mages, mes frères, je condamne à mort le monstre qui a violé un lys. »

— « En Soph, madame la Vierge, avertissez-moi si je vais mal faire »

Après un silence, il reprit d'une voix forte :

— « En mon intelligence et ma continence par la grâce de Dieu et l'effort de ma volonté, affranchi des lois sexuelles, j'écris mon Verbe dans ma lumière astrale. Ce jour de Saturne, le dix-septième de la quatrième année de ma naissance. »

Peu après, il jetait au valet de l'hôtel Donnereux un : « le marquis m'attend » et pénétrait brusquement dans le cabinet du scélérat qui sursauta à sa vue.

— « Vous êtes condamné à mort et vous mourrez ce jour. Confessez-vous. »

Il dit cela d'un ton calme et s'en alla à reculons, tenant Donnereux sous son regard. Près de la porte, il vit sur une chaise un serre-tête de soie et le prit. Ce voyant, Donnereux ne douta pas qu'il fût devenu fou.

— « Mon cher ami, » disait le mage à Antar sans préambule, « faites-moi tout de suite une cire, la tête du marquis de Donnereux. »

— « Mais, demain, pourquoi ? »

— « Il me la faut, tout de suite. »

Antar, subjugué par cette volonté, prit une boule de cire, et en moins d'une heure modela la tête, sans qu'ils échangeassent un mot.

— « Merci, » dit Mérodack en la mettant dans un torchon. Il était huit heures du soir.

A neuf heures, dans la cave crépie en noir, une scène étrange avait lieu.

Sur une table de forme triangulaire, au tapis noir, la tête de cire grimaçait entre deux cierges : sur une chaise, Adèle dormait du sommeil magnétique, et Mérodack, en robe noire, se tenait immobile.

Il dit des paroles hébraïques, puis envoya mentalement Adèle à l'hôtel Donnereux.

— « Oh ! » fit Adèle, « c'est ce vieux qui a violé la demoiselle blonde... Il s'apprête à sortir. »

Mérodack s'avança vers la table et posa la main gauche sur le volt.

— « Il porte la main à son front... et s'assied... il se sent mal... et sonne... il ne veut plus sortir... la tête lui tourne. »

Mérodack retira sa main.

— « il se sent mieux »

Mérodack adapta étroitement le serre-tête de soie à l'effigie.

— « Oh ! il crie que son crâne brûle, qu'on aille chercher le médecin... il vomit... Oh ! on le porte au lit... il geint... Ah ! voici le docteur. »

Un espace de plusieurs minutes séparait souvent chaque mot d'Adèle.

Mérodack déprima le volt.

— « Il crie, « ôtez ces mains »... « ces mains me rendent fou »... « et ce serre-tête, c'est un étau... »

Mérodack aplatit la tête.

— « Oh ! c'est affreux... il rugit comme un damné ! »

Du front du mage, de lourdes gouttes de sueur tombaient sur la cire fondante et liquéfiée par place sous la chaleur des mains.

— « ... Il griffe les draps... il rentre ses pouces.., »

Il y avait une heure que Mérodack envoûtait ; un tremblement l'agitait de la nuque au talon, il pesa sur la tête, l'aplatissant.

— « Il râle, » dit la somnambule.

Alors le mage écrasa et tordit la cire.

Adèle poussa un cri. Corysandre était vengée.

Mérodack, chancelant, sortit, suivi de la somnambule à qui il en avait donné l'ordre mental.

La fumée des cierges suffoquait la cave ; sinistres, des taches grasses constellaient le tapis noir, où le nez de faune avec sa loupe s'étalait, ayant encore sa forme ; tandis que roulé par terre, le volt n'était plus qu'une chose sale et sans nom, d'où pendait, luisant et à moitié pris dans la cire, le serre-tête !

XLIV

L'IVRESSE DU SACRILÈGE

Depuis qu'elle sait que le Père Alta dit la messe de sept heures à Saint-Gervais Saint-Protais, la princesse d'Este y assiste heureuse de le contempler de si près. Elle l'aime et se l'est avoué. Ce même orgueil qui jusque là l'avait retenue, la fascine et la pousse par cette pensée « Rivale de Dieu. » En mesurant la grandeur du sacrilège, sa perversité s'exalte. Supplanter Dieu dans un cœur tout à lui, est une conception qui l'enlève : ce dessein, digne de la fille d'Hercule, la réconcilie avec elle-même, elle ne cachera plus désormais son cœur à son esprit, ses sentiments à son orgueil. Sa glace de toilette la voit souvent sans voiles, souriante à sa nudité, elle fera dire la messe noire à ce religieux, et le mènera au sabbat sur elle. Son état est un agacement joyeux des nerfs. Le froc qu'elle a fait voler au Père Alta, elle le met immédiatement sur sa peau fine qui s'irrite et rosit délicieusement. Ainsi vêtue, elle se livre aux poses et aux mimiques les plus éhontées; en attendant de dépraver l'homme, elle déprave l'habit, goûtant des plaisirs étranges à souiller la livrée de chasteté. Sarkis n'a pu suivre l'évolution de cet amour; elle-même se l'est caché jusqu'au jour où cette pensée a sauvé son orgueil : « enlever une âme à Dieu. » Lors, sur sa chair calme et dans son cœur froid, une aurore sentimentale apparut et sa chair rosit au souffle du désir et au soleil d'amour la glace de son cœur fondit et fleurit la fleur des neiges, à feuilles noires : parallèles aux sentiments, les idées changent et fluctuent avec eux. A peine amoureuse, l'amour sexuel de la femme pour l'homme, dédain de sa vie, lui apparut naturel, fascinant et glorieux. Mais son égoïsme ne se transforma pas en dévouement. Convaincue qu'en elle, Athèna s'humanisait ; comme la plupart des femmes dites supérieures, elle se croyait l'infini, entretenue qu'elle avait été dans cette insanité, par l'abrutissement servile des hommes.

Le véritable amour se manifeste uniquement par l'abnégation absolue de soi et l'anéantissement dans l'objet aimé. Qui garde son orgueil et sa pensée, a de la passion, non de l'amour ; et la princesse n'eut jamais dit : « lie mes mains, les voici ; voilà mon corps, ton tapis, marche et piétine ! »

Sa superbe irréductible, fascinée par le prestige du sacrilège, agitait encore parfois sa cape d'écarlate devant son amour qui se ruait, sans chasser l'appréhension d'être vaincue dans cette rivalité avec Dieu. Oh ! comme elle allait se venger, elle le ferait blasphémer, comme elle a fait parjurer le duc de Quercy. Qu'elle le tînt par un endroit du corps ou de l'esprit, de cette sainteté de ce génie, elle allumerait l'autodafé heureux ! Elle l'avilirait en le forçant aux reniements qui damnent, elle l'abrutirait en l'initiant aux voluptés qui détraquent, elle le muerait enfin de moine en bête et pour toujours !

Cependant bourdonnait à ses oreilles, semblable au *for ever* du Corbeau : « *Après, ma sœur* » ; et ce répons qui évoquait son impuissance, effaçait son sourire de Lise. Jamais fruit plus défendu ne pendit plus hors de portée à l'arbre du mal : de là son désir. La Bête qu'elle tirerait de ce froc serait certainement monstrueuse ; et quel attrait d'inceste spirituel, de la femme laie avec un clerc ! Comme en ces mers où les lames deviennent flammes, le naphthe de l'amour l'embrasait toute, sauf la salamandre d'orgueil qui survit toujours, même sous les cendres de la pénitence.

Depuis son inénarrable nuit de noces, l'hypothèse d'une muictée sexuelle l'eût révoltée ; elle avait renoncé à la réalité de la chair et son désir flottant, ne s'était jamais attaché à peindre des couleurs favorites le portrait d'idéal, miniature changeante, à laquelle les femmes comparent les hommes pour les juger. Médusée, à travers son amour, elle voyait sa revanche. N'avait elle pas senti le granit de son orgueil s'effriter sous la pénétration de Mérodack, s'émietter aux coups du Père Alta ? Deux fois devinée par un jeune homme sans nom et un religieux sans gloire ! Quelle honte et qu'il fallait bien qu'elle commît un crime si pervers qu'il échappât à ces deux psychologues, jusqu'à plein effet ! Mais comment arracher de ce froc, ce cri du corps, d'ordinaire si exact répondeur à l'appel impudique ? Sa perversité fut le tremplin qui d'un ressaut la lança tout entière à l'extrême de la passion. Sans effroi devant les affres de l'amour, elle se félicitait de sa *vita nuova* : douloureux ou délectable, un intérêt vif animerait son existence, thème aux variations de l'humeur, mobile aux activités de la pensée ; quelque chose où se prendre enfin !

Artémis abdiquait dans le ferme espoir de triompher de Dieu, et par avance elle s'enivrait du vin le plus noir du crime ; le Sacrilège dans le Rut.

XLV

LA TENTATION DE SAINT ANTOINE

En une voluptueuse anxiété, la princesse d'Este, pour la cinquantième fois peut-être, faisait le tour du boudoir circulaire, semblable dans la lenteur de ses pas attentifs à une sorcière thessalienne exécutant le rit initial du volt amour. Aucun vertige, ni du corps dans sa rotation de cheval de meule, ni de la pensée, au bord du crime.

Prise d'une folle et subite envie d'avoir son moine, en face d'elle, dans l'amollissant tête-à-tête du boudoir, elle avait écrit :

« La princesse d'Este a la plus grande envie d'une consultation casuistique et pour que ce temps ne soit point perdu pour la charité, elle donnerait au Père Alta, trente mille francs pour ses pauvres, pour deux heures de son après-midi d'aujourd'hui. » Elle attendait en une mise merveilleuse de lubricité. Sa robe n'était que de dentelles superposées, de façon à ce que la chair se vît un peu partout. Ces bouts de nus gazés, trouvaille de vice, rendaient cette toilette montante, aux manches serrées plus popéenne que la nudité, et d'un charme qu'elle jugeait irrésistible, car ses pieds luxurieux étaient nus avec de mignonnes sandales. Où étaient ses pensées et sentiments d'autrefois? Le passage du Père Alta séparait sa vie en deux cycles, en deux ères. Avant, elle était la Joconde, la sirène, le sphinx : depuis, elle était femme et amoureuse.

Le valet annonça :

« Le T. R. P. Alta. »

Le moine, arrêté sur le seuil, luttait du regard avec le demi-jour.

— « Daignez entrer, mon Père, » elle se leva dans un froissement de dentelles « et laissez-moi d'abord vous remercier d'être venu ! »

— « Madame, c'est moi qui vous suis obligé d'être l'occasion d'une si belle aumône ! »

Du geste, elle indiquait un fauteuil crapaud, l'unique siège, à part la chaise longue où elle était.

Le Père Alta s'assit sans laisser voir d'étonnement ni de gêne.

— « Allons ! » pensa la princesse, il résiste à l'épreuve du fauteuil, et garde du style. Comment serait-il au lit?

— « Vous ne m'en voulez pas? » fit-elle brusquement.

— « Vous en vouloir, madame, quand je vous vois pour la première fois. »

— « Pour la seconde. Vous devez vous souvenir que j'ai été votre pénitente? »

— « Le confesseur ne se souvient des pénitents qu'au confessionnal ; comme la somnambule ne se rappelle ses sommeils précédents que pendant le sommeil. »

— « Ah ! » fit la princesse, un peu agacée du tour que prenait la conversation, et gênée, par ce moine tranquille, qui son chapelet sur les genoux, et les mains dans ses manches ne baissait pas les yeux.

— « Du moins, vous me voyez tous les jours, assister à vôtre messe, à Saint-Gervais Saint-Protais. »

— « Faites-moi l'honneur de croire, madame, qu'en célébrant la Sainte Messe, je suis assez pénétré de la présence réelle pour ne rien voir que l'acte immense que j'accomplis. »

— « Vous êtes grand, mon père ! »

— « Non, je suis moine ! ambassadeur de Dieu, je le représente aussi dignement que puis. Beaucoup valent mieux que moi mais ils cachent au monde le dédain que je lui montre. Nous devons avoir les bras grands ouverts au repentir, mais menaçants à la prévarication endurcie. »

— « Si une femme venait vous dire, qu'elle vous aime, que lui répondriez-vous ? »

— « Rien, car elle serait perverse à mépriser ou sotte à dédaigner ! »

— « Perverse oui, mais sotte ? » réclama la princesse.

— « Sotte surtout, d'offrir l'amour humain, cette folie boueuse, à celui qui possède l'amour divin, cet absolu. »

— « Au lieu de tant de hauteur, mon père, ne vaudrait-il pas mieux ramener... »

— « Oui, si elle s'accusait de son sacrilège avec détestation ; mais si cet aveu n'est qu'une sollicitation au mal, on répond par le silence ! »

— « Ce silence n'est-il pas traversé de tentation, car il y a toujours un homme dans un prêtre » elle croisa ses jambes de façon à montrer ses chevilles nues.

— « Il n'y a un homme dans le sens où vous dites que dans un mauvais prêtre. Celui qui obéit encore aux instincts appartient aux monde. Il faut être mort à la chair pour naître à Dieu. »

La princesse trouvait ces paroles de sermonnaire déplacées, en face de sa robe transparente.

— « Cette continence, n'est-elle pas une transgression organique ? » et elle remua ses orteils.

— « Oui, la chasteté est une transgression de l'instinct comme la charité est une transgression de l'égoïsme ! »

— « Mais l'amour du cœur ? » et elle décroisa ses jambes, se faisant pudique.

— « Lacordaire vous a déjà répondu : « jamais depuis que j'ai connu Dieu, rien ne m'a paru assez beau pour le regarder avec concupiscence. Tout est si peu de chose pour une âme qui a connu Dieu et qui l'a senti !... »

— « Eh ! vous supprimez l'amour ? »

— « Non pas, l'amour est tout l'homme. »

— « Avec la haine » ajouta la princesse.

— « La haine est encore de l'amour comme le blasphème est encore de la foi. »

— « Eh bien ! si l'amour est tout l'homme, qu'êtes-vous, moines, hommes sans amour ! »

— « Nous sommes les vivants miracles de l'amour. La grâce nous fait le cœur assez grand pour être encore tout à nos frères, après nous être donnés tout à Dieu. La passion Sandesque n'est que l'absorption d'un être par un autre, une forme de l'égoïsme... Allez dire à ces deux amants, je souffre, soulagez-moi ; je pleure, consolez-moi; je suis seul, aimez-moi ;... ils ne vous entendront pas. Cependant Dieu qui est amour, n'a pas voulu que sa créature pérît faute d'amour ; il a choisi des hommes purs et forts et leur a dit :

— « Fils de l'Eglise, je vous fiance à toute douleur, Allez à ceux qui sont seuls et qui pleurent, essuyez leurs larmes et annoncez leur l'éternité d'amour... Soyez des cœurs toujours ouverts, des bras toujours tendus. On vous appellera les Pères, et tout homme vous l'accueillerez comme fils bien aimé et toute femme comme une fille chérie. J'ai aimé les hommes jusqu'à la croix; voilà tout l'exemple à suivre; je vous donnerai une invincible force d'aimer qui aura pour nom la Charité et sera le grand témoignage de mon Calvaire. Allez, amants de l'humanité...» Dites, madame, dites à la femme la plus aimante et du meilleur cœur : voici un lépreux qui a besoin d'être embrassé, elle s'enfuira ! Voici deux amoureux, que la gangrène se prenne à l'un et l'autre disparaîtra !... Eh bien, pour nous, la lèpre du péché, la gangrène du crime sont plus répulsifs encore ! Cependant plus souillée est une âme, plus nous l'aimons ! Aimer Dieu parce qu'il est infini, aimer le prochain pour ressembler au Sauveur ; comparez la réunion de ces deux amours à la mauvaise ardeur des romans modernes... Un point suffit à marquer la différence. Vous savez la fragilité de l'amour sexuel, que sa naissance dépend de la matité d'un teint, et sa mort d'une ride. Voyez donc le cœur du moine qui aime chaque pécheur et tout de suite, sans choisir ni se lasser !... »

— « Ceci est de l'idéal, » déclara la princesse extrêmement agacée de payer trente mille francs un sermon à domicile.

— « Cet idéal est réalisé tous les jours par un brave curé de campagne qui n'inspire pour toute admiration que « ce brave M. le curé ! »

— « Il m'est revenu, » fit la princesse, en recroisant ses jambes, ce qui montra ses mollets, « que vous aviez de grands desseins : la réconciliation de l'Eglise grecque... »

— « Et aussi, » continua le moine, « la fondation d'un tiers ordre tout intellectuel de poètes, d'artistes et de savants, une armée du Verbe, imposant par la force du chef-d'œuvre et du document le sceau catholique à toutes les manifestations du génie humain ! »

— « C'est grand, » dit-elle troublée devant ce moine qui la regardait, le mollet à l'air, comme il eût regardé un autre moine. « Vous avez de l'ambition et pour le bien ! Voudriez-vous pas m'associer à votre grand œuvre catholique. »

— « Je ne dois refuser aucun aide à la cause de Dieu ; mais quelle serait votre coopération ? »

— « Ma fortune. »

— « L'argent qui serait tout pour une affaire humaine, n'est rien pour une divine entreprise : ce qu'il faut : des mains pures, des volontés droites. » Elle décroisa ses jambes, rougit, prise d'une subite confusion et dit le regard baissé : « purifiez-moi. »

— « Au confessionnal, » dit le moine.

Elle se leva, jouant un grand trouble.

— « Mon père, je suis une samaritaine, je me sens touchée de la grâce ; voulez-vous m'entendre ? demain j'aurai peut-être perdu cette heureuse disposition. »

Le Père Alta réfléchit un instant ; il n'osait repousser cette hypocrisie avant qu'elle se démasquât.

— « Agenouillez-vous donc ! je vous écoute ! »

Pendant que le moine disait les paroles latines, la princesse dénudait l'entre-deux de ses seins.

Elle commença une sérieuse confession s'approchant peu à peu, et dans un mouvement habile de honte, elle posa sa tête et ses mains sur les genoux du moine qui sentit une caresse et un baiser souiller son froc. D'un geste fort, il lui prit le bras et l'écarta, se levant, sans un mot d'indignation ou de blâme.

A la princesse, toujours à genoux et blême de déception, il dit d'une impassible voix, en tendant son chapeau blanc : « Pour les pauvres. » La princesse se releva lentement.

— « C'était une épreuve ; vous êtes un saint ou….. un eunuque, je vais vous chercher la somme. » Elle sortit presque sans embarras apparent, mais pleine de rage pour l'indescriptible indifférence de ce geste qui l'avait écartée comme on écarte la branche d'un buisson.

Le P. Alta fit le tour du boudoir circulaire, se penchant pour respirer un lys. « Voilà donc l'humaine nature, » pensait-il. « Je prêche le dédain des passions et les passions se prennent à moi. Vous avez permis, mon

Dieu, que ma vie mauvaise servît à m'affermir dans votre voie, une fois connue. Un autre de vos serviteurs eût succombé peut-être à cette tentation qui m'a ennuyé, et cette défaillance pleine de remords aurait eut qui sait? plus de prix à vos yeux que ma facile impavidité; car dans votre sagesse vous proportionnez toujours la tentation à la grâce, et il n'y a pas d'irresponsabilité. Que vous avez droit de me demander de grandes vertus, m'accordant cette force! »

Il s'absorbait dans ces pensées, quand tout à coup la nuit se fit dans le boudoir. Le dôme qui l'éclairait seul, venait d'être subitement voilé.

Etonné, il resta immobile et attentif; il entendit la portière soulevée retomber, et sans aucun bruit de robe. Soudain, des mains tâtonnèrent, des bras l'entourèrent; il avança d'un pas, la princesse était toute nue et l'enlaçait.

La repousser? S'enfuir? Il trouva mieux; il retrouva ce rire qui jadis épeurait l'orgie, à l'époque de sa prévarication. Ce moine ricana comme un démon, en des trilles si inattendus de stridence que les bras qui l'étreignaient le lâchèrent comme coupés. Il se souvint qu'il faisait face à la portière, quand le dôme avait été voilé, il marcha droit devant lui, toucha le velours, le souleva et sortit, traversant les chambres. Arrivé au grand salon où était Sarkis :

— « Monsieur, voudriez-vous aller dire à la princesse que j'attends son aumône ! »

Sarkis, très intrigué, s'inclina.

Après un quart d'heure d'attente, la princesse reparut rhabillée.

— « Voilà trente mille francs ! » dit-elle.

Le P. Alta tendit son chapeau.

La princesse s'approcha du feu et y jeta les billets qui flambèrent.

— « Les pauvres ne sont pas responsables..., » fit le P. Alta ironique.

— « Avant deux mois, vous serez interdit, » cria-t-elle dans un éclat de rage.

— « Si Dieu me réserve cette épreuve, je la subirai avec humilité. »

La princesse, malgré ses efforts, ne se put contenir et marchant vers le dominicain :

— « Que veux-tu, de mon amour ou de ma haine ? »

Ils se mesurèrent du regard, longuement.

— « Je n'ai que faire de l'un et je méprise l'autre. »

— « Eh bien ! Alta, je ferai mentir ton nom : sous cette haine que tu méprises, tu descendras bien bas !... »

— « Que Dieu vous juge, » dit le moine qui sortit sans saluer.

XLVI

LA TRISTESSE DE MÉRODACK

Malgré les artifices voluptueux de la Nine, à l'approche de l'hiver, le prince, las de Venise, voulut revenir à Paris.

— « Je vous suis, si vous voulez, » demanda Chiaravalle.

— « Venez, » dit le prince qu'il ne gênait point, ayant l'adresse italienne de ne jamais paraître qu'à propos.

— « Qu'as-tu, que t'est-il arrivé, mon enfant ? » fit le prince en apercevant Corysandre.

— « J'ai été un peu malade, mon parrain ! »

Mérodack raconta l'enlèvement de Clémence, la frayeur et les crises nerveuses de Corysandre.

En parcourant les lettres accumulées en son absence, le prince trouva celle de faire part de la mort du marquis.

— « Oui ! » fit Mérodack impassible, « il est mort en moins d'une heure, d'un transport au cerveau. »

— « Est-ce illusion ? » faisait le prince ; « je trouve tout le monde attristé et vieilli autour de moi. Corysandre n'est plus elle ; et vous-même plus grave qu'avant. Allons, il va falloir se refaire content et que je songe à mes affaires. Comment la Nine m'a-t-elle sauvé un million ?... Je réfléchirai gravement à ces choses graves. Et mes chers dominicaux, leur ai-je manqué autant qu'ils me manquaient ? »

Corysandre n'avait plus retrouvé sa gaieté depuis ce réveil dont le souvenir confus l'oppressait, sans qu'elle pût se rendre compte du genre de péril qu'elle avait couru. Même, telle était sa pureté, que la cessation d'un fait organique, en l'étonnant, ne lui avait rien révélé. Elle ignorait tout de son malheur que Mérodack portait seul, « Enceinte, » se disait le mage ; « lorsqu'elle sentira le crime s'agiter en elle, ce sera sa mort ; je ne puis pas cependant la faire avorter pour la sauver. Oh ! si je l'aimais de passion folle et non de charité, je pourrais lui sauver l'honneur et la vie sans qu'elle sût jamais qu'ils furent en danger. Mais tuer même l'enfant du mal ! un innocent !... Cependant, quand elle saura, elle se tuera certainement, et l'enfant n'étant pas à terme mourra de sa mort. Donc, de toute façon il est condamné, ce fruit du crime ! autant la sauver ! Un avortement... je ne le peux pas !... Oh ! mon Dieu, faites que ce que je n'ose vous demander arrive !... »

Mérigneux disait à Gadagne :

— « Qu'a donc notre mage ? C'est effrayant à force de calme, la tristesse de Mérodack. »

XLVII

LA PLANTE ATTRACTIVE DE VAN HELMONT

L'Italienne vindicative et féroce n'osa pas dire à Sarkis jusqu'à quelle impudeur elle s'était offerte, jusqu'à quel mépris elle avait été refusée, et ses nuits pleines de rage furent atroces. Acculé au pied de l'impossible, le désir se retourne dans un espoir désespéré vers le surnaturel. Le peuple du moyen âge, après les trois ans de pestes et de famine qui précédèrent l'an mil, voyant que ses saints ni ses anges ne l'exauçaient, abandonné d'En haut regarda En bas et tenta de désarmer les puissances du mal, puisque celles du bien ne le défendaient pas !

La princesse impuissante rêva de Goétie et de ce Mérodack qui lui avait parlé d'une plante qui fait aimer. « Il sait d'autres moyens encore, » pensa-t-elle ; « en les mettant tous en œuvre, qui sait ?... »

A sept heures du matin, la marquise dormait fatiguée de sa promenade en voiture de la veille avec Plélan, quand sa femme de chambre la réveilla et lui tendit ce billet : « l'adresse de Mérodack et annoncez-lui ma visite à trois heures. » La marquise pesta, dépêchant sa femme de chambre chez Cadenet, d'où elle revint singulièrement ébouriffée avec une carte : « 158, rue Notre-Dame-des-Champs, sonnez six fois. »

Vers midi, Adèle qui maintenant habitait la maison pour les fréquents besoins que Mérodack en avait, introduisit la marquise.

— « La princesse d'Este vous fait annoncer sa visite pour trois heures. »

— « Bien. »

— « Et Marestan ? » demanda la marquise.

— « Vous l'avez commencé, d'autres le finissent. Il est perdu de tout... »

— « Alors, il fallait me le laisser, autant moi pour bûcher que d'autres. »

Mérodack sourit devant cette naïve perversité.

A l'heure dite, la princesse parut.

— « Je viens vous demander, mage, votre aide pour me... faire aimer !... »

— « Vous êtes perdue. »

— « Soit, mais je veux perdre... Le nom de la plante qui fait aimer?... »

— « Van Helmont ne l'a pas dit, je ne le dirai pas non plus. En cette matière, il y a le volt d'amour qui est irrésistible ! »

— « Enseignez-le-moi. »

— « Qui aimez-vous ? »

— « Que vous importe ? »

— « Il m'importe si bien que je vais le savoir, attendez-moi ! »

Un quart d'heure après, Mérodack revint.

— « Vous aimez un prêtre ! je le savais l'ayant prédit ; mais ce prêtre c'est le père Alta, mon frère spirituel ; et cette magie que vous venez demander contre lui, je l'emploierai à le défendre de vous. »

— « Eh bien, mage ! » fit la princesse dans un redressement magnifiquement hautain, « pare si tu peux le coup que je vais porter à ce moine que tu appelles ton frère. »

— « *Kong om pax!* » dit Mérodack avec tranquillité.

XLVIII

LE DÉVOYEMENT DE MARESTAN

Dans la perpétuelle excitation de la vie de Paris, qui enflamme et déprave les sens des natures voluptueuses et molles du Midi, Marestan était devenu un obsédé de la chair, et aggravation, il mettait la sentimentalité de son âme tendre dans la poursuite du plaisir. Après la marquise, il avait passé aux bras d'actrices sottes, de filles nulles, de veuves exaltées, menant une vie d'acoquinements et de collages successifs. A peine sorti d'un bourbier. il trébuchait dans un autre. Mérodack n'avait pu veiller sur lui, absorbé par l'infortune de Corysandre.

La Bête exige d'autant plus qu'on lui donne davantage et Marestan se laissa entraîner dans un tourbillon de luxure qui devait fatalement l'engloutir. Les filles du quartier latin se le passaient comme un « gaillard flambant. » Tandis que son corps se pliait à la manie de la chair, son esprit se déshabituait des pensées hautes. Hercule aux innombrables Déjanires, il s'immolait sur la femme, l'autel le plus banal du fétichisme. Maintes fois, Mérodack était venu l'arracher à un caprice avilisant ; Marestan avait remercié pour retomber le lendemain. En proie à des remords rendus cuisants par sa religiosité qui lui conservait la notion du péché, il priait, pleurait, se bardait de résolution et une nuque ou un bout de jupe relevée le rendait au rut.

— « Retourne à Arles, malheureux ! » lui disait Mérodack, « tu n'es déjà plus qu'un bouc, tu ne seras demain qu'un porc. Toi qui as du génie, qui peux des chefs-d'œuvre, tu ne fais que cette inanité : l'amour. Comment te grises-tu de chair à ce point? L'écœurement ne te contient-il pas, avec sa main glacée? Toi un prédestiné, marqué du sceau d'élection, tu es dupe des mirages sexuels. La volupté, la femme et l'amour sont trois inventions des poètes. Refais Catulle, mais ne te vautre pas. Et ton poème : le *Grand mystère de l'idéal?...* »

— « Je vais m'y mettre, tu verras, ce sera beau! » s'écriait Marestan. « Un temple synthèse de tous les temples, Thèbes, Ellora, le Parthénon, Notre-Dame. L'ogive, le cintre et l'architrave ; l'acanthe, le trèfle et le lotus mêlés. Dans l'abside, en gloire, à la place de l'autel, la Trinité et la Vierge, les neuf chœurs. Puis prophètes, patriarches. Les saints et les génies défilent et chacun dit en une ode, sa conception de l'idéal : Phidias résumant la grèce, Dante le moyen âge, S. Vincent de Paul la charité. C'est infini, écrasant ; puis, tous les concepts en exposés lyriques par leurs archétypes créateurs. Et c'est là le difficile, le chœur final : l'hymne à l'ineffable. Ah! ce sera beau, le *grand mystère de l'idéal...* »

Mérodack secouait la tête.

— « Tu es tombé dans la femme; ce gouffre ne ren. pas! Latin, tu es perdu comme ta race ! »

XLIX

ENTRETENU !

Les poignées de main que le prince échangea avec les dominicaux furent plus que cordiales, émues ; et au plaisir de se retrouver, ils se sentirent mieux que camarades, amis.

La Nine présenta le comte Chiaravalle comme un nouveau et dix-huitième dominical. Un silence glacial l'accueillit, qui eût fait perdre contenance à tout autre qu'à l'Italien.

Talagrand souffla à l'oreille de la Nine :

— « Vous auriez pu rapporter un autre souvenir d'Italie ! »

— « Et Mérodack ? » demanda-t-on.

— « Chiaravalle, » dit la Nine, « vous verrez là un vrai sorcier. »

Le comte crut à un Robert Houdin quelconque.

— « Je le ferai poser votre sorcier, milady. »

A cet instant, Mérodack parut, portant une longue veste de velours noir qui accentuait sa pâleur. Il serra la main au prince, mais ne prit pas celle que lui tendait la Nine.

— « Voici, » dit-elle piquée, « le dix-huitième dominical que vous ne connaissez pas. »

— « Monsieur n'a pas besoin de me connaître pour savoir qui je suis, puisqu'il est sorcier. »

Mérodack leva ses yeux sur lui.

— « Je n'ai pas besoin de vous connaître pour savoir

que vous mourrez de mort prochaine, violente et par le fer. » Il se retourna, lançant à la cantonade :

— « Dix-huit est le mauvais nombre, il attire la fatalité ! »

Tous se délectèrent à voir traiter ainsi l'intrus.

Comme on passait à la salle à manger, la Nine quitta le bras du prince, simulant un ordre à donner, et Chiaravalle resta en arrière. Mérodack, que ce double mouvement inquiétait, s'attarda à la porte. Se croyant seuls, la fille et l'Italien échangèrent quelques mots à voix basse :

— « Nous disions,... » fit la Nine en apercevant Mérodack, et embarrassée ne trouva rien.

D'un geste, Mérodack les força d'entrer de front, le prince rêvait à quelque chose, mais les dominicaux saisirent le sens de cette poussée qui les accolait.

— « Mes amis, » dit le Mage avant de s'asseoir, « si quelqu'un vous disait : j'ai le pressentiment, la certitude même d'un danger, ne passez pas là, y passeriez-vous ? »

— « Deux fois au lieu d'une, » dit Chiaravalle.

— « Je parle à mes amis, pourquoi répondez-vous ? » Et gravement « au nom de la science de Magie, un danger est sur vous, un danger où, plus que du sang, de l'honneur coulera. Croyez-moi, levons-nous et partons... »

— « Je crois à votre science, mais non à votre pronostic, » dit le prince.

— « Soit, » il jeta par-dessus sa tête, son verre qui se brisa au mur. « J'ai satisfait la loi, la main a parlé, advienne ce que doit. »

Ces athées ne songèrent pas à rire et la conversation resta glacée par le vent de cette prophétie.

La Nine sentait une malveillance des regards qui signifiait « si je parlais,... et je parlerais si cela ne devait pas faire plus mal au prince qu'à toi. »

— « Vous nous avez ensorcelés, » fit le prince frappé de la disparition de l'entrain d'autrefois.

— « Au contraire, Sire, j'ai voulu conjurer un sort. »
Au dessert seulement, on s'anima.

— « Nos perversités sont rouillées, » déplorait le duc de Nîmes.

— « Vois, » disait Marestan à son ami, « comme l'Italien et la Nine se regardent d'intelligence. »

Le prince souffrait maintenant de la présence du comte. « Je perds donc le soin de ma dignité qu'ils en ont plus que moi ? »

— « Sire, quelle bague singulière vous avez au doigt, » remarqua de Quéant.

— « Une bague italienne, c'est-à-dire empoisonnée, que j'ai achetée au Ghetto de Venise pour peu de chose, » il fit jouer le chaton. « J'ignore le nom de la drogue, » et il montra un pois noir, « mais la valeur d'une tête d'épingle mise sur la langue d'un chien l'a foudroyé. »

— « Cela peut servir, » hasarda Chiaravalle.

— « Aux Italiens, » gronda Rudenty, qui eût assommé le comte avec bien du plaisir.

— « A soi-même, » dit Chiaravalle, décidé à ne pas voir les agressions.

La conversation tourna comme toujours sur les femmes : déplorable obsession de l'instinct qui hante même les blasés.

— « Ah ! » disait l'Italien. « il y aurait une curieuse étude à faire : du rôle de l'argent en amour et un préjugé à réformer ; je ne comprends pas que lorsqu'on ouvre sa robe et son cœur, on ferme sa bourse, et je ne vois pas plus de déshonneur à recevoir d'une maîtresse qu'à lui donner... »

— « Ceci est une théorie de... barrière, » dit le prince.

— « Préjugé ! » fit Chiaravalle.

— « L'honneur, monsieur, n'est pas un préjugé ; et

qui défend cette opinion, donne à croire qu'il la pratique... »

— « Admettez-le un instant. »

— « Si je l'admettais, je ne vous admettrais pas ici. »

— « Prince, êtes-vous sans péché pour jeter la première pierre ? »

— « Monsieur le comte, je vous somme de vous expliquer. »

— « La vérité blesse toujours, » fit négligemment l'Italien.

— « Drôle, » cria le prince, et il lui jeta, à travers la table, sa serviette au visage.

— « Ce qui est drôle, monsieur de Courtenay, » s'écria l'Italien en se levant, « ce qui est fort drôle, c'est votre rigueur, à vous qui n'êtes qu'un *Entretenu.* »

Tous les dominicaux, comme soufflétés, se levèrent.

Le prince resta assis, hébété par l'inouï et l'inattendu de cette accusation.

La Nine, terrifiée de ce qu'elle avait fait, sans en prévoir les suites, restait assise aussi, immobile et tremblante.

— « Messieurs, » dit le prince, « veillez sur cet homme et sur cette femme ! Je vais tuer l'un, bâtonner l'autre, et vous m'expliquerez après, les incroyables apparences qui ont donné lieu à cette calomnie. » Il décrocha deux épées des panoplies et sortit, suivi des dominicaux qui poussaient devant eux la Nine et Chiaravalle. Fiévreusement, on bouscula les meubles du salon, et les quinze dominicaux se rangèrent en demi-cercle, la Nine fut poussée contre la cheminée.

L'Italien ramassa l'épée que le prince lui avait jetée. Il tirait bien, mais en face de lui, Mérodack le regardait, le forçant à des distractions, et pendant la seconde de fascination, l'épée du prince perça en plein cœur l'Italien qui tomba raide.

Pouancé s'agenouilla, examinant la blessure :

— « Bien mort, » fit-il.

A coups de pied, Rudenty et Tisselin roulèrent le cadavre dans le coin du piano.

— « Maintenant une cravache, » cria le prince en marchant vers la Nine.

— « Sire, » dit Mérodack, « la Nine est venimeuse, il aut ou la tuer ou la dédaigner. »

La Nine reprenait son aplomb.

— « Sire, on vous a insulté et vous avez tué l'insulteur ? C'est bien. Mais moi, que vous ai-je fait ? Chiaravalle, ayant surpris un brouillon où je donnais ordre à mon agent de change Gillin d'acheter du Suez en votre nom, a conclu, par jalousie, car il me désirait, que... »

— « Oh ! » dit le prince, « je pressens un abîme d'ignominie ! Si j'y suis tombé, vous êtes assez mes amis pour devenir mes complices, nous condamnons cette créature, et... »

— « La Sainte Wehme, » s'écria Tisselin ravi.

— « J'ai pensé juste, tout de suite ! » disait Talagrand à Saint-Meen.

Avec son habit d'homme, la Nine, appuyée à la cheminée, semblait un collégien qui a peur d'être fouetté.

Le prince affectait de l'ignorer, dans un mépris d'attitude dont les nobles actuels ont perdu le secret et qui jadis a dû être d'un grand effet.

— « Mérodack, éclaircissez cela ! » demanda le prince.

— « Combien restait-il, Mérigneux ? »

— « La réserve, 80,000 francs. »

— « Je vous ai donné, Sire, 80 kilogrammes d'or fin, soit 15,000 fr. ajoutés à la réserve, cela fait 95,000 fr.; vous donniez 100,000 fr. par an à cette fille ; il n'y a que quatre mois que le krack a eu lieu ; donc loin d'être entretenu par elle, vous l'aurez entretenue cette année d'un tiers plus cher... »

Le prince respira comme un Atlas délivré du poids du monde ; puis il coula, par-dessus son épaule, un regard qui crachait le mépris sur la Nine, et sans un mot, d'un geste d'empereur, il la chassa.

Elle gagna la porte lentement, rassurée, mais enragée d'avoir eu peur, calculant que l'étonnement de ce qu'elle allait dire laisserait le temps de la fuite; sur le seuil, elle leur fit face :

— « Amateurs de perversité, si je n'ai pas entretenu Courtenay, j'ai fait mieux, » et frappant son ventre effacé d'éphèbe :

— « J'ai dans mon bedon, ton blason fac-similé, ô roi; et avant de te faire sauter, vois si tu veux reconnaître ton fils. » Cela dit, elle disparut.

Cet adieu de Parthe immobilisa un instant l'assemblée.

Le prince, chancelant, s'était appuyé à une table.

« — Saint-Meen, » dit Mérodack, « voulez-vous vous laisser endormir ? »

Le dominical prit une chaise et s'assit, le mage commença les passes. Il fallut huit minutes; enfin, le magnétisé eut cette secousse nerveuse du sujet qui entre dans l'état somnambulique.

— « Pourvu qu'il soit lucide, » pensait Mérodack.
— « Gadagne, pensez un titre d'ouvrage peu connu, » et il ordonna mentalement à Saint-Meen de lire dans la pensée de Gadagne.

Les lèvres du magnétisé s'agitèrent, puis dirent : « Octodécatérons de Manéthon. »

Gadagne fit signe que c'était bien cela.

Alors, Mérodack interrogea à voix haute :

— « La Nine est-elle enceinte ? Voyez dans son ventre... »

— « Elle est enceinte, » dit Saint-Meen.
— « De combien ? »
— « De trois mois et sept jours. »
— « Suivez les vibrations de la lumière astrale jusqu'au jour où elle a été fécondée. »

Les veines du front du sujet se gonflèrent en une grande contention d'esprit.

— « Où?... »

— « En gondole... »

— « Répétez les paroles que vous entendez... »

— « Le prince s'inquiète d'un sourire... il dit : Pourquoi souriez-vous ainsi? » La Nine répond : « Je songe à ces pauvres dominicaux, que font-ils de leur dimanche soir? »

— « Répétez quelque chose de plus décisif... »

— « En descendant de gondole, la Nine laisse tomber une bague dans le canal; c'est une entaille représentant une femme sur un bouc, elle dit : « J'ai épousé la mer, je suis dogaresse. »

Le prince confondu, fit le geste qu'il était convaincu.

— « La Nine est-elle grosse du fait de Courtenay? » demanda encore Mérodack.

— « Oui, » fit le sujet, que le mage réveilla en soufflant sur lui.

— Sire, » dit Tisselin, « la Nine aura prévenu la police, il faut sortir d'ici en hâte. »

Ce mot de police évoqua aux yeux de Courtenay le spectacle d'une arrestation, de la prison préventive, de la cour d'assises.

— « Partons, messieurs, » fit-il.

Les dominicains prirent pardessus et chapeaux au hasard, oubliant le cadavre de Chiaravalle qui faisait de son sang répandu en mare caillotée, un tapis rouge au grand piano à queue. Tisselin eut seul la présence d'esprit de fermer la pièce qui précédait le salon et d'en emporter la clef.

Ils descendirent par groupe le boulevard Malesherbes.

— « On dirait d'un retour d'enterrement et que nous venons du Père-Lachaise, » dit Beauville.

— « Nous y allons, » fit Mérigneux.

Le prince marchait en avant, donnant le bras à Mérodack et parlant avec animation.

— « Je comprends vos exhortations, elles sont louables, mais inutiles. Ruiné, taché devant l'opinion, dépositaire infidèle envers Corysandre, gentilhomme déchu à mes propres yeux, je ne veux plus vivre. Et ce cadavre d'Italien que j'oublie me mènerait devant des juges! Non... »

Avenue de l'Opéra, le prince des Baux arrêta Courtenay.

— « Eh bien! cousin, vous voilà retour de Venise, et la Nine? »

— « Toujours charmante. »

Balthazar des Baux l'invita à une partie fine où il allait et sur le refus du prince lui parla du krack : « Si vous aviez besoin d'un billet de cent mille, je suis là. »

Cette offre de débauche et d'or faite à deux heures de la mort, était navrante.

— « Mon ami, » disait le prince, « je sais que le mariage n'est pas votre souhait, qu'il dérange vos échafaudages et vos desseins de mage ; mais les mourants sont égoïstes, et si vous refusez d'être l'époux de Corysandre je meurs désespéré, d'autant qu'elle n'a plus de fortune que mon hôtel et les cornes d'Urfé. Le mérite de votre dévouement plaidera devant Dieu le pardon de mon suicide. »

— « J'épouserai Corysandre, » dit le mage avec effort.

— « Oh! merci, » dit Courtenay qui lui quitta le bras pour lui serrer les mains.

— « Mais vous reconnaîtrez... »

— « Le fils de cette fille, jamais !... »

— « Il est aussi le vôtre ; vous l'avez engendré en des flancs indignes ; mais doit-il porter tout le poids de votre faute? Qui sait s'il ne remettra pas dans l'histoire ce nom que vous lui refusez? Écoutez, je me charge de l'enlever à la Nine avec l'aide des dominicains, de l'élever en père ; et à sa majorité, s'il est digne de porter votre nom, je lui remettrai un acte de naissance *in extremis* que vous me donnerez tout à l'heure. »

Et comme le prince hésitait.

— « J'épouse Corysandre, il faut que vous reconnaissiez votre fils ! »

— « J'y consens, » dit le prince. On entrait à l'hôtel de Courtenay.

Anselme ensommeillé regarda avec hébétude cette bande qui avait l'air funèbre.

Dans la grande salle tendue d'azur aux fleurs de lys d'or sans nombre, les dominicaux allumèrent le lustre et les appliques comme pour une fête, tandis que Courtenay assis dans sa cathèdre à ciborium blasonné écrivait son testament et la reconnaissance de son fils.

Les dominicaux, immobiles et recueillis, se taisaient.

Du regard, Talagrand montrait à Tisselin une pièce que le hasard mettait en évidence à un bout de table : *Mort et trépas de monseigneur le prince de Courtenay par la malicieuse sorcellerie d'une misérable sorcière qui depuis fut exécutée.* Il souligna de l'ongle « QUI DEPUIS FUT EXÉCUTÉE » disant : « ceci nous est dédié. »

Le prince posa sa plume et redressant sa haute taille :

— « Mes pairs, » dit-il. La calme majesté de ces deux mots avait une si naturelle ampleur, que chez ces pervers une idée courut comme une traînée de poudre s'allume et d'une voix d'autant plus émouvante qu'elle était basse pour ne pas réveiller Mlle d'Urfé, ils murmurèrent : « Vive le Roy ! »

La proclamation de son droit méconnu à l'heure de sa mort électrisa Courtenay. L'empereur de Constantinople réapparut en lui : l'hommage lige de ces intelligences indifférentes aux hiérarchies valait plus que l'acclamation d'un peuple ; il le comprit et aussi le sentiment de charité splendide qui faisait un trône aux dernières minutes de sa vie.

— « Voulez-vous fuir ? » dit Tisselin.

— « Je dirai que c'est moi qui ai tué l'Italien ! » s'écria Rudenty.

— « Merci, Rudenty, merci vous tous qui m'avez fait roi. Mes pairs, je vous lègue mon fils Robert dont voici l'acte de reconnaissance que je confie à Mérodack; il vous guidera dans l'exécution de mes dernières volontés... »

— « Prince, » disait le mage, « songez au salut de votre âme ! »

Courtenay fit un geste de résolution absolue.

— « Mes amis, embrassons-nous ! » dit-il en se levant, et les dominicaux, graves et livides, embrassèrent le prince.

Il se rassit, disant :

— « Que Dieu me pardonne ! » puis ouvrant le chaton de sa bague, il avala vivement le grain noir, et après une secousse, s'affaissa.

— « Le roy est mort ! vive le roy ! » crièrent les dominicaux à toute voix, oubliant Corysandre.

On porta le cadavre sur le lit : Pouancé mit une glace aux lèvres et la retira brillante.

— « Maintenant, » dit Tisselin, « Rudenty, duc de Nîmes, Talagrand et moi *au cadavre !* »

A peine les trois dominicaux étaient-ils sortis, qu'éveillée par le cri et attirée par la lumière, Corysandre parut en peignoir. Sans s'expliquer leur présence, elle vit son tuteur mort, et se précipita vers le lit, s'y affaissant, sanglotante, dans une grande douleur.

L

LE CADAVRE

Rapprochant d'un geste les trois dominicaux, Tisselin les entraîna jusqu'au vestibule, où Anselme, anxieux, se leva à leur approche.

— « Son Altesse ? » demanda-t-il.

— « Vous lui êtes dévoué, Anselme ? Eh bien ! attelez le coupé en hâte et préparez une livrée noire, cela tout de suite ; les instants sont ici inestimables. »

Puis, dès que le domestique obéissant eut disparu :

— « Nous ne pouvons plus rien pour lui, si ce n'est de cacher à la justice le cadavre de l'Italien. Ce duel a des airs d'assassinat, et nous sommes complices. Il est deux heures et demie du matin ; à quatre heures, le parquet de la Nine doit être déblayé ; je vous ai choisis, duc et Rudenty pour vos biceps, Talagrand pour ton adresse d'automédon. »

— « Je ne comprends pas, » fit le duc le Nîmes, « mais l'occasion est propice de vous montrer le praticien de vos théories. »

— « Il ne faudra pas me juger là-dessus ! » protesta Tisselin ; « pour réussir un assassinat, il faut le préparer, et on n'a plus ses aises quand tombe sur vos bras un cadavre imprévu deux heures auparavant, et qu'il faut enterrer avant l'aurore. »

Anselme revenait, portant sur son bras la livrée.

— « C'est attelé, » dit-il.

Talagrand endossa sans rire, le vêtement trop large et se coiffa du chapeau à cocarde.

— « Chez la Nine, » dit Tisselin.

Après sa sortie théâtrale, celle-ci s'était réfugiée au second étage ; au bruit des dominicaux qui sortaient, elle redescendit. Les domestiques étaient habitués aux grands tumultes des dimanches ; tel vacarme ou tel va-et-vient qui les eût étonnés pendant la semaine passaient inaperçus pour eux ce soir-là. Au reste, dès la fin du repas, ils avaient ordre de se retirer dans les communs, et depuis longtemps ne prenaient aucun souci des sabbats dominicaux. Seule ainsi, la Nine s'épeura ; et se ressouvenant tout à coup du cadavre, elle se précipita vers le salon et se heurta à l'antichambre fermée. Affolée, à la brusque vision de la police, des gendarmes, de la prison préventive, des assises, elle tomba en une panique désespérée sans autre idée que de fuir et l'épaule tremblante, sous l'appréhension d'une main qui allait s'y abattre comme un cauchemar. Arrachant une bougie allumée à une torchère, elle courut à sa chambre, bouleversant les armoires, réunissant ses titres de rente et ses bijoux. Peu à peu cette fiévreuse activité se ralentit, l'élève de Gadagne se prit à réfléchir ; ce cadavre les embarrassait aussi ? « Quelle apparence que les dominicaux se désintéressent de ce mort qui les expose à une instruction criminelle, tout au moins ? »

— « Suis-je bête ! » conclut-elle tout haut en se laissant aller sur une causeuse. « Cependant, s'ils oubliaient Chiaravalle ; » et cette pensée la faisait pâlir !

Elle attendit fiévreusement ; la demie de deux heures sonna ; elle ouvrit la porte-fenêtre et malgré le froid s'accouda au balcon.

Deux municipaux allaient et venaient du coin de l'avenue de Villiers à la rue de Prony, frappant des pieds et toussant dans le brouillard glacé.

Enfin, un coupé déboucha du boulevard Malesherbes

et s'arrêta devant l'hôtel; elle reconnut le duc de Nîmes qui sonnait, à sa haute taille, tandis que Talagrand descendait le boulevard au petit trot. Elle se précipita à leur rencontre, mais ne put trouver un mot; leurs regards la glacèrent, elle y lut une menace de mort pour l'avenir. Dans un silence mortuaire, Tisselin ouvrit l'antichambre et ils pénétrèrent dans le salon en désarroi où l'odeur du sang affadissait l'air; des bougies brûlaient encore, d'autres s'étaient éteintes et des bobèches éclatées s'écrasaient sous leurs pas.

Tisselin prit le cadavre par le collet de l'habit et le tira hors de la mare de sang; le duc et Rudenty le déshabillèrent; nu, il apparut, un beau modèle d'atelier.

La Nine avait pris une cigarette et l'avait allumée; d'un soufflet Rudenty la lui fit tomber des lèvres.

— « Un drap, » ordonna-t-il.

Blême, la Nine obéit.

A cet instant, on entendit la voiture qui revenait.

Tisselin arrachait ses bretelles, de l'une liant les bras au tronc, de l'autre liant les pieds, puis il roula le cadavre dans le drap et en tordit les bouts que prirent le duc et Rudenty.

— « Et ça, » fit la Nine en arrêtant Tisselin et lui montrant du geste, les habits du comte et les flaques de sang caillé.

Au lieu de lui répondre, le dominical la prit par les reins et la jeta dans la mare de caillots.

— « Marie, trempe ton pain dans la sauce! » cria-t-il, et se précipitant dans l'escalier, il rejoignit les sinistres porteurs. Au bruit de pas qui descendaient, de lui-même le concierge tira le cordon et Tisselin en un clin d'œil ôta la barre, ouvrit le second battant, tandis que Talagrand qui avait fait face à la porte s'engouffrait à demi sous le porche. Vivement, ils mirent le cadavre dans la voiture et y entrèrent eux-mêmes.

— « Pont de Passy, parapet de gauche, » souffla Tisselin à Talagrand qui fouetta ses chevaux.

Au coin de la rue de Prony, les municipaux arrêtés regardaient la voiture.

Les trois dominicaux étaient mal à l'aise, ils n'avaient pu faire asseoir le mort, et forcés de le mettre en diagonale, les pieds en l'air, presque sur leurs genoux. Ce contact les glaçait ; on entendait le duc de Nîmes grincer des dents.

— « Et maintenant ? » demanda Rudenty comme ils atteignaient la place de l'Etoile.

— « Il eût été élégant, » commença le dominical, « de le porter en terre sainte... au cimetière du Nord ; en escaladant le mur de la rue de Maistre, nous l'aurions *inséré* dans le caveau de quelque famille bourgeoise et nous aurions fumé jusqu'au premier convoi avec lequel nous serions sortis... Mais la main est forcée par l'imprévu. Cacher le cadavre eût été bien, nous en débarrasser suffit. Que les filets de Saint-Cloud contiennent dans quelques heures d'ici un cadavre nu dont l'identité ne peut être établie, qu'est-ce que cela fait au prince de Courtenay et à ses amis ? La Nine, à cette heure, fait son petit lavage en conscience, je vous jure... et nous... »

Le coupé arrivait au quai.

— « Attention, messieurs, je vous prie. Chez la Nine, le cadavre nous accusait ; ici, il nous convainc. Qu'un municipal ait l'idée de venir regarder à la portière et nous voilà assassins et aux travaux forcés à perpétuité. Donc, attention et démaillottez. »

Tandis qu'il fouillait de l'œil la solitude des quais, ses deux acolytes ôtaient le drap au cadavre, sinistre dans sa nudité.

— « Au pas, » commanda Tisselin à Talagrand quand le coupé atteignit le pont et il entr'ouvrit la portière de gauche.

— « Rudenty aux épaules, duc aux pieds et préparez-vous à un élan... Balancez... et vous lancerez au commandement de trois. Il faut qu'il tombe sur la pente gazonnée de l'île aux Cygnes et roule dans l'eau sans bruit... »

— « Une... deux... » Tisselin tenait la portière ouverte. Et « Trois !... »

Le cadavre jaillit de la voiture et passa le parapet. Il y eut un bruit sourd et amorti; quelques secondes après, un clapotement. Ils respirèrent, refermant la portière. Les six tours de tour pour quitter le pont leur parurent une heure.

— « Trotte seulement, » commanda Tisselin en touchant au quai.

Ils se taisaient, pliant le drap, avec des mains énervées.

A l'avenue de Suffren, Tisselin sortit un cigare, criant à Talagrand :

— « Maintenant... dévale !... »

LI

L'AGONIE DE CORYSANDRE

Corysandre pleura le prince comme elle eût pleuré son père, crédule à la rupture d'anévrisme certifiée par Pouancé. Elle s'étonna seulement que les lettres de faire part portassent : muni des sacrements de l'Eglise; sa candeur s'étonnait du mensonge même officieux qui permit au père Alta de dire la messe de *Requiem* dans Sainte-Clotilde toute blasonnée *d'or aux trois tourteaux de gueules posés deux et un; écartelé des armes de France, brisées d'une bordure engrêlée de gueules.*

Dans la voiture qui les ramenait du Père-Lachaise, Tisselin montra à Mérodack, aux faits divers du *Gil Blas* : « Hier, on a trouvé dans les filets de Saint-Cloud, le cadavre nu d'un homme ayant une blessure au cœur; transporté à la Morgue, l'autopsie a prouvé qu'il avait été tué d'un coup d'épée avant d'être dépouillé de ses vêtements et jeté à la Seine; on n'a pu établir l'identité, une enquête est ouverte. » Mérodack serra la main de Tisselin.

La douleur de Corysandre s'augmenta du vague effroi de désordres physiques que son innocence ne s'expliquait pas.

— « Voulez-vous être ma femme? » lui demanda Mérodack une semaine après la mort du prince.

— « Pourquoi cette méchante question? » fit-elle toute confuse et rougissante.

— « J'ai promis au prince de vous la faire. »

— « Ah! » fit la jeune fille en pâlissant, et elle chancela.

— « Ne m'en veuillez pas de mes hésitations, Corysandre, je n'osais me commettre le soin de votre bonheur. Je ne suis pas comme les autres hommes, j'appartiens à des études sans fin. »

— « Quelle injustice de croire, » s'écria-t-elle, « que je veuille de vous autre chose que l'épouse chrétienne et que je m'égale à la science dans la part de vos heures. Je me donne à vous, Mérodack, je ne vous prends pas, je me donne simplement, sans échange, il suffit que vous m'acceptiez. »

Emu, le mage la baisa au front.

— « Acceptons les destins, » pensa-t-il. « Dieu a une volonté en cette rencontre et me rendra en bénédiction le temps et la force que me coûtera ce devoir. »

Trois mois s'étaient écoulés depuis la mort du marquis de Donnereux et Mérodack hâtait le mariage, tandis que par une pudeur charmante, Corysandre, sûre de son bonheur, en retardait la consécration.

— « Restons fiancés jusqu'à la fin du deuil! » et pour la première fois elle s'entêtait.

Mérodack dut exprimer sa formelle volonté et faire publier les bans. Corysandre souffrit de cette violence qu'elle croyait amoureuse, cependant!

Quelques jours avant le mariage, Corysandre passait l'après-midi chez Mme de Montessuy, qui n'avait cessé d'être Mlle de Chamarande que depuis un an. A peine remise de couches heureuses, elle ne tarissait pas en détails étonnés sur les péripéties du grand drame de la parturition. Ce qui attirait sa contemplation émerveillée de jeune mère qui n'a pas tout à fait cessé d'être une jeune fille, c'étaient les premiers troubles, les premiers symptômes de sa fécondité; et devant l'attention de Corysandre, elle précisait dans son langage audacieux d'ingénue ses sensations.

Tout à coup, Corysandre pâlit affreusement, se leva toute droite comme si un fantôme eût apparu, et poussant un grand cri, tomba raide.

En écoutant la jeune comtesse de Montessuy elle venait de se découvrir tous les symptômes de la grossesse et le souvenir de son affreux réveil, malgré les voiles que Mérodack avait épaissis sur cet événement pendant les deux longs sommeils magnétiques, ce souvenir s'était dressé devant elle, lui révélant sa honte!

Ramenée à l'hôtel de Courtenay, elle s'enferma dans sa chambre.

Qui l'eût vue s'emmitoufler de toutes ses fourrures et ensuite s'épuiser à soulever les meubles l'eût cru folle. Quand elle fut inondée de sueur, la nuit était venue très noire, elle se mit nue et ouvrit la fenêtre toute grande.

Des frissons coururent sur ce corps de vierge en sueur; les dents s'entrechoquaient et une toux soulevait ses jeunes seins. Elle resta ainsi plusieurs minutes.

Alors elle ferma la fenêtre, se couvrit d'un peignoir et s'agenouillant à son prie-Dieu :

— « Sainte Vierge, pardonnez-moi ce que je viens de faire! Pourquoi avez-vous permis qu'on me profanât? » Et cette âme d'ange ne se repentait pas, prise d'une colère d'agneau devant cette fatalité qui la souillait.

— « Comment » lui disait le lendemain Mérodack, « être malade la veille de notre bonheur! » et il sortit avec Pouancé.

— « Perdue! » fit celui-ci, « une fluxion de poitrine où l'on ne peut rien. »

Mérodack rentra dans la chambre avec le P. Alta.

— « Sortez, Mérodack, » dit-elle, « je vais me confesser. »

— » Mon frère, » disait le dominicain en quittant Corysandre, « elle a permis que je vous révélasse hors de la confession le secret de sa mort : la jeune dame de Montessuy lui racontant sa grossesse, elle reconnut qu'elle aussi... et se souvenant d'un épouvantable réveil d'il y a trois mois, elle se vit violée, et incapable de survivre, elle s'est exposée en sueur à l'air du soir... »

— « Vanité de la science! » s'écria Mérodack, « ne pouvoir ni prévoir ni prévenir, » et il s'affaissa et s'absorba dans une immobilité de douleur.

— « Corysandre, » cria-t-il en courant vers la malade : « Vous m'avez tué le cœur, je savais tout et je ne vous en aimais que davantage. »

— « Vous êtes bon autant que grand, mais je ne pouvais plus vivre après cela, » et elle pleura.

Transportée dans la chambre du prince, cette suicidée fut couchée dans le grand lit où un suicidé avait dormi les premières heures de sa mort.

— « La tombe et vous deux » disait-elle d'une voix affaiblie, « personne autre ne saura; et Dieu me pardonnera, n'est-ce pas, mon père? Mérodack, je puis vous le dire maintenant que je vais mourir, oh! je vous ai bien aimé ; et je vous aime plus encore et mieux... Serai-je punie de ne pas survivre à ma pureté? Je prierai, là haut, pour que vous deveniez très savant en cette science de magie que vous aimez plus que moi ! Cela vaut mieux pour vous que je meure, j'aurais embarrassé votre vie. Oh ! ne dites pas non, vous n'avez voulu de moi que quand j'ai été seule et souillée. Ne pleurez pas, surtout ; vos larmes à vous, semblent de sang... Je vous ai bien assez donné de chagrin, car je sais maintenant que vous avez commis un crime pour me venger. Dieu nous pardonnera à tous les deux, n'est-ce pas, mon père ? »

Mérodack tenta un miracle magnétique ; mais troublé, désespéré, il échoua.

Corysandre reçut le viatique avec une onction de sainte, en présence des dominicaux qui pleuraient.

— « Mérodack, » dit-elle d'une voix éteinte, « dès que je serai morte, vous ferez sortir tout le monde, vous vous enfermerez et vous me ferez la dernière toilette. »

— « Je vous le jure, » dit Mérodack, les larmes résorbées.

Elle fit apporter et disposer sur les meubles, la robe, la chemise, les bas qu'elle devait mettre pour les vers.

— « Ce n'est pas tout, Mérodack. Quand on apportera le cercueil... oh ! qu'il soit capitonné, c'est si dur le bois, vous resterez seul et vous me clouerez dans la bière. »

Puis elle s'assoupit une heure et se réveilla dans une agonie douce, qui souriait à des visions de paradis. Le délire la prit tout de suite, un délire d'Ophélie presque enfantin.

Le P. Alta agenouillé récitait les prières des agonisants.

Tout à coup, des frissons coururent sous le drap ; ses mains charmantes se crispèrent avec le mouvement de ramener la terre sur soi : elle ferma ses pouces, et sa poitrine chaste se souleva et elle rendit l'âme sous le baiser de la mort qui la violait une seconde fois dans son âge et sa beauté.

Mérodack fit seul la dernière toilette de sa fiancée.

. . . .

On apporta la bière, une bière d'ébène capitonnée de satin blanc et faite en un jour et une nuit pour une somme presque folle. Fidèle à son serment, Mérodack s'enferma pour mettre au cercueil cette morte dont le secret était caché dans son cœur d'initié qui ne parle jamais, et dans le cœur du moine, où un Léthé incessant efface tout ce qu'on y verse. Il coucha pieusement Corysandre dans sa jolie boîte. Elle souriait comme la sainte que les anges de Bernardino Luini emportent au ciel.

Résolument il rabattit le couvercle et enfonça un clou; mais une étrange hallucination s'empara de ce mage dont toute l'humanité était au cœur. A chaque coup de marteau, il croyait entendre Corysandre gémir. Plusieurs fois, il arracha les clous déjà enfoncés et rouvrit le cercueil; il se remémorait des exemples de catalepsie, il avait peur de l'enterrer vivante!

Alors ouvrant la porte du salon où étaient les dominicaux :

— « Saint-Meen. » cria-t-il d'une voix égarée, et il l'endormit et le magnétisé dit qu'elle était bien morte. Il réveilla le poète et s'enferma de nouveau.

Les dominicaux tressaillaient d'entendre ces coups de marteau qui pleuraient; ils cessèrent. Au bout d'un instant de silence, Rudenty, d'un formidable coup d'épaule, força la porte.

A côté du cercueil cloué, Mérodack gisait, si pâle qu'il semblait mort.

— « Oh ! » fit Pouancé qui lui mouillait les tempes, et il montra dans la noire chevelure du mage des cheveux soudainement blanchis qui luisaient.

LII

L'INTERDICTION

La femme, ce faible d'esprit, a toujours le vouloir despotique et irraisonné. Elle s'irrite devant ce qui résiste, et on prend cette colère pour de la force. Hallucinée de nature et surtout dans l'amour, sa vocation, elle ne résiste pas au double attrait de l'impossible dans le crime. D'autant plus curieuse qu'elle est ignorante, pleine de remuements organiques et moraux qui se croisent et s'enchevêtrent, elle met dans la passion, au service de son désir, une force folle et redoutable.

Si la princesse d'Este eût connu le breuvage qui rendit Césonie maîtresse de Caligula, elle l'eût employé; sans dégoût aux rites infernaux de Sagane, commettant ses mains patriciennes aux étranges cuisines de Canidie elle eût même égorgé le chevreau pour posséder ce moine, qu'elle ne pouvait ni étonner, ni indigner, ni troubler, et qui, sans colère et du pied, l'avait poussée comme un caillou, hors de son chemin. Le phosphore de l'Aphrodisie illuminait sa pensée, et brûlait ses reins. Impuissante, l'Italienne trouva ce qui meurtrirait cette invulnérabilité : à cet apôtre, l'interdit !

Demeurée en relations épistolaires avec le vieux cardinal Pallavicini qui avait envoyé Sarkis au duc Torelli, elle lui manda une lettre perfide :

— « ... Votre Éminence ne saurait se figurer la perversité de ce moine qui est beau et se sert de sa beauté pour attirer les pénitentes; qui est éloquent et qui emploie son éloquence à troubler les âmes. Il séduit au nom de Dieu, au nom de l'évangile il sème la concupiscence ; c'est un ensorceleur de laies comme Urbain Grandier était un charmeur de religieuses. J'ai vu, j'ai ouï un dominicain exciter les sens de son auditoire, à Notre-Dame. Son premier sermon sur l'esprit de luxure frisait Pétrone et Martial, il a conclu que la chasteté de la femme honnête était pire que toute incontinence. Ce qui est une excitation au vice et une apologie des courtisanes... »

« Quant au confesseur, il va à domicile donner l'absolution d'ordinaire, il trousse ses pénitentes et pour pénitence, les fouette. A la dépravation de ses sens, s'ajoute une intolérance incroyable, il traite les catholiques d'imbéciles, d'inertes ; lui ne l'est point, à voir la rougeur et le trouble de ses pénitentes. Un pareil moine, à Paris et si en vue, me peine pour l'Église à laquelle je suis attachée, malgré ma tiédeur présente...

Le cardinal Pallavicini crut sottement à ces calomnies et s'informa à l'archevêque qui répondit :

— « ... Le T. R. Père Alta est un moine singulier, d'une indépendance extrême. On l'a vu en froc, à deux heures du matin. Mais d'ordinaire, il ne sort point que pour sa messe. Il y a quelque temps, il était en Russie ! le tzar l'a reçu, paraît-il, et ils ont longuement parlé de la réconciliation de l'Église grecque. Sa véhémence contre la bêtise catholique mécontente tout le monde et réjouit nos ennemis. Beaucoup de ses pénitentes parlent mal de lui, à cause de sa sévérité sans doute. J'ai retardé jusqu'à ce jour une retraite qu'il voulait prêcher au clergé de Paris, il y aurait cassé vitres et vitraux. Que dire à Votre Éminence ? je crois à la pureté de ses intentions, je suis certain que sa manière est mauvaise et m'abstiens de le juger plus à fond. »

Le cardinal trouva une concordance suffisante entre la lettre de la princesse et celle de l'archevêque qu'il pria d'autoriser la conférence au clergé de Paris, pour mieux éclaircir le cas.

Soit qu'il défiât l'animosité, soit qu'il obéît à sa conscience apostolique, le Père Alta fut plus formidable encore.

Il accusa le clergé non-seulement dans ses vices, mais aussi dans ses ridicules et ses incapacités.

« Le geste, le ton, l'allure du prêtre sont des mérites ou des péchés, des exhortations muettes ou des sujets d'éloignement de l'Eglise pour les laïcs... Je n'admets pas qu'un prêtre rie, quand l'Eglise pleure et que les races latines agonisent... Ils sont de mauvais prêtres ceux qui ne portent pas avec onction la livrée de l'Evangile. Nous qui combattons le monde nous osons lui ressembler. »

« Sur notre robe, soutane ou froc, les vertus ne se voient pas car on sait qu'elles doivent en être la trame même, mais le vice y fait une tache éclatante, et vous savez que les hommes fourbes concluent de l'indignité du prêtre, à la vanité du dogme... Avoir toutes les vertus, ce n'est que la moitié de l'apôtre; l'autre est de les créer dans le prochain. Il suffit aux laïcs de faire leur salut, mais nous ne nous sauverons que si nous sauvons nos frères... Cette charge d'âme est l'obligation d'être aimanté de vertu, au point que le prochain en prenne à notre contact et ainsi attiré, le conduire au salut par l'exhortation et l'exemple. »

Puis il revint à son texte, le *Væ pastoribus* d'Ezéchiel :

« Le verbe du Seigneur s'est manifesté, me disant : Fils de l'homme, prophétise sur les pasteurs d'Israël; prophétise et dis aux pasteurs : le Seigneur Dieu a dit ceci : « Malédiction sur les pasteurs qui se repaissent, tandis que mes brebis ne paissent point. Mes brebis sont dispersées, parce que le pasteur n'était pas là et elles sont livrées à la dévoration de toutes les bêtes des champs. »

« Elles ont erré, mes brebis, sur tous les monts et par

toute la terre ; et personne, vous dis-je, personne ne les cherchait...

« Nous proclamons bien haut la toute-puissance de Dieu, pour nous épargner des efforts. Les portes de l'Enfer ne prévaudront point contre elle, mais elles prévaudront contre nous. Le miracle, direz-vous, Dieu n'en fait pas pour les inertes, et l'histoire à la main, je vous certifie que tout clergé, toute caste sacerdotale catholique ou païenne n'a régné sur une civilisation qu'en en prenant la tête ; et tant que nous ne serons pas les meilleurs de cœur, les plus grands d'œuvres ; tant qu'il y aura un laïc plus saint ou plus savant que nous, nous serons conspués et ce sera justice. »

Médusés et furieux de l'être, les auditeurs sortirent pleins de fiel. Son Eminence elle-même manda le dominicain et le morigéna.

Celui-ci répondit en latin avec tranquillité :

« Le Verbe de Dieu s'est manifesté, me disant : fils de l'homme, dis aux pasteurs d'Israël : Malédiction sur ceux qui se repaissent et ne font point paître leurs brebis. »

Le clergé qui a l'impudeur de s'abriter derrière le dogme, considéra le moine comme un fléau de l'Eglise, quand par un cas inexplicable, que la princesse aurait pu expliquer, des fragments sténographiés et défigurés de la conférence, parurent dans les journaux rouges. Son Eminence, harcelée, écrivît à Rome qu'on le délivrât de ce fâcheux sermonnaire. Le cardinal Pallavicini se prit d'un zèle ardent et manda à la princesse : « Que votre Altesse découvre une infraction au Droit Canon, et ce mauvais pasteur sera retranché d'entre les pasteurs, suivant son expression. »

La princesse d'Este n'était pas convaincue de la rupture d'anévrisme qui avait tué Courtenay, et interrogeant Antar, sur qui elle avait grand empire, elle fit avouer le suicide de celui qu'elle appelait son cousin. Demandant à Sarkis la fameuse *Somme des péchés*, elle la lut presque en entier et découvrit un décret du Concile de Trente, donnant comme neuvième cas d'interdit: « ceux qui admettent à la sépulture, les suicidés » Or, le Père Alta avait dit la messe de Requiem et donné l'absoute à la mort du prince de Courtenay !·

LIII

SOMMATION

Dans la pauvre chambre où Mérodack était venu dire à son anxiété : « Vous êtes un grand psychologue et un digne moine, » le Père Alta réfléchissait, entouré d'infolios, ces livres nobles entre tous les livres.

— « Entrez, » fit-il, à un frappement, sans lever la tête... La porte s'ouvrit dans un bruissement de soie, et un parfum entra qui s'empara de l'air humide.

Sûre de l'interdiction, la princesse d'Este venait repaître son orgueil et doubler sa vengeance. Elle venait offrir au moine de désarmer sa haine, si, lui, désarmait sa chasteté; elle voulait qu'il prévariquât par amour de Dieu, qu'il péchât par dévouement à l'Eglise. « Ouvre-moi tes bras à moi que tu hais, afin que je ne t'arrache pas de ceux de l'Eglise que tu aimes. » C'était si beau de mal, de le souiller et de le perdre à la fois, qu'elle eût vendu son âme au démon pour le convaincre. Acheter la possession d'un être à ce prix que nul ne vaut, c'est aimer si follement, que la passion semble s'ennoblir à devenir ainsi monstrueuse. A se retrouver devant le moine, elle sentit la double secousse de ses défaites, le dédain du confessionnal et le mépris du boudoir.

— « Mon Révérend, » dit-elle, « je tiens toujours mes promesses, j'ai un peu tardé pour celles que je vous ai faites, patientez quelques jours, elles auront plein effet. »

Le moine ne répondit pas, et la princesse alla prendre contre le mur une chaise de paille et s'assit à la table, s'y accoudant.

— « Je vous ai promis, » continua-t-elle en soutenant son menton de ses mains jointes, « de faire mentir votre nom, et en effet, vous êtes interdit... »

Elle lança ce mot d'une voix si venimeuse qu'Alta ne put douter que ce fût réel, et il tressaillit.

— « Ah ! » fit-elle joyeuse en battant des mains, « j'ai frappé votre talon, et si bien, que de longtemps vous ne marcherez dans la voie de Dieu. »

— « Que sa volonté s'accomplisse, » murmura le moine d'une voix altérée.

La princesse se mit à rire nerveusement.

— « Ce n'est pas la volonté de Dieu qui s'accomplit, c'est la mienne, que dis-je, la vôtre, puisque vous aviez le choix, vous avez préféré. »

— « On ne préfère pas l'une de deux choses également indifférentes, » dit-il durement.

Le terrible silence, aux palpitations fébriles, à la respiration angoisseuse, à la sueur froide, à la pensée égarée, aux nerfs souffrants, le terrible silence du confessionnal enveloppa ce face à face.

Le moine regardait une fleur safranée de la tapisserie gondolante sous le suintement du mur, tandis que l'haleine de la princesse lui venait au visage.

— « Si vous n'aviez qu'un mot à dire pour éviter l'interdit, le diriez-vous ? » demanda-t-elle.

— « Ce mot serait de ceux qui m'interdiraient pour l'éternité ! »

— « Traitons ! » fit-elle brusquement, et elle tendit

une main que le moine ne prit pas et qu'elle ne put retirer sans une rougeur.

— « Supposons, » reprit-elle, « que le pouvoir temporel dépende du vouloir d'une reine et qu'elle dise à le moine : viens dans mon lit, et le Pape restera à Rome, que lui répondriez-vous ? »

— « Qu'elle ment ! » dit le moine, étonné de la perversité de cette attaque, « qu'elle ne tiendra pas la promesse qu'elle fait, et que Rome sera perdue et la vertu du moine aussi. »

— « Mais, » fit-elle furieuse d'être devinée, « si au temps des persécutions, une impératrice eût dit à un moine : sois mon amant, et je reconnais ta religion, religion d'Etat. Qu'aurait-il dû ? »

— « Se taire, » dit fortement le moine, « car il n'y a qu'une insensée qui puisse croire que l'œuvre de Dieu peut se faire par le péché. »

— « Ah ! » s'écria-t-elle exaspérée ; « vous n'aimez pas Dieu, moine ! Un courtisan sert mieux son roi. Moi, que vous méprisez, je ne craindrais pas la damnation pourvu qu'elle profitât à celui que j'aimerais. Vous ne voyez que votre salut en égoïste. Un baiser, vous ne le donneriez pas pour éviter à cette religion que vous dites aimer, un scandale qui ébranlera des milliers de croyants ! »

Soudain le moine se leva et marcha vers elle, nouveau et magnifique.

— « Ce baiser, » s'écria-t-il, en l'écrasant d'un regard, « ce baiser, si je vous l'offrais, vous n'oseriez pas le prendre ! »

Il la regarda avec un défi frémissant ! Eblouie de cette transfiguration, elle avait joint les mains en une extase.

— « Oh ! je deviendrai sainte pour vous plaire, » murmura-t-elle d'une voix douce et dans l'attitude ravie d'une pieuse fille à qui l'archange Michel apparaîtrait.

Mais, brusquement, le rayonnement du moine s'éteignit; ses joues redevinrent pâles, son regard mat, son attitude froide, il se rassit et d'un geste la congédia.

Ce geste, cet ordre, au sortir de cet éblouissement, la firent chanceler et pâlir affreusement.

— « Moine ! » cria-t-elle, « on peut s'avouer vaincue, quand on a été la rivale de Dieu ! Je te laisse ceci à méditer : tu n'as pas péché, mais tu as été l'occasion du Sacrilège et tu seras celle du Scandale ! »

ÉPILOGUE

A longs pas de ses jambes maigres, le rabbin Sichem se promenait dans la grande salle. Les pans de sa douillette s'ouvraient et s'agitaient en ailes de chauve-souris ; les bras croisés, il semblait un halakiste méditant une décision talmudique.

Haut et droit comme un cèdre, sa maigreur parcheminée de momie rehaussait une vitalité inquiétante chez un vieillard. De son bonnet de laine rouge à la Buonarotti, ses cheveux blancs sortaient en mèches plates, et sa barbe d'argent brillait comme le pectoral d'un Cohen hagadog. Le nez de sa race était moins d'aigle que ses yeux, dont le regard semblait une serre et prendre aux hommes et aux choses leur secret. Un pli ironique des lèvres compliquait d'un accent de modernité, cette physionomie de Gamaliel ou d'Akiba.

Il allait et venait ; à son front les seuls plis de l'habitude et de l'âge. On venait de le masser ; cela lui tenait lieu d'exercice corporel, car ce rabbin à qui la kabale avait prouvé l'Evangile, ne sortait que le dimanche pour une messe basse.

A trente ans, Sichem avait quitté la synagogue de Strasbourg, disant : « Je vais là, d'où les Mages sont venus. » Il ne revit l'Occident qu'en sa soixante-dixième année et vint se cacher à Paris, ce désert fait de multitude.

Depuis cinq ans, il habitait la maison portant le numéro 33 du boulevard de Port-Royal, avec deux somnambules Maronites qui ne sortaient jamais, et une vieille juive française qui le servait. Nul ne franchissait le premier étage de cette maison banale d'aspect, dernier sanctuaire hermétique de l'Occident.

Par la loi des attractions proportionnelles aux destinées, Mérodack devait fatalement rencontrer Sichem.

Le jeune Mage se trouva un dimanche entendre la messe à Saint-Jacques-du-Haut-Pas; la vue du rabbin, sa façon de se signer, le frappèrent. Il le suivit à la sortie et l'aborda par l'énoncé du grand arcane. Sichem, fut plus étonné qu'il n'avait été de sa vie, et se prit tout de suite d'amitié pour ce prédestiné qui avait, avant l'âge de l'initiation, rompu les sept sceaux du livre. Mérodack amena le P. Alta chez le rabbin, et ces trois hommes d'une supériorité intraduisible, eurent d'extraordinaires entretiens, où le moine demanda des moyens pour hâter le règne de Dieu, tandis que le rabbin refusait de s'intéresser à la vie sociale qui lui aurait pris, sans rien lui apporter en échange, ses heures, ses forces et le calme de ses contemplations.

La salle où se trouvait le rabbin, occupait tout le premier étage. Etonnement pour qui y eût pénétré : ni fourneau, ni madras, ni cornue dans ce laboratoire. Des vitrines de pierres gnostiques, des cylindres sumériens, des graphites mystérieux, des panoplies de verges d'Aaron, de fourches de coudrier, d'épées évocatoires, des armoires d'abraxas et des bibliothèques où tenait tout l'œuvre occulte de l'incunable à Eliphas Levi. Les Sephers, les Targumim, les Talmuds, les Grimoires et les Clavicules étaient là, avec le livre des Mystères d'Elkana qu'on croit perdu. Des papyrus, des peaux d'onagre écrites avec un stylet, des lames de pierres précieuses couvertes de hiérogrammes étaient sous verre; en un musée et une bibliothèque du hiéroglyphe et du mystère.

Mérodack entra :

— « Maître, » fit-il, « le Père Alta va être interdit... »

— « Qui s'est emparé de son ascendant? » demanda le rabbin.

— « La princesse d'Este qui l'aime et qui est venue lui faire cette étrange sommation : « Venez dans mon giron, ou bien je vous arracherai du giron de l'Eglise. » Et Sarkis qui sort de chez moi, m'a dit : « Vous avez bien prédit que je n'occupais pas le port ; je pars avec la princesse pour l'Egypte ! Veut-elle dépayser sa passion repoussée, où bien chercher cette magie dont vous l'avez éblouie pour revenir avec d'invincibles charmes et d'infaillibles sortilèges ? »

— « Si les passions modernes savaient la magie, on verrait encore tomber le feu du ciel. Gomorrhe, la ville de la rébellion, n'a si singulièrement péri, que parce que les Gomorrhéens avaient fait servir à leurs passions les grands arcanes occultes. Ces poètes d'aujourd'hui, idolâtres de la Démence, tomberaient à genoux devant la Perversité orientale, s'ils savaient à quelle intensité de Mal, arrivèrent ces hommes qui enflammèrent l'air même qu'ils respiraient, du flamboiement de leurs crimes. Ce que la passion dévore laisse des cendres de phénix, et l'avenir appartient au pays du soleil ; tandis que l'inertie métaphysique enivre l'Occident de sa torpeur. Quand je contemple le monde moderne, dans son indifférence théologique, dans son activité seulement industrielle, moi, le juif, je regrette le bûcher. L'auto-da-fé, même criminel, prouve la foi des bourreaux, et la foi des victimes ; et la foi est le levier qui fait l'œuvre de Dieu. Tu t'étonnes de m'entendre préconiser la passion comme un poète halluciné ; c'est que je parle ici pour la canaille humaine. A nous les initiés, qui savons les lois, l'idée ; à tous ceux qui obéissent aux instincts sexuels, le sentiment pour lot. La passion est une roue qui tourne, à senestre dans le mal ; imbécilité de l'arrêter. Il faut la faire tourner à dextre, dans le bien. C'est la roue du Tarot, c'est le cœu de l'homme. On l'a arrêtée ! On a fait des culs de jatte, de peur qu'ils ne fissent usage mauvais de le membres. Toi qui rêves comme Alta, de régénérati chauffe les passions à blanc ; le feu purifie ou consume, et l'incendie d'une société a sa grandeur, tandis que ce monde moderne que tu aimes, jeune que tu es, s'en ira, avec l'imperceptible gargouillis d'un robinet qui s'égoutte ou le susurrement d'un ballon qui crève... Oh! l'imbécillité moderne, ils retrouvent la dynamite et la panclastite et ils le publient. Les Thugs occidentaux, les nihilistes peuvent en trois minutes, lancer dans les airs et Louvres et bibliothèques !... Je ne veux rester ni à Paris, ni en France, ville et pays de fous dangereux, non-seulement en liberté, mais au pouvoir. Dès que j'aurai fait assez de diamants pour réaliser mon dessein, je vais au Liban, j'y construis mon palais cubique, et j'attends là, l'appel de Dieu, loin de l'Occident en démence et de la France perdue ! »

Mérodack avait la pensée ailleurs.

— « Je vous ai raconté, » fit-il, « le viol et la mort de Corysandre. L'autre jour je promenais la lucidité d'Adèle, comme une lampe sur les points obscurs de cet affreux drame, et comme je lui indiquais Pouancé sans intention, elle s'écria : « C'est lui qui a fourni le narcotique pour la demoiselle blonde. » Je cours chez le docteur, je l'interroge ; il répond avec sa franchise cynique. Certes, je l'eusse puni, en lui révélant dans quelle scélératesse il avait trempé ; mais pour lui mettre à l'âme un remords vengeur, je ne pouvais pas violer le secret de cette pauvre violée. »

— « Voilà un bel exemplaire de ces Dominicaux tes alliés ! Que gagnes-tu à t'écarteler un pied dans la lutte sociale, l'autre dans l'hermétisme ? »

— « Je fais l'éducation de ma volonté. »

Le rabbin leva les épaules :

— « Tu aimes le bien, mais tu as la curiosité du mal. Toi aussi, comme tous, tu subis le prestige de l'Activité du Mal. Plus il y a intensité de vie, plus forte est l'attraction, et la vertu étant inerte, le vice seul agissant se revêt d'un prestige qui perd les modernes par des fantasmagories Byroniennes. »

— « J'accepte l'accusation, » dit Mérodack, « mais votre suprême indifférence, vous qui avez la suprême science, n'est-elle pas coupable? »

— « Enfant! » fit le rabbin. « Est-ce que Trithème s'est mêlé à l'œuvre sociale, et son élève Agrippa qu'a-t-il produit à vouloir vulgariser? Raymond Lulle, malgré ses efforts, a-t-il influé sur les évènements de son temps? Enfin, Guillaume Postel, qu'a-t-il ouvert avec sa *clef des choses cachées* qu'il envoya aux Pères du Concile de Trente? Ne sais-tu pas que le Mage, tout puissant sur l'individu, n'a d'action sur un peuple que s'il est le centre d'un faisceau de volontés pures, d'une chaîne magnétique. Forme une série de trois mille volontés saintes, voulant, par delà la Mort ; et j'enraye la décadence latine. Tu ne les trouveras que dans les cloîtres et imparfaites. Les moines d'aujourd'hui ne savent que prier ; ils font beaucoup, puisque leurs prières équilibrent les blasphèmes ; mais étayer, empêcher de tomber, n'est pas redresser. Contre l'épée du mal, le bien n'a pas d'épée. La vertu ne sait pas être offensive. »

On frappa, sans que Mérodack, pensif, tournât la tête et que Sichem arrêtât sa promenade ; ils savaient qu'un seul être pouvait entrer ainsi.

Mais le jeune homme poussa une exclamation :

Le Père Alta était en costume laïc et de voyage, gardant dans sa tenue mondaine une lenteur d'allure grandiose.

— « Oh! » fit le rabbin, « contre cette Jézabel, il faut le volt de Jéhou! »

— « Le mal peut donc réduire le bien à l'impuissance! » s'exclama Mérodack en pressant la main du moine dans les siennes.

— « Oui, » dit Sichem, « si le mal est offensif, et le bien seulement défensif. Vous croyez, Alta, que la sainteté suffit, et la conformité à la marche des choses, qu'on appelle affreusement volonté de Dieu. Demandez à l'Inde ce que lui a valu cette conception : l'occupation anglaise. Mais par quelles calomnies cette princesse... »

— « D'abord, ma conférence au clergé de Paris a fait éclater un tolle terrible. On m'en a voulu à mort de réciter de l'Ezéchiel ; mes mots : inertie catholique, imbécillité catholique, ma violence contre l'aristocratie, tout mon enseignement enfin a fourni grief sur grief. La princesse s'est emparée de ce mécontentement public, calomniant ma vie privée, m'attribuant autant de prévarications que de pénitentes. Quant à la raison canonique, et il regarda Mérodack, ce serait la messe *de Requiem* que j'ai dite pour un suicidé. »

— « C'est donc moi qui serai cause... » fit le jeune homme consterné.

— « Non, frère ! » dit le moine, « je comprends que vous ne m'ayez rien dit. N'ai-je pas prononcé aussi l'absoute d'une suicidée ? »

Mérodack pâlit comme il pâlissait à l'évocation de ce doux fantôme qu'il aimait peut-être, depuis qu'elle était morte !

— « L'interdit n'est que suspendu sur ma tête, » ajouta le P. Alta ; « je pars cette nuit pour Rome, et dès que le pape m'aura vu et entendu, je serai sauf. »

— « Moi, qui ne compatis guère, je vous plains, » dit le rabbin au moine.

— « Qu'est-ce que l'accident d'un juste méconnu auprès de la chrétienté entière qui méconnaît la justice même ? Pour qui pressent le demain d'aujourd'hui, toute infortune individuelle s'annihile devant la grande infortune latine ! »

— « Vous êtes latin, Alta, » dit le kabaliste.

— « Je le suis d'âme ; et ne le serais-je pas que je me prendrais du même effroi, en voyant cette race bien-aimée de l'Eglise courir à toutes les morts. Ah ! le confesseur seul peut mesurer par l'indignité des pénitents ce qu'est devenu la grande prévarication occidentale ! »

— « L'Occident, l'Occident nie Dieu ! » s'écria Sichem, « et nier Dieu, c'est appeler la mort et proclamer le néant ! Il y a un équilibre moral et métaphysique nécessaire à l'existence des sociétés. Le jour où le Verbe humain ne contient plus une somme de vérités au moins égale à celle d'erreurs, où les égoïsmes l'emportent sur les charités, et qu'il y a plus de gens au lupanar qu'a l'église, ce jour-là la loi d'équilibre métaphysique qu'on appelle poétiquement Providence, fait justice d'un peuple. Piques de légionnaires, lances d'Attila, fusils de Teutons, une armée qui ne vaut pas mieux et qui aura son tour, arrive et sème du sel sur les ruines de cette nation dont les têtes furent des sodomes... »

Il y eut un silence, plein de pensées.

— « L'antipsychisme devient le caractère même de la pensée latine, » dit Mérodack. « On viole les concepts, on les viole *à retro ;* les mystiques de notre temps sont les pervers ; les croyants, les superstitieux ; les vertueux, les inertes. On rit de la présence réelle dans l'Eucharistie, mais l'on croit à celle des esprits dans les tables ; et l'on passe du droit divin du roi au droit divin du peuple, et de l'injustice de l'aristocratie de race à l'ignominie de l'aristocratie de Bourse. »

Ils s'étaient assis ; le rabbin, près du tableau noir, maniait un crayon phosphoré : c'était son habitude de méditer dans l'obscurité et d'écrire en signes lumineux la formule hermétique qu'il voulait approfondir.

Accoudé et le menton dans sa main, le P. Alta regardait avec la fixité extérieure du regard tourné au-dedans de soi, une peau d'onagre sous verre, toute constellée de penthacles. Mérodack, sur un escabeau, les coudes aux genoux, les mains disparues dans sa chevelure de Schimschon, fronçait les sourcils dans une extrême contention d'esprit.

Les derniers rayons d'un pâle soleil, par instant obscu rci, rampaient sur les vitres dépolies. La mélancolie de ce soleil sans chaleur et sans éclat, qui défaillait, augmentait la mélancolie de ces esprits, penchés sur un monde désorbité et que lui aussi, sans chaleur et sans éclat, défaillait à l'histoire et s'en allait, décroissant, décadent, à un effacement plein d'ombre épeurante

— « Tu parlais d'antiphysisme, Mérodack, mais tu ne le voyais que dans les mœurs; il est dans les institutions et là pire. L'état de République est un état social antiphysique. Diffuse, l'autorité se perd; anonyme, le pouvoir devient lâche et honteux. Il faut l'unité de commandement, et l'individualisme politique se constate, l'histoire à la main, comme une nécessité. Oh! la République s'est jugée par les mots de sa devise qui renferment trois propositions *contre nature :* la liberté, c'est la négation du devoir; l'égalité, c'est la négation de la justice; la fraternité, c'est la négation de l'égoïsme, et l'Etat n'a pas le droit de la demander. Ces trois mots que les catholiques ont eu la lâcheté, ajoutée à tant d'autres lâchetés, de laisser écrire au fronton des églises sont trois affreux blasphèmes — contre le Saint Esprit, Alta. — Le vrai nom de *liberté* c'est DEVOIR; le vrai nom d'*égalité*, c'est HIERARCHIE; le vrai nom de *fraternité*, c'est CHARITÉ; et tant que ces trois vérités ne seront pas écrites à la place de ces trois impostures, il n'y aura aucun espoir de salut; et si ces trois impostures, demeurent encore un temps, au mépris de ces trois vérités, la loi transgressée anéantira les transgresseurs et jusqu'aux lieux de la transgression! »

— « Un peuple ne se repent, ni un torrent ne re flue! » dit le moine. « Les latins ne peuvent pas plus remettre les vérités de leur passé dans leurs cerveaux énervés, que les armures d'autrefois sur leurs corps appauvris. »

— « Qu'espérer d'une époque qui ne punit pas les crimes de l'esprit? » dit Mérodack. « On peut empoisonner la pensée d'un peuple sans être inquiété. Nul ne flétrit ces cabinets de philosophes allemands, latrines de l'idée, d'où est sortie la pestilence athée, qui comme le crottin de loup de la Goëtie répandu dans l'air, a affolé la plèbe et l'a faite septembriseuse, communarde, nihiliste. Tout acte scélérat naît d'une idée scélérate et la Révolution, cette anarchie physique, n'est que la réalisation de la philosophie du XVIIIe siècle, cette anarchie métaphysique. Quant à la République, c'est l'anarchie organisée de 1793, 1871 et 1880; il ne faut pas s'en prendre à la plèbe, cette envoûtée, mais aux philosophes, ces envouteurs! La société a le même droit de défense et de répression vis-à-vis de l'assassin et de l'athée. Le matérialisme public est un attentat aux mœurs, car l'idée fait des plaies plus profondes que le fer, et les idées allemandes nous ont plus abaissé que les armes allemandes. Nous sommes pestiférés d'Hégélisme. Incapables de protéger nos frontières, nous n'avons pas même sauvé l'intégrité de nos concepts. Grâce aux Renans, l'idée allemande qui n'est jamais qu'une stercorale éclosion de la Déforme protestante, l'idée allemande nous envahit d'heure en heure et nul ne songe à lui faire évacuer le livre et le cerveau français...

La nuit venait, amenant de longs silences qui coupaient de leurs vagues angoisses, ces tirades de lugubre vaticination.

— « Cette corruption de l'idée, c'est bien le Vice Suprême ! » dit le moine, » et on la retrouve à toute minute du confessional dans l'inconscience des pécheurs qui confondent tous, le juste et l'injuste. Voler pour l'industriel, flirter pour la femme honnête, forniquer pour l'homme, paraissent des besoins qui seraient des droits. Hormis l'adultère physique, la femme mariée regarde tout comme véniel et anodin, et pour peu que le confesseur ait la sévérité qu'il doit, le pécheur est près de renoncer au Sacrement. Et quels péchés que les leurs! Du crime sans courage; du vice sans audace; de la luxure sans plaisir; oui, sans plaisir! »

La nuit venait.

— « Dans le monceau des iniquités latines, je n'en vois qu'une, » reprit le moine, « l'iniquité des égrégores, l'indignité des apotropéens, » et mentalement il se frappait la poitrine.

— « Moine, les mages vinrent adorer Jésus alors que les prêtres ignoraient sa naissance; ce sont les mages qui feront arriver le règne de Dieu; mais sur cet avènement on n'écrira pas : *per Francos...* »

— « Mage, savez-vous ce que c'est que la Communion des saints ? »

— « Oui, c'est le palladium qui sauve perpétuellement l'humanité ; mais savez-vous ce que c'est que la communion des pervers? Ne voyez-vous pas autour de vous le règne de l'Antéchristme? N'a-t-on pas arraché le crucifix des écoles, ne l'arrachera-t-on pas des prétoires; les blasphèmes du peuple français ne souillent-ils pas en trois mots sacrilèges la façade des églises, la face de Jésus-Christ? Le gouvernement ne souscrit-il pas à une Bible pour rire? Ah! le Galiléen fait un cercueil! Celui des races latines; elles pourront traîner une longue agonie, mais elles sont déjà mortes devant Dieu! »

— « Oh! » protesta le dominicain, « tout découragement systématique est un crime, et le désespoir le péché de Judas! »

— « Quand Jérémie désespérait de Jérusalem, quand Jésus pleurait sur elle, était-ce péché, ou clairvoyance ? L'église est éternelle, mais sa fille aînée va mourir de mort suicide! »

— « Je veux espérer contre toute espérance! » s'écria le moine.

— « Espérer! quoi? » demanda Mérodack.

— « Le miracle! » proféra le père Alta avec une grande foi.

— « Vous l'avez dit vous-même, Alta ! Dieu ne fait pas de miracle pour les inertes…, » s'écria Sichem ; et vivement levé, il écrivit du crayon phosphoré qu'il avait à la main, sur le tableau noir :

FINIS LATINORVM.

Dans la nuit absolue de la salle, les lettres fatidiques flavesçaient, et le regard de ces trois hommes recula et leur esprit s'effara en voyant écrite, comme avec du feu, leur désespérante pensée.

Ils ne parlèrent plus ; les yeux hypnotisés sur l'inscription qui peu à peu s'effaçait ; et les dernières phorphorescences s'évanouirent et la nuit absolue se refit. Ils voyaient toujours la terrible sentence qui leur brûlait le cœur.

Haletants, l'intelligence éperdue, ils se répétaient dans une indescriptible terreur mentale :

FINIS LATINORVM.

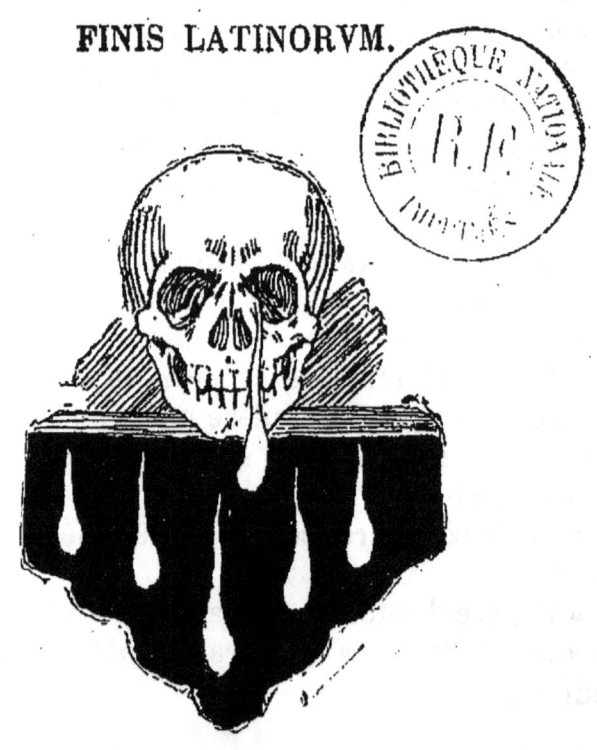

TABLE DES CHAPITRES

Préface de Jules Barbey d'Aurevilly		1
I.	Frontispice	4
II.	Place de la Seigneurie	6
III.	L'enfance d'une Héraclide	8
IV.	L'amant et l'amie	0
V.	Le confesseur	25
VI.	Gaga	29
VII.	Au pensionnat	35
VIII.	Le prince Sigismond Malatesta	40
IX.	Du même	47
X.	Veuvage	54
XI.	Le rêve d'un péché	60
XII.	Hermétique	65
XIII.	La fille du divin Hercule	68
XIV.	Entre femmes	69
XV	Les prétendants	75
XVI	Circé	88
XVII.	L'Androgyne	95
XVIII.	Un mardi au noble faubourg	100
XIX.	Le bal	111
XX.	Mérodack	121
XXI.	Marestan	128
XXII.	Persée et Andromède	140
XXIII.	La Nine	145
XXIV.	S. A. R. monseigneur le prince de Courtenay	154
XXV.	Séduction	159
XXVI.	Les Pervers	165

XXVII.	L'orgie dominicale..	173
XXVIII.	Etrange conversation..	195
XXIX.	L'argentier du roy en l'an de grâce 1881.........	203
XXX.	Une première..	209
XXXI.	Carême prenant	220
XXXII.	Un mardi casuistique..	228
XXXIII.	Le T. R. P. Alta...	241
XXXIV.	Le péché d'imbécillité.......................................	244
XXXV.	Pronaos...	246
XXXVI.	Hamlet et Ophélie..	247
XXXVII.	La confession...	249
XXXVIII.	Pâques...	255
XXXIX.	Le krack..	258
XL.	Psychologie...	265
XLI.	Idylle à Venise..	269
XLII.	Le viol..	271
XLIII.	L'envoûtement..	273
XLIV.	L'ivresse du sacrilège.......................................	280
XLV.	La tentation de saint Antoine.........................	283
XLVI.	La tristesse de Mérodack................................	290
XLVII.	La plante attractive de Van Helmont.............	292
XLVIII.	Le dévoyement de Marestan............................	294
XLIX.	Entretenu !..	296
L.	Le cadavre..	306
LI.	L'agonie de Corysandre...................................	310
LII.	L'interdiction..	316
LIII.	Sommation..	320
Épilogue...		325

PENSÉES
DE
JOSÉPHIN PÉLADAN

Un volume in-8. . . . . . 7 fr. 50

Ceux qui par une lettre adressée : aux bureaux de l'Artiste, 44, quai des Orfèvres, auront adhéré, avant la publication, recevront un bulletin de souscription leur donnant droit exclusif au tirage sur papier spécial teinté et au prix de 5 francs.

Il sera tiré 10 Japon. . . . . 25 fr. »»
     10 Whatman . . . 20 »»
     30 Hollande . . . 14 »»

LE VICE SUPRÊME
ÉDITION DES TRENTE PEINTRES

Un volume in-8, orné de *cinquante-trois têtes de chapitres* et *cinquante-trois culs-de-lampe* et de *trente dessins hors texte*, fac-similes de MM. Felicien Rops, Constantin Meunier, Fernand Knopff, Theo Van Rysselberghe, Franz Charlet, Dario de Rogoyos, Van Strydonck, Georges Lemmen, Karl Meunier, Henri de Groux, A. Séon, Aman Jean, Franz Lamy, Louis Legrand, François Courboin, Eugène Beaudoin, etc.

L'ouvrage, sur papier teinté pour les souscripteurs. . 20 fr. »»

Il sera tiré 50 grand papier : 10 Japon . . . . . 50 fr. »»
        10 Whatman. . . . 40 fr. »»
        30 Hollande . . . . 30 fr. »»

MM. les bibliophiles sont priés d'écrire aux bureaux de l'Artiste, 44, quai des Orfèvres, leur adhésion, avec leur adresse. Un bulletin de souscription avec spécimen leur sera ultérieurement adressé.

ARMAND HAYEM

Le Don Juanisme. — Don Juan D'Armana, drame.

L'ARTISTE
Revue de Paris
HISTOIRE DE L'ART CONTEMPORAIN
56ᵉ Année.

Volume mensuel gr. in-8, avec gravures : Paris, 50 ; Province, 58 ; Étranger, 66 fr. — Bureaux : 44, rue des Orfèvres, Paris.

EN SOUSCRIPTION

POUR PARAITRE EN MAI 1886 :

ŒUVRE POSTHUME

DU

DOCTEUR ADRIEN PÉLADAN FILS

ANATOMIE HOMOLOGIQUE

LA TRIPLE DUALITÉ DU CORPS HUMAIN

ET LA

BI-POLARITÉ DES ORGANES SPLANCHIQUES

Avec bibliographie complète de son œuvre et une introduction de JOSÉPHIN PÉLADAN

In-8 de luxe . . . .   7 fr.

Les souscripteurs recevront l'ouvrage *franco* et sur papier spécial pour 5 au lieu de 7 francs.

ORAISON FUNÈBRE

DU

DOCTEUR ADRIEN PÉLADAN FILS

Par JOSÉPHIN PÉLADAN

Grand in-18 elzévir, avec deux portraits. . . .   1 fr. 50

Chez LAURENT, 8, rue Taitbout, PARIS.

SAINT-QUENTIN. — IMPRIMERIE J. MOUREAU ET FILS.

www.ingramcontent.com/pod-product-compliance
Lightning Source LLC
Chambersburg PA
CBHW070906170426
43202CB00012B/2215